God bless America

God bless America

Politik und Religion in den USA

Herausgegeben von
Manfred Brocker

PRIMUS
VERLAG

Einbandgestaltung: Jutta Schneider, Frankfurt a. M.
Einbandabbildung: Tempel der Mormonen, Salt Lake City
Foto: picture-alliance/dpa

Die Deutsche Bibliothek verzeichnet diese Publikation
in der Deutschen Nationalbibliografie;
detaillierte bibliografische Daten sind im Internet über
http://dnb.ddb.de abrufbar.

Die Herausgabe des Werkes wurde durch
die Vereinsmitglieder der WBG ermöglicht.
Gedruckt auf säurefreiem und alterungsbeständigem Papier
Printed in Germany

www.primusverlag.de

ISBN 3-89678-524-9

Inhalt

MANFRED BROCKER
Einleitung 7

BERNDT OSTENDORF
(K)eine säkulare Gesellschaft? Zur anhaltenden Vitalität
der amerikanischen Religionen 13

MANFRED BERG
Die historische Dimension: Vom Puritanismus zum religiösen
Pluralismus 32

MANFRED BROCKER
Die verfassungsrechtliche Dimension: Religionsfreiheit und das
Verhältnis von Kirche und Staat 50

RAINER PRÄTORIUS
Marginalisiert in der Mitte. Das politische Geschick des „mainline"-
Protestantismus 68

CLYDE WILCOX/CARIN LARSON
In den Schützengräben: Amerikanische Evangelikale und der
„Kulturkampf" 89

BRITTA WALDSCHMIDT-NELSON
„When Israel Was in Egypt's Land": Zur politischen Dimension
der „Black Church" 109

FERDINAND OERTEL
Die katholische Kirche: Zwischen Rom und Washington 133

SÖHNKE SCHREYER
Religionen, Wählerkoalitionen und politische Parteien 151

Jens Borchert
Alte und neue Wahlverwandtschaften. Religiöse Bindung und politische Repräsentation im amerikanischen Kongress 167

Kenneth D. Wald
Der Einfluss der Religion auf die amerikanische Politik 187

Detlef Junker
Auf dem Weg zur imperialen Hypermacht? Die manichäische Falle ist besetzt. U.S.-Außenpolitik nach dem 11. September 208

Die Autoren 225

Manfred Brocker

Einleitung

Amerika, das Land der unbegrenzten Möglichkeiten, es ist uns vertraut und fremd zugleich. Hollywood-Filme und Coca-Cola, Hamburger und MTV – einst Inbegriff des „American Way of Life“ – gehören längst zum festen Bestandteil auch unserer Kultur. In anderer Hinsicht jedoch scheint uns die Supermacht rätselhaft. Auf Bibelstunden im Weißen Haus und betende amerikanische Präsidenten reagieren viele Europäer zutiefst irritiert. Als George W. Bush im Zusammenhang mit den militärischen Maßnahmen gegen den Terrorismus von einer „Mission der Freiheit“ sprach und Staaten wie den Irak, den Iran und Nordkorea auf einer „Achse des Bösen“ verortete, löste er in Europa Unverständnis, ja Ablehnung aus. Dass er sich in Fragen der Weltpolitik derart unverhüllt einer Sprache des Glaubens bediente, leistete hierzulande der weit verbreiteten Einschätzung Vorschub, der Einmarsch der USA in den Irak Anfang 2003 sei ein religiös motivierter Akt und der U.S.-Präsident ein „christlicher Fundamentalist“ und „Kreuzritter“, der eine „heilsgeschichtliche Botschaft“ verfolge (FAZ, 3. 2. 2003, S. 6). „Bush, das ist der Ayatollah“, ließ sich etwa der Literaturwissenschaftler und Rhetorikprofessor Walter Jens im evangelischen Magazin „chrismon“ (Heft 3, 2003, S. 44) vernehmen, „ein Mann, der auf ‚christlicher‘ Basis einen heiligen Krieg zu führen sucht; der die Realität hier auf Erden vollkommen mit einer von Gott gegebenen Mission identifiziert“.

Nicht nur in Deutschland spekulierten Intellektuelle, Kirchenvertreter und Politiker über den „fundamentalistischen“ Glauben des amerikanischen Präsidenten und dessen manichäisches Weltbild. Der außenpolitische Koordinator der Europäischen Union, Javier Solana, konstatierte in einem Interview mit der „Financial Times“, die transatlantische Entfremdung habe ihre Wurzeln in der religiösen Kluft, die den „alten Kontinent“ und die Vereinigten Staaten trenne. Im säkularen Europa sei man es nicht gewohnt, die Welt in den Schwarzweißkategorien des religiösen Amerika zu betrachten. Und der Direktor der „Foundation for Strategic Research“ in Paris, François Heisbourg, bezweifelte gar, dass Europa und die Vereinigten Staaten angesichts der religiösen Unterschiede noch „Teil derselben Zivilisation“ seien (FAZ, 15. 7. 2003, S. 35).

Auch wenn man immerhin in Rechnung stellte, dass nicht alle Amerikaner „Fundamentalisten" seien, machten die Ereignisse seit dem 11. September 2001 europäischen Beobachtern eindringlich bewusst, dass die amerikanische Gesellschaft tief religiös und gläubig ist – in dieser Hinsicht eher vergleichbar mit islamischen Ländern denn mit Europa, das seit langem den Weg der Säkularisierung beschritten hat. Dass zudem die stark ausgeprägte Religiosität bei vielen Amerikanern mit einem „demokratischen Sendungsbewusstsein" einhergeht, mit der Vorstellung, die USA seien ein „erwähltes" Land – „the beacon of liberty" und „God's own country" –, tat ein Übriges.

Zweifellos sind die Amerikaner ein gläubiges Volk. Im Unterschied zu Europa, wo immer weniger Menschen in die Kirche gehen und sich zu einer Religion bekennen, glauben laut Umfragen 71,1 Prozent der U.S.-Bürger an ein Leben nach dem Tod, 56,3 Prozent beten täglich, 46,8 Prozent besuchen mindestens einmal im Monat den Gottesdienst. Ebenso wie die Religiosität der Amerikaner Europäer befremdet, irritiert umgekehrt die Amerikaner die fortschreitende Säkularisierung auf unserem Kontinent. Das Unverständnis beider Seiten beruht demnach auf einem gegenläufigen Prozess. Dass die religiöse Vitalität der amerikanischen Gesellschaft in den letzten Jahrzehnten noch einmal zugenommen habe, ist allerdings weitgehend eine europäische Fehlperzeption: Ohne Frage ist die Religion in den USA öffentlich *sichtbarer* geworden. Konservative Protestanten („Evangelikale") mischen sich heute lautstark in die Politik ein. Sie fordern eine Rückbesinnung des Landes auf seine christlichen Wurzeln und wollen die in den 1960er Jahren einsetzende sukzessive Liberalisierung und Modernisierung der Rechts- und Gesellschaftsordnung zurückdrängen. Darüber hinaus haben insbesondere die strengeren religiösen Bekenntnisse starken Zulauf, jene Glaubensgemeinschaften also, die wie die fundamentalistischen Südstaatenbaptisten, die Pfingstler, Zeugen Jehovas und Mormonen hohe Ansprüche an ihre Mitglieder stellen und gezielt missionieren. Doch ist zugleich – nicht anders als in Europa – die Zahl der Glaubenslosen in den letzten Jahrzehnten deutlich gestiegen, wenn auch von einem deutlich niedrigeren Niveau aus; sie liegt gegenwärtig bei 13,7 Prozent.

Gleichzeitig ist die amerikanische Gesellschaft religiös pluralistischer geworden: 52,8 Prozent der Bevölkerung bezeichnen sich als Protestanten, davon 32,7 Prozent als Baptisten, 13,9 Prozent als Methodisten, 10 Prozent als Lutheraner und 5,3 Prozent als Presbyterianer; 24,3 Prozent sind Katholiken, 1,7 Prozent Juden; ferner gehören – wie Hindus, Moslems oder Buddhisten – etwa 8 Prozent einer nicht jüdisch-christlichen Religion an (Daten des „General Social Survey" 2002; www.thearda.com), wobei auch ihr Anteil weiter zunimmt. Insgesamt existieren in den USA inzwischen mehr als 1000 Religionsgemeinschaften nebeneinander. Ihr Zusammenleben für alle akzeptabel zu gestalten, gehört seit der Gründung der Vereinigten Staaten durch protestantische Kolonisten unterschiedlichster konfessioneller und nationaler Provenienz zu den zentralen Aufgaben der bundesstaatlichen politischen Ordnung. Dabei entschied man sich für eine verfassungsrechtliche Regelung, die einerseits eine weitgehende Religionsfreiheit vorsieht, andererseits die Kirche(n) vom Staat *trennt*. Abweichend vom britischen Muster der Staatskirche verwirklichte man in den USA mithin ein liberales Modell, das keine Religion rechtlich zu privilegieren erlaubt – auch wenn der Protestantismus zunächst (und in vielen Landesteilen bis heute) kulturell wie gesellschaftlich dominierte.

Doch trotz oder gerade wegen dieser Trennung von Kirche und Staat spielte und spielt die Religion im öffentlichen Leben der USA nach wie vor eine wichtige Rolle. Unverkennbar hat sie ihren Platz bei der Amtseinführung der Präsidenten („inaugurations"), bei den offiziellen Festakten am Independence-, Veterans- oder Martin Luther King-Day, die allesamt religiös inszeniert werden. Doch „religiös" bedeutet hier etwas anderes als religiös im konfessionellen Sinne. Um die unterschiedlichen Gehalte voneinander abzugrenzen, spricht man in den USA seit langem von „Zivilreligion" („civil religion"). Gemeint ist damit jenes Ensemble an Glaubenssätzen, Symbolen und Ritualen, das die Bürger an das politische Gemeinwesen bindet und dieses in seinen Institutionen und Repräsentanten in letzter Instanz als transzendent legitimiert erscheinen lässt. Es benennt diejenigen Werte, die prinzipiell menschlicher Dispositionsfreiheit entzogen sein sollen, und stellt gleichzeitig die Geschichte und das Schicksal der Nation in einen öffentlich vermittelten Sinnbezug. Die „Zivilreligion" artikuliert die Vision, die die Nation als integriertes Ganzes zusammenhält. Sie ist ein „Ordnungsglaube", der zu den unterschiedlichen „Heilsglauben" der verschiedenen Denominationen hinzutritt, mit diesen aber nicht identisch ist (M. Marty). Insofern stellt die amerikanische „Zivilreligion" keinen verwässerten Puritanismus oder Protestantismus dar, sondern repräsentiert einen eigenständigen Wertekonsens, der als „gemeinsamer Nenner" den Zusammenhalt und die Stabilität der höchst disparaten, ethnisch wie religiös stark fragmentierten Gesellschaft verbürgt.

Schon Anfang des 19. Jahrhunderts hat der französische Amerikareisende Alexis de Tocqueville in seinem Buch „Über die Demokratie in Amerika" dieses sinnstiftende Konglomerat an Ideen, Glaubenshaltungen, Einstellungsmustern und Verhaltensweisen eindrucksvoll geschildert. Bei allen – auch religiösen – Unterschieden teilten die Bürger der Vereinigten Staaten offenbar eine gemeinschaftliche „Glaubenslehre", die später als „American Creed" (Gunnar Myrdal) bezeichnet worden ist.

Die Aufgabe, den Zusammenhalt der heterogenen Gesellschaft mittels eines gemeinsamen „Glaubens" zu gewährleisten, hätte eine einzelne Religion oder Konfession kaum erfüllen können. Wäre etwa der Protestantismus im 18. Jahrhundert rechtlich privilegiert oder gar zur Staatsreligion erhoben worden, hätte dies über kurz oder lang zum Auseinanderbrechen der Gesellschaft geführt, zu der schon damals neben Nicht-Protestanten, Nicht-Christen und Nicht-Gläubigen Hunderte von protestantischen Kirchen und Sekten gehörten, die sich wohl niemals auf den Inhalt einer gemeinsamen „Staatsreligion" hätten einigen können.

Die amerikanische „Zivilreligion" geht daher nicht zufällig einher mit der bereits angesprochenen *Trennung* von Kirche und Staat, einer vielleicht strengeren Trennung, als sie selbst in den säkularsten Staaten Europas der Gegenwart zu finden ist. Der Erste Verfassungszusatz zur amerikanischen Bundesverfassung von 1791 verbietet bis heute die staatliche Förderung der Religionen oder die Bevorzugung einer bestimmten Konfession. Er erlaubt – gemäß seiner Auslegung durch das Oberste Bundesgericht – weder die finanzielle Unterstützung von Kirchen und kirchlichen Einrichtungen noch die öffentliche Verwendung religiös-*konfessioneller* Symbole (wie das christliche Kreuz) durch staatliche Institutionen und Repräsentanten. Das verfassungsrechtliche Gebot der Trennung von Kirche und Staat wurde nach dem Zweiten Weltkrieg umso strenger ausgelegt, je mehr die Zahl der Religionen und Weltanschauungen in den USA – teils durch Einwanderung, teils durch autochthone Entwicklungen – zunahm. Insofern sind die Vereinigten Staaten in institutioneller Hinsicht ein weitaus „säkulareres" Land als die Bundesrepublik Deutschland, in der viele Religionsgemeinschaften als „Körperschaften des öffentlichen Rechts" anerkannt sind und eng mit dem Staat kooperieren. Man denke nur an die Kirchensteuer oder den konfessionellen Religionsunterricht an öffentlichen Schulen. In den USA verstieße beides gegen die Verfassung.

Mit der Trennung von Kirche und Staat verbunden ist in den USA die Gewährleistung einer fast uneingeschränkten Religionsfreiheit, die auch exotischen und Besorgnis erregenden Gruppen wie Scientologen, Rekonstruktionisten und Satanisten zuteil wird – solange zumindest, als sie sich im Rahmen der (Straf-)Rechtsordnung bewegen. Sie alle sind den Eingriffen staatlicher Organe weitgehend entzogen. Überhaupt steht der Schutz der persönlichen Freiheit der Bürger – als Kernbestand der „Zivilreligion" – im Zentrum der politischen Ordnungsvorstellungen der Amerikaner. An der Erfüllung dieser Aufgabe bemisst sich die Legitimität jeder staatlichen Machtausübung. Der vitale Patriotismus der amerikanischen Bevölkerung zieht hieraus einen seiner stärksten Impulse: im „freiesten Land der Welt" zu leben, in dem jeder „nach seiner Façon selig" werden kann.

Es gibt folglich ein Nebeneinander von „Zivilreligion“ und „religion proper“. Dass *Letztere* in jüngster Zeit politisch zunehmend ins Rampenlicht rückte, ist eine für die USA weitgehend neue Entwicklung. Nicht zuletzt durch das Auftreten der so genannten „Christlichen Rechten“, einer religiös-politischen Bewegung konservativer Protestanten, die das Rad der Geschichte in die 1950er Jahre der Eisenhower-Präsidentschaft zurückdrehen möchten, nahm das „religiöse Lobbying“ in der Bundeshauptstadt Washington und in den Hauptstädten der Einzelstaaten eine quantitativ wie qualitativ bis dahin nicht gekannte Dimension an. Auch wenn viele in den Reihen der „Christlichen Rechten“ zu Recht als „Fundamentalisten“ bezeichnet werden können – ein Begriff, den konservative amerikanische Protestanten Anfang des 20. Jahrhunderts prägten, um ihre Frontstellung gegen den „modernistischen“ Flügel ihrer Glaubensrichtung zum Ausdruck zu bringen –, sind sie dennoch keine „Theokraten“. In einen „Gottesstaat“ wollen sie die USA nicht verwandeln: Selbst die schärfsten Kritiker der gesellschaftlichen Entwicklung seit „1968“ fühlen sich der amerikanischen „Zivilreligion“ zutiefst verpflichtet: Freiheit, Demokratie und marktwirtschaftliche Ordnung stehen für sie nicht zur Disposition. Diese Werte bilden für sie – wie für die überwältigende Mehrheit der amerikanischen Bevölkerung – den dogmatischen Kern des „American Creed“.

Das Nebeneinander von zivilreligiös überhöhtem Patriotismus und konfessioneller Inbrunst, von *zivilreligiöser* Rhetorik in den öffentlichen Ansprachen der Präsidenten – denn darum handelt es sich primär auch bei George W. Bush – und konfessioneller Gläubigkeit ist für den Europäer nur schwer zu verstehen. Aufklärung über die Rolle der Religion in der amerikanischen Politik und Gesellschaft tut also Not. Die 11 Beiträge des vorliegenden Bandes beleuchten die verschiedenen Aspekte des vielschichtigen und schillernden Verhältnisses von Politik und Religion in den USA, stellen einige der größeren Religionsgemeinschaften vor und zeichnen deren politische Einflussmöglichkeiten nach. Welche Themen bewegen Evangelikale, Katholiken und schwarze Christen in Amerika? Welche Organisationen greifen ihre religiös motivierten politischen Forderungen auf und welchen Erfolg haben ihre Lobby-Aktivitäten? Ist der U.S.-Präsident in seinen außenpolitischen Entscheidungen autonom oder muss er Rücksicht nehmen auf die Wünsche seiner evangelikal-fundamentalistischen, jüdischen oder katholischen Stammwählerklientel? Auf solche und eine Vielzahl weiterer Fragen gibt der vorliegende Band eine Antwort.

Der herzliche Dank des Herausgebers gilt zum Schluss den Autoren. Trotz zahlreicher anderer Verpflichtungen haben sie es ermöglicht, dass dieses Buch in selten kurzer Zeit zustande kam.

Allgemeine Literatur

Carroll, Bret E.: The Routledge Historical Atlas of Religion in America. New York 2000.

Laderman, Gary/Leon, Luis (Hrsg.): Religion and American Cultures. An Encyclopedia of Traditions, Diversity, and Popular Expressions. Santa Barbara, Cal. 2003.

Lindner, Eileen W. (Hrsg.): Yearbook of American and Canadian Churches. Nashville 2000.

Lippy, Charles H.: Modern American Popular Religion. A Critical Assessment and Annotated Bibliography. Westport, Ct./London 1996.

Lippy, Charles H./Williams, Peter W. (Hrsg.): Encyclopedia of the American Religious Experience. Studies of Traditions and Movements. 3 Bde. New York 1988.

Melton, J. Gordon (Hrsg.): Encyclopedia of American Religions. Detroit/London ^{7}2002.

Queen II, Edward L./Prothero, Stephen R./Shattuck Jr., Gardiner H. (Hrsg.): The Encyclopedia of American Religious History. 2 Bde. New York 1996.

Roof, Wade Clark (Hrsg.): Contemporary American Religion. 2 Bde. New York 1999, 2000.

Schultz, Jeffrey D./West Jr., John G./Maclean, Iain (Hrsg.): Encyclopedia of Religion in American Politics. Phoenix, Ar. 1999.

Wuthnow, Robert: (Hrsg.): The Encyclopedia of Politics and Religion. 2 Bde. London 1998.

Berndt Ostendorf

(K)eine säkulare Gesellschaft? Zur anhaltenden Vitalität der amerikanischen Religionen

Im Jahre 1830 nahm der französische Aristokrat Alexis de Tocqueville mit Erstaunen zur Kenntnis, dass sich in den USA Religion und Demokratie nicht im Wege stehen; ja, er fand eine gewisse Kompatibilität zwischen religiösen und demokratischen Leidenschaften vor, die sich gegenseitig stabilisierten. Schließlich habe der amerikanische Klerus die Freiheitskämpfe der Revolution eher gefördert als verhindert (1945, Bd. 1, S. 310–319). Am Anfang des letzten Jahrhunderts nannte der englische Kriminalautor Gilbert Keith Chesterton die USA eine „Nation mit der Seele einer Kirche“. Er meinte damit jene mit dem Wort „Zivilreligion“ bezeichnete Tradition, die er wie Max Weber auf den prägenden Einfluss der Puritaner und Calvinisten zurückführte. Wie passen aber Tocquevilles oder Chestertons Beobachtungen zur institutionellen Trennung von Kirche und Staat? Denn die USA wurden 1789 von den Gründungsvätern als radikal säkularer Staat mit einer aufgeklärten Verfassung konzipiert, ein Dokument, in dem der liebe Gott kein einziges Mal erwähnt wird.[1] Als Anhänger der französischen und schottischen Aufklärung sah Thomas Jefferson eine „wall of separation“ zwischen Kirche und Staat. Er, James Madison und George Washington standen dem Freimaurertum nahe (was sich pikanterweise bis heute in der Ikonographie der Dollarnote niederschlägt) und waren wie ihr Freund Benjamin Franklin Agnostiker oder bestenfalls Deisten, die einen zwar respektvollen, aber dezidierten Abstand zu Gott und den Kirchen einnahmen. Acht Jahre später wurde der Vertrag von Tripolis mit Vertretern der so genannten „Barbary Coast“ in Nordafrika unterzeichnet. Darin hieß es:

> „As the government of the United States is not in any sense founded on the Christian Religion, – as it has in itself no character of enmity against the laws, religion or tranquillity of Messelmen [sic], – and as the States never have entered into any war or act of hostility against any Mohammedan nation, it is declared by the parties that no pretext arising from religious opinion shall ever interrupt the harmony existing between the two countries“ (Miller 1931).

Wie sieht es heute in der politischen Führung aus? Im Programm der Republikanischen Partei von Texas heißt es etwa: „The Republican Party of Texas affirms the United States of America is a Christian nation.“ Auf dem Parteitag der Republikaner in New York schlug Senator Sam Brownback aus Kansas am

3. September 2004 vor, die Trennung von Kirche und Staat zurückzufahren; und Tom DeLay, der republikanische Mehrheitssprecher im Repräsentantenhaus, ließ vor ausgesuchten Wählern keine Zweifel aufkommen:

„Only Christianity offers a comprehensive worldview that covers all areas of life and thought, every aspect of creation. Only Christianity offers a way to live in response to the realities that we find in this world – only Christianity" (Cooperman 2002).

George W. Bush gehört zwar nominell einer so genannten „mainline"-Religion an – er wurde als Episkopaler erzogen und ist heute Methodist –, outete sich aber als Wiedergeborener. Er identifiziert damit sein Weltbild als evangelikal. Sein Innenminister John Ashcroft ist gar bekennendes Mitglied einer prämillenarisch-evangelikalen Gruppe mit einem apokalyptischen Weltbild, die an Armageddon, die baldige Rückkehr Christi und die Konversion der Juden glaubt. Wie vertragen sich säkulare Institutionen mit der heutigen Bereitschaft der politischen Klasse, Entscheidungen auf der politischen Bühne moralisch oder gar religiös zu begründen? Und dies nicht nur, um so eine populistisch-religiös gestimmte Wählerschaft an sich zu binden, sondern auch aus wirklicher Überzeugung?

Offensichtlich ist heutzutage nicht nur das historische Wissen um die Gründungszeit von jener Verwirrung geprägt, die man als „nostalgia without memory" kennzeichnet, sondern es hat sich auch tatsächlich etwas geändert. Sind die USA nun eine religiöse oder eine säkulare Nation, oder ist die einstmals säkulare Nation inzwischen von einer religiösen Gesellschaft überlagert worden? Darüber wird hüben wie drüben kräftig gestritten. Sicher ist eins: Es hat von 1797 bis heute im nationalen Selbstverständnis eines Teils der Bevölkerung eine erhebliche Verschiebung stattgefunden – vor allem aber in der Einstellung jener Wähler, die heute für Bush stimmen. Denn was die Frage der Rolle der Religion für die Gestaltung der Innen- wie Außenpolitik angeht, war die Nation noch nie so tief gespalten wie heute, und auch die politischen Parteien haben sich an Hand dieser Frage neu sortiert.

Beginnen wir mit drei Arbeitshypothesen:

Erstens: In den USA hat jene Säkularisierung der politischen Öffentlichkeit, die seit Napoleon für Europas Kulturen prägend wurde, nicht in gleichem Umfang und in gleicher Radikalität stattgefunden. Man kann vorwegnehmen, dass das Weber'sche Säkularisierungsparadigma nicht auf die USA (zumindest nicht flächendeckend) anwendbar ist, und dies, obwohl dort seit 1789 eine rigorose Trennung von Kirche und Staat obwaltet und obwohl die Modernisierung, die Weber als Triebkraft der Säkularisierung verstand, in den USA erheblich nachhaltiger, schneller und rücksichtsloser wirkte als in Europa (Swatos/Christiano 1999).

Zweitens: Nach der Gründung der Republik hat in den USA zunächst ein gradueller, dann ab den 1960er Jahren ein beschleunigter Prozess der Desäkularisierung eingesetzt, sozusagen als populäre und regionale Reaktion auf die (zentralistisch verordnete) institutionelle Trennung von Kirche und Staat und auf die rapide Modernisierung des Alltags.

Drittens: In diesem Spannungsfeld zwischen Modernisierungsschüben und Desäkularisierungsreaktionen haben sich die Formen der Religiosität und ihre Inszenierungen stark gewandelt bzw. sie wurden popularisiert und damit erheblich amerikanisiert (Ostendorf 2001). Es hat im Laufe der amerikanischen Geschichte eine kumulative Einbürgerung populärreligiöser, apokalyptischer und millenarischer Fantasien stattgefunden (Tuveson 1968). Man könnte mit Tocqueville von einer wachsenden Symbiose der millenarischen und demokratischen Leidenschaften und ihrer Aufhebung im populären Nationalismus oder Patriotismus sprechen: „Thus religious zeal is perpetually warmed in the United States by the fires of patriotism" (1945, Bd. 1, S. 317). Dies hat eine Sakralisierung der nationalen Rhetorik hervorgerufen, die in einem Prozess der *longue durée* zur Gewohnheit geworden ist. Die USA sind zudem ein Biotop für „New Religious Movements" (NRM) geworden, wie ein Blick in die Gelben Seiten irgendeiner Großstadt deutlich macht.[2]

Diese drei Abweichungen von der europäischen Regel geben der amerikanischen politischen Kultur ihren eigenartigen, für Europäer oft undurchschaubaren Charakter. Kein Wunder, dass ein Diskussionsforum in New York im Dezember 2003, das mit europäischen Intellektuellen, linken wie konservativen, besetzt war, zu dem Ergebnis kam: „The role of religion in U.S. politics was an affront to European secularism" (Anderson 2004).

Die relative Stabilisierung des Religiösen im politischen Alltag der USA kann man nur aus der Geschichte herleiten. Im Folgenden wird der Versuch gemacht, in 14 Thesen die kumulative Genese dieser rätselhaften Beziehung nachzuvollziehen.

1. Gründungsmythen und Weiterleben der Gründungsideologie

Die Motivationen und Impulse, die im 16. und 17. Jahrhundert zur Besiedlung Amerikas von Europa aus führen, enthalten starke religiöse Sehnsuchtskomponenten, Paradiesvorstellungen und prophetische, millenarische Fantasien. Man denke an den religiösen Auftrag der *Reconquista*, an das Selbstverständnis der Reformation und ihre missionarische Energie und an den Glauben vieler radikaler Gruppen, in der Nachfolge Israels das auserwählte Volk Gottes zu sein. Diese Utopie- und Sehnsuchtskomponenten gingen in die Gründungsideologie, vor allem der Massachusetts Bay, ein und schufen einen Ursprungsmythos mit sehr hohen Ansprüchen an die Auserwählten. Wie John Cotton seiner Gemeinde einbläute: „Wo viel gegeben wird, wird viel verlangt." Für alle Welt sichtbar sollte die Gemeinde im Rahmen einer prophetischen Mission in einer „city upon a hill" das neue gottgewollte Experiment durchführen, ein Experiment, das sich in der historischen *Praxis* offenbaren und entfalten sollte. Die Normen des Zusammenlebens wurden in der Massachusetts Bay im so genannten Bund („covenant") festgehalten, „knit together by voluntary consent". Aber schon nach einer Generation hatten die Neuamerikaner das Gefühl, dass sie hinter das selbst gesetzte Ziel zurückgefallen, also sündig geworden waren. Die „city upon a hill" konnte schnell zum Sündenpfuhl („sink of iniquity") verkommen. Dieses Gefühl des drohenden Niedergangs nach einem guten Anfang war jedoch gepaart mit dem Optimismus, den Niedergang durch gutes Beispiel und Reform wieder bremsen zu können. Und dieser Spannungsgegensatz hat sich bis heute als Motiv der Reformbewegungen in den USA gehalten. Viele politische und religiöse Reformbewegungen wollen zur besseren alten Epoche zurück oder, anders ausgedrückt, sie wollen den Verfall der letzten Modernisierungswelle rückgängig machen, um frohgemut einen Neuanfang zu wagen. So wollte etwa der religiöse Fundamentalismus der „Moral Majority" die Liberalisierungen der sechziger Jahre aufheben, und Ronald Reagan versprach seinen rechten Wählern, den New Deal zu demontieren. Die passende Textsorte ist die so genannte Jeremiade, und es überrascht daher nicht, dass viele der gesellschaftskritischen Bücher aus Amerika solche Jeremiaden sind, die in der Regel trotz Umfang und Unlesbarkeit auf der Bestsellerliste landen. Sie sind allesamt Ausdruck nicht nur eines Gefühls der Krise, dass der „American errand" gefährdet sei, sondern auch des Optimismus, dass bei rechtem Verhalten der Gläubigen seine Erfüllung doch noch in der Zukunft liege. Auch die populären Pamphlete und Bücher der religiösen Rechten sind im Tenor der Jeremiade verfasst, etwa die vielen Bücher von Pat Robertson (Ostendorf 1998).

2. Dissens als Gründungsideologie

Die Besiedlungsdynamik (1607–1760) wurde durch den Export des europäischen religiösen Radikalismus und seiner Spaltungstendenzen geprägt. Die Gründungsväter Neuenglands waren religiöse Nestflüchter, die den Schoß der etablierten Kirchen verlassen hatten oder wollten. Es waren unter ihnen viele Sektierer, antinomische Geister, Puristen, die eine reinere Religion (und bessere Republik) anstrebten. Sie wurden fortgetrieben von der korrupten, feudalen

Macht in Europa und angezogen von der (Religions-)Freiheit in Amerika. Treibende Kraft war der Dissens religiöser Individualisten und Gottsucher. Diese Tradition des „Hier stehe ich und kann nicht anders" stärkte das individuelle Bewusstsein und den antiautoritären Partikularismus, die Tradition des Rechts auf Meinungsdifferenz und die Pflicht zur persönlichen Verantwortung, die sich schon früh am Beispiel der „Dissenters" in der Massachusetts Bay artikulierte – etwa bei Anne Hutchinson und Roger Williams. Hutchinson forderte das Patriarchat und jegliche religiöse Autorität heraus, Williams war ein sehr früher Verfechter der Trennung von Kirche und Staat – zu einem Zeitpunkt, als in Massachusetts Bay noch eine patriarchalische Theokratie vorherrschte. Sicherlich gab es innerhalb der sektiererischen Gruppen extreme Intoleranz gegen Andersdenkende: ja, die Radikalität der Überzeugung, im Recht zu sein, führte zu einer Art Null-Summen-Denken im Rahmen eines manichäischen Weltbildes. Dieser ideologische Rigorismus hat sich bis heute gehalten und mag den Nährboden für „political correctness" mitliefern. Man ist entweder ganz gut oder ganz schlecht, ganz drinnen in der Gruppe oder ganz draußen, ganz für eine gute Sache oder ganz dagegen, man ist bei der Koalition der Willigen oder der Nichtwilligen. Man ist wiedergeboren oder „left behind". Man ist Raucher oder kämpferischer Nichtraucher. Wie heißt es auf den Stoßstangen? „America – love it or leave it." Jene lauen agnostischen Mittelpositionen, die für Europa geradezu typisch sind, sind in diesem moralischen System nicht vorgesehen. Nachdenklichkeit, das bekam der Demokratische Präsidentschaftskandidat Kerry im Herbst 2004 zu spüren, stellt in diesem Weltbild keine Tugend dar.

3. Strukturelle Ausgrenzung

Für Europa, dessen politische Zentren nach langen Religionskriegen dem feudalen Gebot „cuius regio, eius religio" unterlagen – hierin wird die Fusion von Feudalmacht und Religion deutlich –, wurde Amerika zum Auffangbecken der „anderen" Religionen. Die radikaldemokratischen, separatistischen Gruppen der Reformation zogen sich entweder freiwillig an die damals politisch unwichtige Peripherie der Kolonie zurück oder es kam zum forcierten Ausstoß nichtpassender, radikaler Glaubensbekenntnisse aus Europa. Die Puritaner, Pilgrims, Wiedertäufer, Amish, Mennoniten, Herrnhuter, Schwenckfelder, Diggers, Quäker, Shaker und vielen anderen endeten irgendwann in Nordamerika, einige nach einem Umweg über Russland. Hier liegt bereits eine Urzelle der Demokratie, denn diese Religionsgruppen waren in der Regel aus einem freien Zusammenschluss Gleichgesinnter entstanden, waren also voluntaristisch und vertraten Haltungen, die später als Graswurzeldemokratie bekannt wurden. Die amerikanische Religiosität auf der Ebene der „grass roots" – und das ist ein wesentlicher Unterschied zu Europa – stand nie im Gegensatz zu einer basisdemokratischen Politik der persönlichen Freiheiten. Wie Tocqueville anmerkte, hatten in Amerika Demokratie und Religion gleich gesinnte Erwartungen. Auf dem amerikanischen Kontinent definierten sich die diversen religiösen Gruppen nicht so sehr durch eine potentiell demokratiefeindliche, weil hegemonial verordnete Doktrin als durch angewandtes Christentum (also durch einen moralischen Lebenswandel) und durch den Erfolg in der Anwerbung von Konvertiten für ihre rechtschaffene, gesellschaftliche Aufgabe.

4. Distanz zwischen Metropole und Kolonie

Die geographische Situation der Kolonien an der Peripherie der westlichen Welt führte zur graduellen Abkoppelung der etablierten Hochkirche (etwa in Virginia) von den englischen Machtzentren. Die Entfernung von der Heimat unterbrach den „chain of command"; die Autorität des Episkopats, also auch der zentralen oder nationalen englischen *Ecclesia*, verfiel. Der lokale Klerus verkam, die Gläubigen nahmen die Verwaltung der Religion in die eigene Hand und die Autorität der lokalen Kongregation wuchs im Verhältnis zur nationalen Kirche. Dies führte selbst in den etablierten Kirchen zu einer Tradition der kirchlichen Basisdemokratie und gleichzeitig zur Schwächung des Klerus, des Episkopats beziehungsweise der Institution *Ecclesia*. Die religiöse Selbstverwaltung durch die „congregation" (daher der Name „congregationalism") wurde zum amerikanischen Weg und prägte später alle Religionsgemeinschaften. Sie nahm selbst dem amerikanischen Katholizismus den Charakter einer romhörigen *Ecclesia* und machte ihn zu einer kämpferischen Glaubensgemeinschaft unter anderen Glaubensgemeinschaften (vgl. Oertel in diesem Band).

5. Frontier und Ost-West-Gefälle

In einer geographischen Situation mit offener Westgrenze entstand schon in den Kolonien ein religiöses Ost-West-Gefälle. Während entlang der früh besiedelten atlantischen Küste religiöse Gemeinschaften sich zunehmend stabilisierten, wanderte das populistisch-radikale Bewusstsein an die Frontier, deren Offenheit sprichwörtlich war. Man kann eine Regel aufstellen: Der strukturstärkere Osten dachte religiös konservativer, der strukturschwächere Westen war innovativer oder radikaler. Typischerweise sind die beiden ersten Erweckungsbewegungen („awakenings") ab 1730 und ab 1800 vor allem an der jeweiligen Frontier entstanden beziehungsweise waren dort erfolgreich. Noch heute werden mit der Abnahme des normativen Drucks die Kulte und Sekten von Osten nach Westen exotischer und selbstbestimmter. Televangelism und Megakirchen blühen heute vor allem im Westen. Nicht zu vergessen ist, dass der weite geographische Raum USA, also die Verfügbarkeit von Land, die praktische Realisierung von religiösen Utopien möglich machte: Man denke an die Mormonen, die einen Staat beherrschten, an den Bhagwan, der eine Region in Oregon aufkaufte, oder an die Davidsbündler, die sich auf eine texanische Ranch in Waco zurückgezogen hatten.

6. Pluralismus und Territorialisierung

Trotz der regional wirksamen religiösen Intoleranz, etwa in der Massachusetts Bay, kam es in den Kolonien schon früh und zwangsweise zu einem religiösen Pluralismus, wenn auch zunächst nur zu einem territorialisierten. Schon vor der Revolution lebten Puritaner, Pilgrims, Baptisten, Katholiken, Quäker und Anglikaner auf „Inseln der Gleichheit und Happiness" nebeneinanderher (Wagner 1977). Das verfügbare Land erlaubte den Gruppen, einander aus dem Weg zu gehen beziehungsweise einander per Distanz zu tolerieren. Jedoch, alle rieben sich an den ganz Anderen, den Indianern und Afrikanern, was unter den zerstrittenen protestantischen Richtungen zu einer gewissen Solidarität im Rassismus führte. (Interessant aber über den Rahmen dieses Buches hinausreichend ist die Funktion des Rassismus für die Stabilisierung der nationalen Zivilreligion). Das Recht auf den individuellen religiösen Weg, vom ersten „awakening" polemisch eingeführt, wurde zum Bestandteil einer jungen, amerikanischen, vorrevolutionären Ideologie, die sich, politisch säkularisiert, in der Unabhängigkeitserklärung artikulierte. Diese Individualisierung des Religiösen über den Voluntarismus und über die freie Wahl enthält im Keim schon ihre zukünftige Verwandlung im 20. Jahrhundert in eine marktorientierte Ware, eine Dienstleistung und erklärt die „doctrinal weakness" oder „vapidity" der amerikanischen Religionen (Orwin 2004).

7. Institutionelle Trennung von Staat und Kirche

Die in der Kolonialzeit gelernte basisdemokratische Praxis, die realhistorische Erfahrung, dass es keine Alternative gab zur Toleranz im geographischen Nebeneinander, und die aufklärerische politische Philosophie der Gründungsväter verbanden sich in den Jahren von 1750 bis 1776. Das freiheitliche Gedankengut der französischen Aufklärung und der Besitzindividualismus der schottischen Aufklärung („Common Sense Philosophy") fanden in der amerikanischen Erfahrung ihren Widerhall. Sogar der Klerus sprach von einem eigenen amerikanischen Weg und interpretierte die Revolution als Erfüllung der göttlichen Vorsehung und als „Fortschritt" auf dem Weg zu einem Neuen Jerusalem. „The will of the people is the will of God", heißt es immer wieder in damaligen Debatten. Das Naturrecht wurde auf diese Weise göttlich sanktioniert. Es ist daran zu erinnern, dass im Gegensatz zum Normalverhalten europäischer Religionen die protestantische Basis in Amerika nicht antirevolutionär gestimmt war; wohl auch, weil es im Laufe des 18. Jahrhunderts eine Überlagerung von religiös-heilsgeschichtlicher und politischer Metaphorik gegeben hatte. Den amerikanischen Revolutionären stellte sich das praktische Problem, diverse regional-dominante Religionsgruppen politisch unter einen Hut zu bringen. Hieraus ergab sich die theoretisch-aufklärerische und praktisch-politische Trennung von Kirche und Staat bei gleichzeitiger Religionsfreiheit als Lösung, ein Gedanke, der für die religiös Radikalen der ersten Stunde, etwa für Roger Williams, nicht ganz neu war.

In dieser Zeit (1776–1789) wurde die Kirche als institutionelle Macht politisch endgültig ausgeschaltet. Die Verfassung, die ganz auf die Rechte besitzender Individuen abgestellt war, reagierte nervös auf institutionelle kirchliche Macht. Das erklärte den lange anhaltenden Vorbehalt gegen den institutionell mächtigen, von Rom gesteuerten Katholizismus. Und dieser Vorbehalt wurde erst mit der Wahl Kennedys ausgeräumt. Dem politischen Föderalismus, der aus der gelebten Praxis entstanden war, entsprach der so genannte Denominationalismus innerhalb einer sehr weit und vage gefassten protestantischen Gemeinschaft. Nicht Kirche, nicht Religion (Doktrin oder Dogma), sondern Denomination, also Glaubensgemeinschaft, das ist die amerikanische, gesellschaftliche Organisationsform und Markierung religiöser Unterschiede. Das „First Amendment" zurrte diese Entwicklungen endgültig fest: Es schützte die individuelle Ausübung („Free Excercise Clause"), also den Zugang zum *smörgasbord* der Religionen als Teil der individuell verbürgten Freiheit, verbot aber die Etablierung religiös-institutioneller Macht („Establishment Clause"), weil die Republik erstens keine Macht neben sich haben und zweitens Religionskriege wie in Europa vermeiden wollte. Politik und Religion trennten sich institutionell. Trotz der Trennung von Kirche und Staat gingen einige der Gründungsväter davon aus, dass die religiöse Moral für die Ausübung der Staatsgeschäfte unverzichtbar sei; daher übernahm die Politik der jungen Republik das moralische Gerüst eines weit definierten Protestantismus. Also leistete Religion nicht institutionelle Hilfe wie in Deutschland, sondern eine moralische. Benjamin

Rush brachte diese Erwartung an die Religion als eine pädagogische Funktion der Freiheit auf den Punkt: „The only foundation for a useful education in a republic is to be laid in religion. Without it there can be no virtue, and without virtue there can be no liberty, and liberty is the object and life of all republican governments" (Rush 1798).

8. Zivilreligion

Der Millenarismus der religiösen Gruppen („city upon a hill") wurde nach der Revolution endgültig säkularisiert und Bestandteil des politischen Selbstverständnisses („God's own country", ab 1830 „manifest destiny"). Die republikanische Ideologie basierte auf Tugenden, die aus dem calvinistisch-puritanischen Ethos bekannt waren (innerweltliche Askese, Verantwortung, „stewardship"). Da die Angst vor libertären Tendenzen und „divisive factions" (vgl. *Federalist Papers*, Abschiedsrede Washingtons) im jungen Staat sehr ausgeprägt war, kam dieser Zivilreligion, anders ausgedrückt: dem moralischen Grundkonsens, eine besondere Funktion zu. Und da neben der Nation keine umfassende Ideologie als einigendes Prinzip geduldet wurde und keine gemeinsamen Traditionsbestände vorhanden waren (etwa Stände, Feudalsystem, Handwerk, Zünfte, Kirche, Vereinswesen etc.), gingen die theologischen Gründungsmythen Amerikas allmählich in diese säkulare Zivilreligion ein, die die heterogene Gesellschaft als patriotischen Kitt zusammenhalten sollte. Diese Zivilreligion mit protestantischem Zungenschlag wurde im Maße der Aufspaltung der Religionen in vielfältige Glaubensgemeinschaften zur einzigen und damit wichtigsten Gemeinsamkeit. Zivilreligion und die Ideologie des liberalen, individualistischen „laissez faire"-Kapitalismus vermischten sich in den Köpfen der Amerikaner. Eine Nation mit der Seele einer Kirche brauchte ein Glaubensbekenntnis. Der schwedische Soziologe Gunnar Myrdal sprach 1945 erstmalig vom „American Creed". Dieser wurde zum nationalen Wertefetisch, der heute als „Judaeo-Christian tradition" evoziert wird. Die USA sind also ein durch und durch ideologisches Konstrukt, sicher keine ethnische und keineswegs eine kirchliche Nation. Allein maßgeblich ist, dass man die Zivilreligion des „American Creed" aus freien Stücken übernimmt. Fünf ideologische Grundpfeiler der Zivilreligion kann man näher bestimmen: 1. Demokratie (aus dem religiösen Konsens freier Individuen), 2. Freiheit im Doppelsinn (Freiheit von Unterdrückung und Freiheit zum individuellen Glück), 3. Opposition gegen Tyrannei oder Zentralgewalt und als Konsequenz ein starker basisdemokratischer Lokalismus, 4. Individualismus (im Sinne des „proprietary individualism and Calvinistic stewardship" Lockes), 5. Glaube an den Fortschritt innerhalb einer heilsgeschichtlichen Fügung.

9. Voluntarismus

Der basisdemokratische Lokalismus und der Voluntarismus, die nach 1820 in der jungen, nunmehr freien Republik aufblühten, prägten auch ihre religiöse Gruppen- und Willensbildung. Der religiöse Voluntarismus fand im liberalen Grundkonsens eine politische und in der freien Marktwirtschaft eine ökonomische Entsprechung. Grundlegende historische Erfahrung war, dass religiöser und politischer Voluntarismus nicht nur Hand in Hand gehen, sondern sich gegenseitig stabilisieren, denn beide entspringen in der Regel dem Wunsch nach politischem Fortschritt und nach Erweiterung der Demokratie. Voluntarismus wurde gleichermaßen zur Grundtugend des vorwärts schreitenden jungen Nationalismus. Im frühen 19. Jahrhundert sprossen viele neue Religionsgemeinschaften (Mormonen, Millerites, Disciples of Christ, Campbellites und viele andere) mit radikal-protestantischen Utopien oder sozialrevolutionären, egalitären Programmen aus dem fruchtbaren Boden der jungen Republik. Die Argumente von Adam Smith und James Madison ergänzten sich. Die freie Marktwirtschaft der Religionen hatte zwei Konsequenzen: Sie verlieh den amerikanischen Religionen ein hohes Maß an Energie, andererseits immunisierten sich die vielfältigen Angebote gegenseitig. Also wurde gerade durch die Freisetzung im Markt ein Aufkommen einer einzigen religiösen Macht verhindert.

10. Einwanderung und ethnische Religiosität

Mit der massiven Einwanderung ab 1840 veränderte ein neuer ethnischer Trennfaktor die religiöse Landschaft. Ethnische Abgrenzung destabilisierte auch die etablierten Gruppen und perforierte ihre Grenzen und Strukturen. Polnischer, irischer, französischer, italienischer, deutscher Katholizismus; deutscher, schwedischer, finnischer, holländischer Lutheranismus. Man identifizierte sich religiös und ethnisch: „Dutch Reformed“, „Irish Catholic“, „German Lutheran“, „Greek Orthodox“. (Die Juden hatten eine Sonderrolle, da sie von Anfang an sowohl eine ethnische Gruppe als auch eine Religion darstellten.) Solidarität und Gemeinschaft wurde in einer Ethnoreligiosität gesucht. Im Maße der ethnischen Fragmentierung des Landes wurde die Zivilreligion, also der „American Creed“ mit seinen Ritualen, seinen nationalen Symbolen und Fahnen, seinem Flaggengruß und Treuegelöbnis als Integrationsideologie der unterschiedlichen Gruppen umso wichtiger. Andererseits „amerikanisierte“ diese Zivilreligion das „Europäische“ an den importierten Religionen. Dieser Abschliff der europäischen *Ecclesia* war deutlich am amerikanischen Katholizismus zu spüren. In den letzten hundert Jahren waren typischerweise die amerikanischen Katholiken gegenüber den Führungsansprüchen der *Ecclesia* in Rom am aufmüpfigsten, vom Widerstand gegen die Unfehlbarkeitsdoktrin bis zur herben Reaktion von Bischöfen und Nonnen auf die letzten päpstlichen Verlautbarungen zur Rolle der Frau. Die Religion der Schwarzen entwickelte nach der Revolution ihre ganz eigenen Institutionen und Strukturen, die sich in einer dialektischen Beziehung zur Sklaverei-Erfahrung und zum Rassismus entfalten (vgl. Waldschmidt-Nelson in diesem Band). Alle Glaubensgemeinschaften aber zielten auf einen gemeinsamen Nenner mit den Grundsätzen des „American Creed" hin. Heute steht die bange Frage im Raum: Ist der Islam auf ähnliche Weise wie das Christentum und Judentum amerikanisierbar?

11. „Revivals" und „Awakenings"

Ab 1730 wurden die Zentren religiöser Macht, das heißt die theologischen Establishments, von Erneuerungen („new light") und „awakenings" erschüttert. „Revivals" und „awakenings" sorgten für eine permanente Dehierarchisierung, Destabilisierung und Deinstitutionalisierung der sich bildenden und etablierten kirchlichen Institutionen. Durch die „persönliche" Erweckung, also durch die erlebte Konversion, wurde die Rolle der Institution Kirche oder die stellvertretende Autorität des Klerus als Vermittler zwischen Gott und Gläubigen reduziert oder sogar völlig in Frage gestellt. Durch Erweckung hatte das Individuum eine persönliche Direktverbindung zu Gott, also auch zu den Glaubensinhalten. „Get your hotline to God", heißt die Devise eines heutigen Fernsehpredigers. Die individuelle Erfahrung der Konversion verstärkte also auch die „personal agency" hinsichtlich der Doktrin: Während der traditionelle Calvinismus von einer relativen Ohnmacht des Gläubigen ausging, denn der Zustand der Gnade als auch die Aufnahme in den Kreis der Auserwählten hing von Prädestination und der Willkür eines strengen Gottes ab, vollzog der neue Evangelikalismus einen „Arminian turn". Wiedergeburt und Rettung der Seele hingen nun von der Bereitschaft des Einzelnen zur inneren Bekehrung ab: „Have you chosen Jesus as your personal savior", hieß der neue Schlüsselsatz. Ganz in diesem Sinne ist für George W. Bush der direkte Draht zum himmlischen Vater wichtiger als seine Beziehung zum biologisch-weltlichen Vater, gerade auch in Fragen der Außenpolitik. Die gesellschaftliche Verantwortung wurde durch die Serie der „awakenings" noch eindringlicher individualisiert, das Individuum als Träger der Grundwerte gestärkt und nachhaltiger in die Verantwortung genommen. Das erklärt den moralischen Rigorismus, das robuste Selbstbewusstsein und die doktrinäre Aggressivität der so Erweckten. Doch die Erweckung der Individuen ist nicht nur ein Privaterlebnis im stillen Kämmerlein, sondern in der Regel eine kollektive, sogar ansteckende Erfahrung, man ist Mitglied einer „redemption community“ oder einer „redeemer nation“ (Tuveson 1968). Massen„revivals“ sind für die Religion, was „realignments“ für die Politik bedeuten. Die Interaktionsstrategien in diesen beiden Bereichen sind sich verblüffend ähnlich. Religiöse Erweckungsbewegungen spielten seit 1830 eine zentrale Rolle als moralischer Ordnungsfaktor in der rapiden Modernisierung. Sie brachten deviantes Verhalten auf zivilreligiösen und politischen Vordermann.

Es gab im Laufe der amerikanischen Geschichte vier wichtige religiöse „revivals“, jedes führte zu einem politischen „realignment“. Das „awakening“ von 1730–1750 kulminierte in der Revolution. Das religiöse „revival“ von 1800–1830 erbrachte die demokratischen Reformen des „Jacksonianism“. Die religiöse Unruhe von 1890–1900 führte zum Progressivismus. Und ab 1955 entstand die Bürgerrechtsbewegung unter der Führung schwarzer Prediger wie Martin Luther King. Im Augenblick sind wir Zeugen eines neuen „awakenings“, welches die Trennung von Kirche und Staat aufheben und christliche Politik globalisieren möchte. Motiviert werden diese Erweckungsprediger, übrigens auch die konservativen, vom Traum eines besseren Amerika (oder einer besseren Welt) und produzieren in regelmäßigen Abständen Jeremiaden. Die Ziele religiöser Energie sind im Gegensatz zu Europa nicht unbedingt reaktionär, sondern sie erstreben politischen Fortschritt und möchten eine Öffnung der Demokratie „für ihre Leute“ bewirken (etwa Martin Luther King mit seinem „I have a dream“). Dem „revival“, dem „awakening“ kommt eine Sonderrolle in der politischen Willensbildung, ja in der gesamten amerikanischen Öffentlichkeit zu. In diesem Kontext werden etwa die Inszenierungen der Parteitage verständlicher. Umgekehrt sind aber auch die religiösen Erweckungsbewegungen wie etwa Jerry Falwells „Moral Majority“, Billy James Hargis' „Christian Crusade“, die „Pro-Life“- Bewegung, Billy und Kenneth Grahams Kreuzzüge und viele andere stark politisch geprägt.

12. Religiöses Spektakel

Religiöse Macht und Einfluss werden also nicht durch Dogma, Doktrin, Tradition oder durch das Interpretationsmonopol des Klerus oder des Vatikans, also durch institutionell gefestigte Strukturen gewährleistet, sondern durch „revival“, letztlich also durch Strategien der Erweckung hin zur persönlichen Verantwortung vor Gott. Im Laufe des 19. Jahrhunderts gehen diese Mobilisierungsstrategien voll und ganz in die Politik ein und werden später (nach 1900) von der Werbung übernommen. Daher sind zivilreligiöse Spektakel für den Prozess der Willensbildung und für die Stabilisierung des „American Creed“ so wichtig, also Wahlveranstaltungen, Fußballspiele, Paraden, Einbürgerungsfeierlichkeiten – immer eingerahmt von der Nationalhymne. Das Inszenierungsmuster der religiösen Erweckungsbewegung findet man auch in säkularen Mobilisierungen wieder, etwa der Anti-Raucher-Kampagne, oder in Werbekampagnen aller Art, deren moralischer Erlösungsanspruch kämpferische Züge annimmt. „Mobilizing converts“, „mobilizing voters“ und „mobilizing customers“ erfordern ähnliche Strategien der Überzeugung. Und gerade Spektakel eignen sich für jegliche Form der Mobilisierung in einem freien Markt. Es gibt also eine Wahlverwandtschaft zwischen den religiösen und allen anderen Spektakeln. So wird verständlich, dass viele Gründungsväter der Werbung, etwa Claude Hopkins, Bruce Barton oder Artemis Ward, aus Pfarrersfamilien stammten und dass sie lediglich die Strategien religiöser Erweckung in wirtschaftliche umzufunktionieren brauchten. Von der Werbung, die diese Methoden von 1900 bis 1960 verfeinerte, holten die Fernsehreligionen sich die professionalisierten Strategien zurück. Medienöffentliche Religiosität wird nach 1960 zunehmend als Wirkungsspektakel inszeniert, bei dem doktrinäre Unterschiede unwichtiger und der reale Konversionserfolg immer wichtiger werden. Wenige Anhänger von Billy Graham, Oral Roberts, Jerry Falwell oder Pat Robertson interessiert es, welcher Gemeinschaft diese Prediger angehören oder welche religiöse Doktrin ihr zugrunde liegt. Umgekehrt sind den protestantischen Fernsehpredigern gerade jene konservativen Katholiken und Juden, die früher Ziel eines virulenten Hasses der Fundamentalisten waren, heute durchaus willkommen. Wenngleich die religiöse Doktrin des neuen Fundamentalismus vage bleibt, gibt es eine allgemeine praktisch-politische Orientierung: Die Gegnerschaft gegen die allzu rasante Liberalisierung und Säkularisierung der Lebenswelt seit den sechziger Jahren bleibt Hauptpunkt des gemeinsamen Programms. Die neuen Formen der Inszenierung überlagern die transportierten religiösen Inhalte immer mehr mit TV-Kitsch, die Doktrin wird zum Gemeinplatz, und der Appetit der Amerikaner auf symbolische und ideologische Bestätigung eines religiösen „Lifestyle“ wird im Maße der Mediatisierung stärker.

13. „Moral Majority“ und „dissenting minority“

Der Geist des Dissenses, des „Antinomianism“ und der Spaltung hat bis heute Hochkonjunktur. Amerika ist die Hochburg evangelikaler, pfingstlerischer und charismatischer religiöser Gruppen und beherbergt eine Unzahl von regionalen Kulten bis hin zu säkularen Ablegern wie „New Age“, die eine Ersatz-Spiritualität propagieren oder bis hin zu persönlichen „custom made religions“. Robert Bellah zitiert eine Frau namens Sheila, die ihre Religion als „Sheilaism“ angab. David Brooks erwähnt in seinem Bestseller „Bobos in Paradise“ eine 26-jährige BoBo (Bourgeois Bohemian), Tochter eines methodistischen Priesters, die sich ganz whitmanesk als „Methodist Taoist Native American Quaker Russian Orthodox Buddhist Jew“ verortet. Ein Rabbi aus Montana vertritt eine „flexidoxy“, die das gleichzeitige Bedürfnis seiner Gläubigen nach Flexibilität und Orthodoxie bedienen soll. Für jedes Bedürfnis entstehen Anbieter. Auch die so genannte „Moral Majority“ verstand sich als eine militante Minderheit in der Tradition des „dissenting protestantism“, die um Platz am Mikrofon der Öffentlichkeit und um politische Marktanteile kämpfte. Diese waren ihr in der allgemeinen Liberalisierung der sechziger und siebziger Jahre abhanden gekommen. Sowohl Religion als auch Politik folgen dem Druck von „creedal passions“, die durch Erweckung über den Markt zur Erneuerung führen sollen.

14. Säkularisierung und Desäkularisierung, Modernisierung und Fundamentalismus

In der dialektischen Spannung zwischen den beiden Teilen des „First Amendment“ liegt der Grund für die anhaltende Vitalität der amerikanischen Religionen. Denn die Verpflichtung zum säkularen Staat mobilisierte die religiösen Energien seiner Bürger, die den Markt als ideologisches Biotop für die Entfaltung religiöser Fantasien entdeckten. Durch die Schutzklausel („Establishment Clause“) wurden die religiösen Energien in dem expandierenden Markt der jungen Republik freigesetzt, und zwar über die Individuen, das heißt über die Befriedigung ihrer persönlichen metaphysischen Bedürfnisse, die im Maße der staatlich verordneten, säkularen Modernisierung immer dringlicher wurden. Die „New Religious Movements“ wurden Teil der „self-help“. Religiöse Gemeinschaften mussten sich im freien Spiel der Kräfte, auch in der offenen Konkurrenz zu anderen Religionen, behaupten. Sie lernten dabei ganz neue Fähigkeiten des gesellschaftlichen Überlebens, und sie begriffen, welche Aspekte einer Religion für individuelle Kunden attraktiv oder marktfähig waren. Gleichzeitig schritt die Säkularisierung als Konsequenz der Modernisierung stetig voran, die sich seit der Aufklärung gleichzeitig über die Bundesverfassung (und ihre laufende historische Interpretation durch das oberste Verfassungsgericht) und über den Markt (also über die Eigendynamik von Konsum- und Lifestyle-Verhalten) durchgesetzt hatte. Die Geschwindigkeit dieser Modernisierungsprozesse allerdings entwickelte sich etwa im feudalen Süden und progressiven Norden, im strukturstarken Osten und strukturschwachen Westen, oder etwa auf dem traditionsgeleiteten Land und in der kosmopolitischen Stadt ungleich, und eine flächendeckende Wirksamkeit war in diesem großen, ethnisch wie religiös territorialisierten Land mit seinen ideologisch und lebensweltlich so unterschiedlichen Inseln einfach nicht zu erwarten. Das führte zu einer Ungleichzeitigkeit der modernisierenden Schübe. Im Laufe der rapiden Modernisierung ab dem frühen 19. Jahrhundert blieben immer wieder andere und neue Teile der Bevölkerung bei dieser Entwicklung zurück, und es bildeten sich Inseln des populistischen Ressentiments, die dann die Veränderungen anderswo im Lande und vor allem im Zentrum der Macht als eine Bedrohung ihrer traditionellen Werte erfuhren. Diese Ungleichzeitigkeit rief eine Gegenreaktion zur gerade stattfindenden Modernisierung auf den Plan, die zu einer permanenten, wenn auch regional differenzierten religiösen Wiedererweckung, Refundamentalisierung und Evangelikalisierung führte.

Man kann also festhalten, dass in den USA Individuen und Gruppen lediglich ihr verbrieftes Recht auf „free exercise“ wahrnehmen, um die Schäden der Modernisierung mit der Rekonstruktion von begreifbarer und verständlicher religiöser Orientierung zu kompensieren. Fundamentalismus und Literalismus der Bibel sind bei jenen Schichten besonders erfolgreich, die die Krisen der Modernisierung besonders hart erlebten. Und doch bleibt bei aller doktrinären Vereinfachung ein Moment marktwirtschaftlicher Freiheit. Diese ist gewährleistet durch die breite Auswahl unter vielen religiösen fundamentalistischen Religionsgemeinschaften oder Sekten. Je stärker die Säkularisierung als realhistorische Tatsache (etwa in den zwanziger Jahren) oder als politische Agenda (in den siebziger Jahren) wirkte, desto emphatischer meldete sich dieser therapeutische Fundamentalismus zu Wort. Martin Riesebrodt (1990, 2000) weist darauf hin, dass jeder fundamentalistische Schub eine spezifische Krise der Modernisierung und eine Abwehr der Säkularisierung markiert. Man kann solche fundamentalistischen Schübe in allen Perioden extremen gesellschaftlichen Wandels in den USA feststellen. Als Reaktion auf die Frühindustrialisierung (1815–1840) traten, umrahmt vom zweiten großen „awakening“, die prämillenarischen Darbyisten auf den Plan. Auf die vom Bürgerkrieg erzwungene Modernisierung folgte ein Erstarken der „holiness“-Bewegung; auf die progressive Reform zu Anfang unseres Jahrhunderts wurden in Princeton die „fundamentals“ formuliert, die in den zwanziger Jahren als Waffe gegen Frauenbewegung, Rassengleichheit, Darwin und Alkohol eingesetzt wurden; und als Reaktion auf die Liberalisierung der sechziger Jahre folgte die Mobilisierung der Evangelikalen, der Eintritt der Fundamentalisten in die Politik und der Ausbau der elektronischen Kirche. Dieser letzte Desäkularisierungsschub lässt sich zudem aus der jüngsten Geschichte erklären. Die dritte Macht im Staat, der U.S. Supreme Court, stand in der amerikanischen Geschichte für eine restriktive Auslegung der „Establishment Clause". Noch 1962 hatte der U.S. Supreme Court das Gebet in der Schule, selbst ein konfessionsübergreifendes und religiös unspezifisches, verboten (vgl. Brocker in diesem Band). Der Sturm der Entrüstung, den gerade dieses Urteil in der allgemeinen Wählerschaft, etwa auch bei den konservativen Katholiken und Protestanten, auslöste, mag als Signal des neuen „Awakening" dienen. Es handelt sich bei derartigen Mobilisierungen der Gläubigen wohlgemerkt nicht nur um das Entstehen neuer Sekten, sondern um eine überkonfessionelle Erweckungsbewegung. Man spricht gern vom Sieg der religiösen Rechten, aber dieses Etikett trifft diese Veränderung nur ungenau, weil es die Existenz einer nichtreligiösen Linken voraussetzt. In den USA sind Demokraten ebenso von dieser Erweckung erfasst worden wie die Republikaner. Schließlich hieß der erste wiedergeborene Präsident Jimmy Carter. Auch Kerry sprach während des Wahlkampfs 2004 immer wieder von „values" und von seiner Zeit als Messdiener. Es handelt sich also um eine gesamtgesellschaftliche Verschiebung – in Amerika spricht man von „realignment" – hin zu einer christlich-moralischen Stimmung mit einer starken prämillenarischen Flanke, ein Strukturwandel der amerikanischen politischen Kultur, der sich seit langem ankündigte. Neu ist, dass diese Stimmung heute nicht nur die Religion und Politik, sondern vor allem auch die populäre Kultur prägt. Ja, man kann von einer gegenseitigen Stabilisierung und jetzt national wirksamen Symbiose der neuen Religiosität mit der populären Kultur sprechen: Hal Lindseys und C. C. Carlsons „The Late Great Planet Earth" war schon 1970 ein Bestseller, der bestimmte prämillenarische Glaubenssätze und apokalyptische Bibelprophezeiungen popularisieren half. Die laufende Romanserie „Left Behind" von Tim LaHaye und Jerry Jenkins hat bereits 50 Millionen Kopien verkauft. Die Nummer 10 dieser Serie, „The Remnant", blieb mehrere Wochen an der Spitze der Bestsellerliste der „New York Times" ebenso wie die elfte Fortsetzung, „Armageddon", die in der ersten Druckauflage drei Millionen Mal verkauft wurde (Boyer 2003; Sutherland 2003). Man könnte die Behauptung aufstellen, dass sich hinter dieser neuen, therapeutischen, postmodernen Religiosität, die sich vor allem in den Megakirchen, in der populären Kultur und im Fernsehen verwirklicht, eine Form der Modernisierung verbirgt, welche die Tendenz zur „life style politics" beschleunigt, ohne der Säkularisierung Vorschub zu leisten.

Ich möchte diese historische Ableitung mit dem klassischen „American Creed" schließen, jener zivilreligiösen Symbiose von Religion und Patriotismus, die ein Angestellter im Repräsentantenhaus, William Tyler Page, 1918 in Anlehnung an das Glaubensbekenntnis so formulierte:

„I believe in the United States of America as a Government of the people, by the people, for the people; whose just powers are derived from the consent of the governed; a sovereign Nation of many sovereign States; a perfect union, one and inseparable; established upon those principles of freedom, equality, justice, and humanity for which American patriots sacrificed their lives and fortunes. I therefore believe it is my duty to my country to love it; to support its Constitution; to obey its laws; to respect its flag, and to defend it against all enemies" (zit. Huntington 1981, S. 159).

Anmerkungen

[1] Gott wird lediglich in den Ratifizierungsbeschlüssen der Einzelstaaten als „supreme ruler of the universe" erwähnt. Vgl. The Debate on the Constitution. Library of America, 1993, Bd. II, S. 547.

[2] In den Gelben Seiten von New Orleans findet man die „Spiritualist Church of the Infant Jesus of Prague", die einen schwarzen Indianer als Heiligen verehrt und von einer Frau geleitet wird, die Kardinalsroben trägt. Vgl. hierzu auch J. G. Meltons anschauliche Liste der religiösen Differenzierungen nach „heritage", „belief" und „lifestyle" (http://religiousmovements.lib.virginia.edu/profiles/lis tmelton.htm).

Literatur

Amis, Martin: The Palace of the End. In: The Guardian, 4. März 2003.
Anderson, Brian C.: Secular Europe, Religious America. In: Public Interest 155, Spring 2004, S. 143–159.
Ash, Timothy Garton: Anti-Europeanism in America. In: The New York Review of Books 50, No. 2, 13. Februar 2003, S. 32–35.
Bacevich, Andrew/Prodromou, Elizabeth H.: God is Not Neutral. Religion and U.S. Foreign Policy after 9/11. In: Orbis 48/1, Winter 2004, S. 43–54.
Berlet, Chip: Apocalypticism. In: Peter Knight (Hrsg.), Conspiracy Theories in American History. 2 Bde. Santa Barbara, Cal. 2003, Bd. 1, S. 85–91.
Boyer, Paul S.: John Darby Meets Saddam Hussein. Foreign Policy and Bible Prophecy. In: The Chronicle of Higher Education, 14. Februar 2003, S. B10–11.
Cooperman, Alan: DeLay Criticized for ‚Only Christianity' Remarks. In: Washington Post, 20. April 2002, S. A05.
The Fight for God. In: The Economist, 21. Dezember 2002, S. 62–64.
Finke, Roger/Stark, Rodney: The Churching of America, 1776–1990. Winners and Losers in our Religious Economy. New Brunswick, N.J. 1992.
Fitzgerald, Frances: Bush and War. In: The New York Review of Books 14, 26. September 2002, S. 80–86.
Hansen, Brian: Religion in the Workplace. In: Congressional Quarterly Researcher 12, No. 28, 23. August 2002, S. 649–672.
Harper, Charles L./Beau, Bryan F.: Social Change and Religion in America. Thinking

Beyond Secularization. In: The American Religious Experience (http://are.as.wvu.edu).
Hodgson, Godfrey: The World Turned Right Side Up: A History of the Conservative Ascendancy in America. New York 1996.
Huntington, Samuel P.: American Politics. The Promise of Disharmony. Cambridge, Mass. 1981.
Judt, Tony: The Way We Live Now. In: New York Review of Books, 27. März 2003, S. 6–10.
Kagan, Robert: Power and Weakness. In: Policy Review 113, Juni/Juli 2002 (www.policyreview.org/Jun02/Kagan.html).
–: Of Paradise and Power: America and Europe in the New World Order. New York 2003.
Kaplan, Lawrence F./Kristol, William: The War over Iraq. Saddam's Tyranny and America's Mission. San Francisco 2003.
Keller, Bill: God and George W. Bush. In: New York Times, 17. Mai 2003.
Lieven, Anatol: In the Mirror of Europe. The Perils of American Nationalism. In: Current History, März 2004, S. 99–106.
Lupo, Michael Scott: Millenarianism. In: Peter Knight (Hrsg.), Conspiracy Theories in American History. 2 Bde. Santa Barbara, Cal. 2003, Bd. 2, S. 476–478.
Masci, David: Religion and Politics. Is President Bush too Vocal about his Faith? In: Congressional Quarterly Researcher 14, No. 27, 30. Juli 2004, S. 637–659.
Mead, Walter Russell: The Jacksonian Tradition and American Foreign Policy. In: The National Interest 58, Winter 1999/2000 (www.nationalinterest.org/issues/58/Mead-extract.htm l).
Miles, Jack: Religion and American Foreign Policy. In: Survival 46/1, Spring 2004, S. 2.
Miller, Hunter (Hrsg.): Treaty of Tripoli 1797, Article XI, American State Papers, Foreign Relations II, p. 18–19. Treaties and Other International Acts of the United States of America, Bd. 2, U.S. Government Printing Office, 1931, S. 3–37.
Orwin, Clifford: The Unravelling of Christianity in America. In: Public Interest 155, Spring 2004, S. 20–37.
Ostendorf, Berndt: „Conspiracy Nation": Verschwörungstheorien und evangelikaler Fundamentalismus: Marion G. (Pat) Robertsons „Neue Weltordnung". In: Heiner Bielefeldt/Wilhelm Heitmeyer (Hrsg.), Politisierte Religion. Frankfurt a. M. 1998, S. 157–187.
–: Identitätsstiftende Geschichte: Religion und Öffentlichkeit in den USA. In: Merkur 49/3, 1995, S. 205–216.
–: Is America Europe's Other. Is Europe America's Other? Yes and No. An Answer to John Borneman. In: American Ethnologist 30/4, 2003, S. 493–494.
–: Das Religiöse in der amerikanischen Demokratie. In: Merkur 53/9–10, 1999, S. 891–900.
–: Why is American popular culture so popular? A view from Europe. In: Amerikastudien/American Studies 46/3, 2001, S. 339–366.
Prätorius, Rainer: In God We Trust. Religion und Politik in den USA. München 2003.
Reichley, James: Religion in American Public Life. Washington D.C. 1985.

Riesebrodt, Martin: Der amerikanische Protestantismus. In: W. P. Adams et al. (Hrsg.), Die Vereinigten Staaten von Amerika. 2 Bde. Frankfurt a. M. 1992, Bd. 2, S. 469–501.
–: Fundamentalismus als patriarchalische Protestbewegung. Tübingen 1990.
–: Die Rückkehr der Religionen. Fundamentalismus und der „Kampf der Kulturen". München 2000.
Robertson, Pat: The New World Order. Dallas u. a. 1991.
Rush, Benjamin: Of the Mode of Education Proper in a Republic (1798). In: Ders., Essays, Literary, Moral, and Philosophical. Philadelphia 1806, S. 57–73.
Sutherland, John: Be Rapture Ready! The end times are nigh! In: London Review of Books 25/11, 5. Juni 2003.
Swatos Jr., William H./Christiano, Kevin J.: Secularization Theory. The Course of a Concept. In: Sociology of Religion 60, Fall 1999, S. 209–228.
Tocqueville, Alexis de: Democracy in America. 2 Bde. New York 1945.
Tuveson, Ernest Lee: Redeemer Nation. The Idea of America's Millennial Role. Chicago 1968.
Wagner, Wolf: USA – ein Land aus Inseln der Gleichheit und Happiness. In: Leviathan Bd. 1, 1977.
The World's Most Dangerous Ideas, Themenheft: Foreign Policy, Sept./Okt. 2004.
Wood, Gordon: The Fundamentalists and the Constitution. In: The New York Review of Books, 18. Februar 1988, S. 33–40.
Zeller, Shawn: Tough Sell. Since 9/11, American Muslim as well as Arab American groups have been denouncing Bush administration policies. In: National Journal 34, No. 50, 14. Dezember 2002, S. 3646–3650.

Manfred Berg

Die historische Dimension: Vom Puritanismus zum religiösen Pluralismus

Die Frage, ob die Vereinigten Staaten eine christliche Nation oder eine säkulare Republik sind, gibt in Amerika immer wieder Anlass zu veritablen Kulturkriegen. Bei der historischen Dimension des Verhältnisses von Religion und Politk interessiert freilich mehr die parallele, teils spannungsgeladene, teils komplementäre Entwicklung beider Traditionen. Dabei fallen, vor allem im Vergleich zu Europa, drei Besonderheiten der amerikanischen Religionsgeschichte ins Auge. Erstens die frühe Institutionalisierung der Trennung von Staat und Religion wie der Religionsfreiheit. Zweitens die „labyrinthische Vielfalt“ (Rainer Prätorius) der amerikanischen Religionsgemeinschaften, wobei religiöser und ethnischer Pluralismus eng miteinander verbunden waren und sind. Und schließlich die, zumindest seit dem Zweiten Weltkrieg, weitaus größere Bedeutung der Religion für das persönliche und öffentliche Leben der Amerikaner, die Amerika als große Ausnahme vom allgemeinen Säkularisierungstrend westlicher Industriegesellschaften erscheinen lässt.

Der Weg von eifernder Intoleranz zur vollen Gleichberechtigung aller religiösen Bekenntnisse war auch in Amerika ein langer und komplexer Prozess. Die populäre Vorstellung von den englischen Kolonien in Nordamerika als einem Hort der religiösen Freiheit gehört weitgehend ins Reich der Legende. Den in Neuengland lange dominierenden Puritanern, einer streng kalvinistischen Sekte, die danach strebte, die anglikanische Kirche von allen Überresten des Katholizismus zu reinigen, war der Toleranzgedanke gänzlich fremd, ja, sie waren, wie ein puritanischer Geistlicher offen bekannte, seine „geschworenen Feinde“ (zit. Hutson 1998, S. 7). Auch die religiöse Vielfalt der Kolonien darf nicht übertrieben werden. Fünfundneunzig Prozent aller europäischstämmigen Einwohner waren Protestanten, von denen wiederum neunzig Prozent in der kalvinistischen Tradition standen. Dennoch waren religiöse Konflikte und die Auseinandersetzung mit „Dissenters“ von zentraler Bedeutung für die politische und geistige Entwicklung der Kolonien.

Dabei ging es nicht allein um Konflikte innerhalb und zwischen den christlichen Glaubensgemeinschaften. Auch die unmittelbare Konfrontation mit den Ureinwohnern, deren spirituelle Welten den frühneuzeitlichen Europäern völlig fremd waren, bedeutete eine große Herausforderung. Ein tieferes Verständnis oder gar religiöse Koexistenz mit den „Heiden“ lagen dabei für die meisten englischen Siedler außerhalb des Denkbaren, die ihre Beziehungen zu den Indianern in den Kategorien ihres christlich-biblischen Weltbildes interpretierten. Das Spektrum reichte von der Vorstellung von den „Wilden“ als Werkzeuge des Teufels oder eines strafenden Gottes bis hin zu der Theorie, die Ureinwohner Amerikas seien die Nachfahren der „verlorenen Stämme Israels“ und deshalb für die Bekehrung zum christlichen Glauben besondern empfänglich. Das berühmte Siegel der Massachusetts Bay Colony zeigt einen Indianer, dem die Worte: „Come Over and Help Us“ in den Mund gelegt sind.

Die tatsächlichen Missionserfolge der Puritaner Neuenglands wie auch der Anglikaner in Virginia hielten sich allerdings in engen Grenzen, obwohl der puritanische Missionar John Eliot seit den 1640er Jahren eine Übersetzung der Bibel in die Sprache der Algonkin anfertigte und sogenannte „praying towns“ mit christianisierten Indianern gründete. Da Bekehrung jedoch mit Unterwerfung und Assimilation gleichgesetzt wurde und der strenge, bibelzentrierte Puritanismus den Indianern kulturell fremd bleiben musste, scheiterten diese mit eher mäßigem Eifer betriebenen Bemühungen weitgehend. Erfolgreicher waren dagegen die Quäker in Pennsylvania, die in den Indianern gleichberechtigte Geschöpfe Gottes erblickten und sehr viel mehr Empathie und Toleranz für ihre Kultur und religiösen Bräuche aufbrachten. Insgesamt aber beruhte die Indianermission bis ins frühe 20. Jahrhundert hinein auf der Erwartung kultureller Selbstaufgabe, zu der die Ureinwohner nach Auffassung vieler heutiger Historiker nur zwangsweise oder als Überlebensstrategie Zuflucht nahmen.

Die Puritaner, die seit 1620 Neuengland besiedelten, um ein „Neues Jerusalem“ zu errichten, gelten als Inbegriff von Sittenstrenge, Bigotterie und Intoleranz. Die Forschung hat dieses Zerrbild teilweise korrigiert, doch führte der elitäre und exklusive Charakter des Puritanismus immer wieder zu inneren Konflikten und Problemen. Die volle Kirchenmitgliedschaft, einschließlich des Wahlrechts, war den (männlichen) „visible saints“ vorbehalten, die ihre Auserwählung durch ein Bekehrungserlebnis vor der Gemeinde nachgewiesen hatten. Die weitgehende Identität von religiöser und weltlicher Autorität provozierte den Widerspruch von „Dissenters“ wie Roger Williams und Anne Hutchinson. Williams, der nach seiner Verbannung aus Massachusetts 1636 die Kolonie Providence, das spätere Rhode Island, als Refugium der Gewissensfreiheit und Toleranz gründete, lehnte die Verquickung von weltlicher Regierung und Religion ab, um die Reinheit des Glaubens nicht zu korrumpieren. Hutchinson ging noch weiter und stellte jede religiöse und politische Autorität infrage. Auch sie wurde aus der Bay Colony verbannt. Als zwei Jahrzehnte später Quäker das puritanische Establishment herausforderten, wurden sie ebenfalls der Kolonie verwiesen und mehrere wegen Missachtung dieser Anweisung sogar gehängt.

Auf die Dauer ließen sich die strikten Anforderungen an die Vollmitgliedschaft in der puritanischen Gemeinde jedoch nicht halten und wurden schon 1662 gemildert. Als Massachusetts am Ende des 17. Jahrhunderts den Rechtsstatus einer königlichen Kolonie erhielt, wurden Kirchenmitgliedschaft und politische Rechte ganz entkoppelt und allen Protestanten die Religionsfreiheit garantiert. Zwar dominierte der Puritanismus weiterhin das religiöse und politische Leben, doch setzte eine unübersehbare Verweltlichung ein. Das Erbe des Puritanismus für die Ausbildung der amerikanischen Kultur kann freilich kaum überschätzt werden. Dies betrifft die Neigung zu einem an Selbstgerechtigkeit grenzenden Bewusstsein göttlicher Sendung und Auserwählung ebenso wie die basisdemokratische Praxis lokaler Selbstregierung, um nur zwei der wichtigsten politischen Einflüsse zu nennen.

Auch die Quäker („Society of Friends"), die ab 1681 durch die Verleihung einer königlichen Charta an William Penn eine Heimstatt in Pennsylvania erhielten, waren radikale Protestanten, deren Ablehnung kirchlicher Institutionen, Riten und Sakramente sowie Ausrichtung auf die innere Erleuchtung des Einzelnen noch weiter gingen als die der neuenglischen Puritaner. Im Unterschied zu diesen verbanden sie ihr Missionsbewusstsein jedoch mit einem beachtlichen Maß an Toleranz. Penns „Frame of Government" von 1682 versprach allen christlichen Einwohnern die volle Freiheit der Religionsausübung, allerdings wurden moralische Verstöße sehr wohl geahndet. Der Moralismus der Quäker begründete zugleich auch eine konsequent pazifistische Haltung und – als erste organisierte Gemeinschaft in den Kolonien – die Ablehnung der Sklaverei.

Zu Beginn des 18. Jahrhunderts beklagten viele Geistliche der etablierten Kirchen einen Verfall der Religion. Tatsächlich aber erfasste die Kolonien ab etwa 1730 eine Welle des religiösen Enthusiasmus, die als „Great Awakening" bezeichnet wird. Es lässt sich darüber streiten, ob die gängige Periodisierung in ein erstes (ca. 1730–1760) und ein zweites (ca. 1790–1840) „Great Awakening" überhaupt sinnvoll ist oder ob es sich nicht vielmehr um ein mehr oder weniger kontinuierliches Phänomen mit unterschiedlichen Phasen der Intensität und regionalen Schwerpunkten handelte, denn auch während der Revolutionszeit blieb der evangelikale Impuls immer virulent. Im Zentrum der Erweckungsbewegung stand die Botschaft, dass wahrer Glaube nicht auf theologischer Gelehrsamkeit, Vernunft und kirchlicher Hierarchie, sondern auf der persönlichen, existenziellen Bekehrung, Frömmigkeit und Bußfertigkeit beruhe, durch die der verworfene Sünder allein die Gnade eines zürnenden Gottes erlangen könne. Die Massenwirkung des Evangelikalismus beruhte vor allem auf dem Charisma von Predigern wie George Whitefield, dessen Tour durch die Kolonien 1739–1741 zum Triumphzug wurde, oder Charles Finney im zweiten „Great Awakening“, dessen „Revivals“ Zehntausende anzogen.

Die antielitäre und antiintellektuelle Botschaft der Erweckungsprediger erreichte viele einfache Leute und führte unvermeidlich zum Konflikt mit dem etablierten Klerus und zur Spaltung vieler Gemeinden in die so genannten „New Lights“, die Erweckten, und die „Old Lights“, die Vertreter der etablierten Kirchen, denen die Emotionalität und Subjektivität der Evangelikalen zutiefst zuwider war und die in den „Revivals“ wenig mehr als geschickt inszenierte Scharlatanerie sehen wollten. Die „Camp Meetings“ des frühen 19. Jahrhunderts standen zudem im Verdacht, unter dem Vorwand religiöser Ekstase sexuelle Ausschweifungen zu fördern. Über eines dieser „Revivals“ bemerkte ein Spötter, es seien dort mehr Seelen gezeugt als errettet worden.

Trotz der Geringschätzung der Kritiker bewirkten die Erweckungsbewegungen tiefgreifende Veränderungen des religiösen wie des politischen Lebens der Kolonien und der frühen Republik. Die religiöse Landschaft wurde weitaus vielfältiger. Bereits gegen Ende des 18. Jahrhunderts hatten die evangelikalen Baptisten, Methodisten und Presbyterianer die etablierten Kirchen der Anglikaner (Episkopalen) und puritanischen Kongregationalisten zahlenmäßig weit überflügelt und damit deren Anspruch auf staatliche Privilegierung infrage gestellt. Vor allem aber verankerte die Erweckungsbewegung die Vorstellung, dass religiöse Gemeinschaften nur auf der Basis der Freiwilligkeit, Selbstbestimmung und Gleichberechtigung der von Gott inspirierten Gläubigen denkbar seien. „Religionsfreiheit ist ein göttliches Recht“, proklamierte ein führender Baptistenprediger. Nur Gott allein entscheide, welche religiösen Überzeugungen sich behaupten. In ihrer Ablehnung einer staatlich vorgeschriebenen Religion trafen sich die Evangelikalen mit den vernunftorientierten Aufklärern, die, wie Thomas Jefferson, argumentierten, nur der Irrtum bedürfe der Unterstützung durch die Obrigkeit: „[D]ie Wahrheit setzt sich von selber durch.“[1]

Trotz des Fortbestehens von Staatskirchen, denen alle Einwohner ungeachtet ihres Bekenntnisses steuerpflichtig waren, entwickelten sich in den Kolonien eine lebendige religiöse Vielfalt und Freiräume für religiöse Experimente, die in den konfessionellen Staaten Kontinentaleuropas schlechterdings unvorstellbar waren. Neben den etablierten kalvinistischen und evangelikalen Gemeinschaften lebten Quäker und Lutheraner, aber auch Katholiken (ab 1634 in Maryland) und sogar Juden, die seit 1654 in der damals noch holländischen Kolonie Neu-Amsterdam ansässig waren, relativ unbehelligt. Dass die Prinzipien religiöser Freiheit und Selbstbestimmung nicht ohne Einfluss auf das politische Denken blieben, liegt auf der Hand.

Die Frage, ob und wie der antiautoritäre Grundzug des Evangelikalismus als Triebkraft der Amerikanischen Revolution wirkte, ist in der Forschung umstritten. Skeptiker weisen darauf hin, dass die radikalsten Revolutionäre aus dem Lager der Aufklärer stammten, die oft einem deistischen Religionsverständnis zuneigten. Aber immerhin ist auffällig, dass die Anhänger der Krone die „Dissenters“ bezichtigten, den Ungeist der Rebellion verbreitet zu haben. Tatsächlich unterstützte die große Mehrheit der Geistlichen, natürlich mit Ausnahme der Anglikaner, die Unabhängigkeit der Kolonien, und viele Pastoren predigten von der Christenpflicht zum Widerstand gegen die Tyrannei. Im Unterschied zur Französischen Revolution, die sehr schnell einen militant antiklerikalen Charakter annahm und das religiöse Leben rigoros der Souveränität der Nation unterwarf, war die amerikanische niemals antireligiös, auch wenn führende Revolutionäre wie Thomas Jefferson und Benjamin Franklin in den Verdacht gerieten, vom Christentum abgefallen zu sein.

Die Überzeugung, dass „Religion und Moral (...) wesentliche Pfeiler der bürgerlichen Gesellschaft“ seien, so George Washington (zit. Witte 2000, S. 35), gehörte in den Augen nahezu aller führenden Köpfe der Amerikanischen Revolution zum selbstverständlichen Kanon republikanischer Bürgertugenden und ist bis heute fester Bestandteil der amerikanischen Zivilreligion geblieben. Doch war der Geist der Freiheit und Gleichheit bereits so ausgeprägt, dass die staatliche Bevorzugung einer bestimmten (protestantischen) Glaubensrichtung nicht mehr akzeptabel erschien. Bereits die Grundrechteerklärung Virginias vom Juni 1776 garantierte allen Menschen den „gleichen Anspruch auf freie Ausübung der Religion nach den Geboten ihres Gewissens“ (zit. Adams/Adams 1987, S. 261). Mit ihrem erfolgreichen Widerstand gegen ein Kirchensteuergesetz, das den Steuerzahlern Virginias immerhin freistellte, an welche Kirche sie zahlen wollten, und dem nachfolgenden „Act for Establishing Religious Freedom“ von 1786 setzten Thomas Jefferson und James Madison einen ersten historischen Meilenstein für die institutionelle Trennung von Staat und Religion in der jungen amerikanischen Republik. Unterstützung erhielten sie dabei besonders von den Baptisten, die Jeffersons religiösen Skeptizismus zwar verabscheuten, aber um die Freiheit und Unabhängigkeit der Religion fürchteten, wenn sich diese in finanzielle Abhängigkeit vom Staat begab.

Bei den Beratungen der Bundesverfassung in Philadelphia 1787 spielte das Verhältnis von Staat und Religion keine zentrale Rolle. Die einzige Erwähnung der Religion in der ursprünglichen Verfassung war das Verbot religiöser Bekenntnisakte als Qualifikation für öffentliche Ämter im Dienst der Vereinigten Staaten (Artikel VI, Abschnitt 3). Allerdings ging es den Verfassungsvätern auch in erster Linie darum, einen institutionellen Rahmen für eine stabile nationale Regierung zu entwerfen. Diese Absicht war für sich schon kontrovers genug, wie die nachfolgenden Kämpfe um die Ratifizierung der Verfassung in den Einzelstaaten zeigten, und der Versuch, das Verhältnis von Religion und Staat verbindlich festzulegen, hätte sehr wahrscheinlich die Verfassung zum Scheitern gebracht. Schon der in Philadelphia erzielte Kompromiss war umstritten. Einerseits beklagten Kritiker, dass die Verfassung sich nicht auf Gott berief, während andere einen ausreichenden Schutz der Religionsfreiheit vermissten. Dieses Versäumnis wurde 1789 bei den Beratungen des ersten Kongresses über einen Grundrechtekatalog, der „Bill of Rights", nachgeholt, der 1791 in Kraft trat. Im ersten Zusatzartikel, dessen diesbezüglicher Wortlaut maßgeblich von James Madison beeinflusst wurde, heißt es: „Congress shall make no law respecting an establishment of religion, or prohibiting the free exercise thereof."

Über die historisch korrekte Auslegung dieser Bestimmungen tobt bis heute ein heftiger Streit in der amerikanischen Geschichtswissenschaft, Verfassungslehre und Publizistik. Wollten die Gründerväter damit eine strikte Trennung von Staat und Religion institutionalisieren, „a wall of separation between Church and State", wie es in einem berühmten Schreiben Jeffersons an eine Baptistengemeinde aus dem Jahre 1802 heißt (zit. Hutson 1998, S. 92), auf das sich die Anhänger einer kompromisslos separationistischen Position berufen? Oder sollte mit den Religionsklauseln der „Bill of Rights" lediglich die konfessionelle Neutralität des Staates gesichert werden, bei gleichzeitiger Anerkennung der religiösen Grundlagen des Staates, wie diejenigen argumentieren, die meinen, dass das „First Amendment" keineswegs die völlige Verbannung der Religion aus dem öffentlichen Leben vorschreibe und dass eine staatliche Förderung der Religion auf der Basis der Nichtdiskriminierung durchaus zulässig sei? Ohne dass damit eine Aussage über die heute angemessene und verbindliche Verfassungsinterpretation getroffen werden soll (vgl. Brocker in diesem Band), sprechen der historische Kontext und die Mehrzahl der Quellen wohl dafür, dass die strikten Separationisten nur eine kleine Minderheit repräsentierten. In den Verfassungen der Einzelstaaten, denen nach damaligem Verständnis die primäre Kompetenz zur Regelung der Beziehungen zwischen Staat und Religion zukam, finden sich zahlreiche explizite Bezüge auf Gott und die religiösen Grundlagen eines tugendhaften Gemeinwesens, die auch in den politischen Diskursen der frühen Republik allgegenwärtig waren.

Für die Zeitgenossen stand vor allem die freiheitssichernde Bedeutung der Religionsklauseln des „First Amendment" im Vordergrund. Die Bundesregierung sollte Glaubensüberzeugungen und religöse Praktiken weder vorschreiben noch verbieten dürfen und deshalb mussten Staat und Kirche institutionell getrennt bleiben. Mit der Unabhängigkeit der Religionsgemeinschaften sollte zugleich der real existierende religiöse Pluralismus gesichert werden. In Madisons berühmtem 51.-Federalist-Artikel über die Segnungen des Interessenpluralismus heißt es ausdrücklich: „In einem freien Staat müssen die Bürgerrechte ebenso gesichert sein wie die religiösen Rechte. Ihre Sicherheit besteht in dem einen Fall in der Vielzahl der Interessen, im anderen Fall in der Vielzahl der Sekten.“[2] Während über die Grundprinzipien der institutionellen Unabhängigkeit der Religion vom Staat und des Rechts auf freie Ausübung der Religion ein breiter Konsens herrschte, bestanden (und bestehen) jedoch erhebliche Meinungsverschiedenheiten über die Anwendung dieser Prinzipien auf konkrete Streitfälle fort. Die letzten Reste des Staatskirchentums hielten sich bis 1833, bezeichnenderweise am längsten in Massachusetts, der Hochburg des puritanischen Erbes.

Der religiöse Pluralismus und die Erweckungsbewegungen der frühen Republik entfalteten nach Auffassung vieler Historiker direkte Auswirkungen auf die Herausbildung der amerikanischen Demokratie. Zum einen gingen religiöser Enthusiasmus und der junge amerikanische Nationalismus vielfach Hand in Hand und verstärkten die Tendenz zur Ausbildung einer spezifisch amerikanischen Zivilreligion. Ebenso wichtig war, dass die evangelikalen Bewegungen erfolgreich die einfachen Leute und sogar marginalisierte Gruppen, darunter zahlreiche schwarze Sklaven, erreichten. Das demokratisch-egalitäre Christentum der evangelikalen Sekten trug somit wesentlich zur Demokratisierung der Gesellschaft bei.

Der optimistische Glaube der Evangelikalen an die universale Erlösung der Menschheit, der die alte Prädestinationslehre abgelöst hatte, inspirierte neben der seit 1812 betriebenen überseeischen Mission zugleich eine breite Bewegung zur moralischen Reform der Gesellschaft. Protestantische Reformer im Norden verschrieben sich unter anderem dem Kampf gegen Alkoholismus und die Sklaverei und traten für ein öffentliches Erziehungswesen und humanere Gefängnisse ein. Im Mittelpunkt dieser Bestrebungen stand freilich kein genuin gesellschaftskritisches Konzept, sondern der Appell zu Umkehr und Besserung an den einzelnen Sünder. Viele Historiker haben die Reformbewegung deshalb primär unter dem Aspekt der sozialen Disziplinierung der Armen und Einwanderer gesehen, die von der protestantischen Mittelklasse im Interesse des sich entwickelnden Kapitalismus betrieben worden sei. Dem wird freilich entgegengehalten, es habe sich durchaus um eine breite klassenübergreifende Bewegung gehandelt, in deren Zentrum das freiwillige Streben nach Selbstdisziplin als Grundlage der guten Ordnung gestanden habe. Nicht zuletzt veränderte der Reformimpuls auch die Geschlechterrollen und eröffnete Frauen, die unter den Kirchenmitgliedern doppelt so häufig wie Männer zu finden waren (und sind), unter dem Banner christlicher Moral neue Möglichkeiten des sozialen und politischen Engagements.

Im Süden allerdings war das protestantische Ideal der Individualität und Selbstbeherrschung nie stark genug, den vorherrschenden Ehrenkodex von Mannesehre, Blutsbanden und Gewalt zu verdrängen. Die Ehre des weißen Mannes manifestierte sich besonders in der Beherrschung schwarzer Sklaven. Während den Reformern und Abolitionisten des Nordens die Sklaverei als Inbegriff sittlicher Verrohung und Sündhaftigkeit galt, rechtfertigten die Kirchen des Südens die „peculiar institution" als Teil der auf der Ungleichheit der Rassen beruhenden göttlichen Ordnung. Die Sklavereifrage und der Sezessionskrieg führten zur sektionalen Spaltung der protestantischen Glaubensgemeinschaften, die bis weit ins 20. Jahrhundert hinein nicht überwunden werden konnte.

Europäische Besucher, wie etwa Alexis de Tocqueville, notierten mit Bewunderung das hohe Maß an religiöser Toleranz, Freiheit und friedlicher Koexistenz der Religionsgemeinschaften, die sie im frühen 19. Jahrhundert in Amerika beobachteten. Dieses Bild ist gewiss zu weich gezeichnet, denn Intoleranz und bisweilen auch gewaltsame Ausgrenzung waren durchaus nicht selten. Allerdings ging es dabei zumeist nicht um die Glaubensüberzeugungen der Außenseiter, sondern um ihr als sozial bedrohlich empfundenes Verhalten. Die Anhänger der Erweckungsbewegungen etwa wurden nicht wegen ihres Glaubens, sondern wegen ihrer als anstößig empfundenen exzentrischen Emotionalität angegriffen. Solange sie sich „benahmen" und nur ihren esoterischen Doktrinen anhingen, wie die Sekte der „Millerites", die sich in den 1840er Jahren mehrfach auf die von ihr prophezeite unmittelbar bevorstehende Wiederkehr Christi vorbereitete, wurden religiöse Außenseiter mit einer Art „amüsierter Toleranz" beäugt (Hutchison 2003, S. 38).

Auch die „Kirche Jesu Christi der Heiligen der Letzten Tage", die Mormonen, zogen sich nicht primär deshalb staatliche Verfolgung und den Volkszorn zu, weil ihr Gründer, der 1844 von einem Mob ermordete Joseph Smith, behauptete, ihm sei mit dem „Buch Mormon" eine neue Offenbarung zuteil geworden, sondern vor allem wegen der zum religiösen Gebot erhobenen Praxis der Polygamie. Die Mormonen versuchten sich dem Druck durch die Abwanderung in die Wüste Utahs zu entziehen, wo sie nach dem Krieg der USA gegen Mexiko (1846–1848) aber wieder der Gesetzgebung des Kongresses unterworfen waren. 1879 erklärte der Oberste Gerichtshof der USA das vom Kongress erlassene Verbot und die strafrechtliche Verfolgung der Polygamie für verfassungsgemäß. Allerdings stellte das Gericht auch klar, dass allein die tatsächliche Praxis, nicht jedoch der Glaube an die göttliche Rechtfertigung der Polygamie strafbar sei – ein wegweisendes Urteil für die Interpretation der Freiheit der Religionsausübung. Nachdem die Kirche der „Latter-day Saints“ 1890 der Polygamie offiziell abgeschworen hatte, wurden die Mormonen allmählich in den Mainstream der amerikanischen Glaubensgemeinschaften integriert.

Sehr viel beunruhigender als die Mormonen war für die protestantischen Amerikaner freilich die massenhafte Einwanderung von katholischen Iren und Deutschen um die Mitte des 19. Jahrhunderts, die den Anteil der Protestanten an der Gesamtbevölkerung auf etwa siebzig Prozent sinken ließ und eine Welle der Intoleranz und nativistischen Agitation hervorrief. Um die Jahrhundertmitte kam es zu einer scharfen ethnoreligiösen Polarisierung in der amerikanischen Politik, die manche Historiker für wichtiger als wirtschaftliche Konflikte oder die Sklavereifrage halten. Während die Anhänger der evangelikalen Gemeinschaften des Nordens den „Whigs“ und später den Republikanern nahe standen, stützte sich die Demokratische Partei vor allem auf die katholischen Einwanderer und den sklavenhaltenden Süden. Der protestantische Nativismus beargwöhnte Katholiken als Diener einer fremden, autoritären Macht, deren Kultur das protestantische und demokratische Ethos Amerikas bedrohte. So beschimpfte eine Zeitung aus Cleveland, Ohio, irische Katholiken als „Säufer, Rumtreiber und Stimmvieh“, das mit Schnaps an die Urnen gelockt werde, um dort der „Dreifaltigkeit der Pöbel-Partei“ [der Demokraten] zu huldigen: „dem Papst, dem Whiskyfass und der Niggerpeitsche“.[3]

Katholische Würdenträger versicherten demgegenüber immer wieder die nationale Loyalität der amerikanischen Katholiken. Eine direkte Einmischung der Kirche in die Politik wurde peinlich vermieden. Allerdings wehrten die Katholiken sich sehr wohl gegen den Assimilationsdruck, vor allem im öffentlichen Schulwesen, das nicht zu Unrecht als protestantische Domäne betrachtet wurde. Aus dem Eigeninteresse einer Minderheit, die sich einer in jeder Hinsicht dominierenden protestantischen Mehrheit gegenüber sah, unterstützte die katholische Kirche in den USA das Prinzip der Trennung von Staat und Religion, vertrat dabei allerdings ein dezidiert kooperatives Verständnis der Religionsklauseln des „First Amendment“. Das Misstrauen vieler Protestanten gegen die Papstkirche und die Furcht vor Überfremdung durch katholische Einwanderer, die bei der großen Immigrationswelle zu Beginn des 20. Jahrhunderts erneut rund die Hälfte der Neuankömmlinge – diesmal vornehmlich aus Italien, Ungarn und Polen – ausmachten, hielt sich jedoch noch lange.

Trotz Einwanderung und religiöser Vielfalt behielt der Protestantismus jedoch auch im 19. Jahrhundert seine unangefochtene kulturelle und religiöse Hegemonie, die viele Historiker als amerikanische Variante des Staatskirchentums interpretieren. Das protestantische Ethos war geprägt von Individualismus und Moralismus, also der Überzeugung von der Fähigkeit und Pflicht des Einzelnen, zwischen Gut und Böse zu wählen, sowie von einem aktivistischen Fortschrittsoptimismus. Während des von vielen Amerikanern als göttliche Prüfung gedeuteten Bürgerkriegs (1861–1865) und auch danach gab es in der Union sogar starke Bestrebungen protestantischer Gruppen, die Präambel der Verfassung zu ändern und den göttlichen Willen zum „obersten Gesetz des Landes“ zu erklären. Ausdrücklich sollten sich die Vereinigten Staaten zur „christlichen Regierung“ bekennen (zit. Hutchison 2003, S. 79). Obwohl die Initiatoren des Verfassungszusatzes beteuerten, nichts an den Prinzipien der Trennung von Staat und Kirche sowie der Religionsfreiheit ändern zu wollen, fand der Vorschlag im Kongress keine ausreichende Unterstützung und wurde nicht einmal im Plenum zur Abstimmung gestellt. Auch wenn viele Amerikaner durchaus der Auffassung zustimmten, ihr Land sei eine im Bund mit Gott stehende christliche Nation, so war die institutionelle Trennung von Staat und Religion doch zu einem festen Bestandteil der politischen Kultur geworden. Gerade die Vertreter der evangelikalen Sekten hielten daran fest, dass die Religion von der Trennung von Staat und Kirche nur profitieren konnte.

Gegen Ende des 19. Jahrhunderts öffnete sich das dominante protestantische Ethos Amerikas in mehrfacher Hinsicht. Theologisch gewannen liberale Strömungen an Boden, die eine Integration moderner Wissenschaft, vor allem die Darwin'sche Evolutionslehre und historisch-kritische Bibelexegese, in das religiöse Weltbild anstrebten und zwischen Form und Substanz der christlichen Botschaft unterschieden. Die stärkere Betonung der Ethik gegenüber der Glaubenslehre ließ nun auch mehr Raum für die Anerkennung der Wahrheiten selbst nichtchristlicher Religionen. Auf dem Weltparlament der Religionen, das 1893 im Rahmen der Weltausstellung von Chicago abgehalten wurde, waren rund 200 Vertreter von einem Dutzend verschiedener Religionen vertreten. Im öffentlichen Diskurs Amerikas setzte sich zunehmend ein Verständnis von Pluralismus durch, das sich nicht mehr auf Toleranz gegenüber Nichtprotestanten beschränkte, sondern auf ihre Inklusion in die Nation abzielte, allerdings noch immer mit der Erwartung der Anpassung. Die populäre Vorstellung vom ethnischen Schmelztiegel wurde insofern auf das Verhältnis der Religionsgemeinschaften übertragen, als man davon ausging, dass Katholiken und Juden zwar nicht ihren Glauben aufgeben, sich aber an die Werte und den Lebensstil der protestantischen Mehrheit anpassen würden.

Die Masseneinwanderung der „New Immigration“, die um die Jahrhundertwende den katholischen und jüdischen Bevölkerungsanteil stark ansteigen ließ – bis 1924 wanderten allein über zwei Millionen Juden aus Russland ein –, war auch eine wichtige Triebkraft für die soziale Öffnung des Protestantismus in der Bewegung des „Social Gospel“, die auf die Probleme von Immigration, Industrialisierung und Urbanisierung reagierte. Damit verbunden war eine Abkehr von der Vorstellung, in sozialen Missständen spiegele sich die Sündhaftigkeit des Einzelnen und der Welt, der nur durch moralische Umkehr zum Guten und durch Mildtätigkeit für die „deserving poor" beizukommen sei. Gegen den sozialdarwinistischen Zeitgeist insistierten die Vertreter des „Social Gospel", wie der Theologe Walter Rauschenbusch, auf der christlichen Verantwortung, insbesondere auch der Reichen, für die Bewältigung sozialer Probleme und das öffentliche Wohl. Aber obwohl die protestantische Sozialethik, die der Reformbewegung des Progressivismus (ca. 1900–1917) wesentliche Impulse gab, die Bedeutung der überpersönlichen sozialen Kräfte für das Leben der Menschen anerkannte, blieb die soziale Disziplinierung der Unterschichten und die Amerikanisierung der Einwanderer ein zentrales Motiv.

Der liberale und soziale Protestantismus öffnete sich nun auch zunehmend dem Dialog und der Kooperation mit Katholiken und Juden, die dadurch begünstigt wurden, dass in beiden Gruppen der Wunsch nach Inklusion und Anpassung an den amerikanischen Pluralismus weit verbreitet war. Die USA wurden zu einer Hochburg des Reformjudentums, und führende katholische Würdenträger, wie Kardinal Gibbons und die Bischöfe Ireland und Spalding, bekannten sich offen zum demokratisch-pluralistischen Gesellschaftsmodell Amerikas. Dies ging dem Vatikan freilich entschieden zu weit. 1899 verurteilte Papst Leo XIII. den „Amerikanismus" in einer Enzyklika, unter anderem wegen seiner angeblichen individualistischen Tendenzen. Im Grunde machte die Römische Amtskirche erst mit dem Bekenntnis des Zweiten Vatikanischen Konzils (1962–1965) zur Religionsfreiheit ihren Frieden mit dem religiösen Pluralismus amerikanischer Prägung (vgl. Oertel in diesem Band).

Die Modernisierungstendenzen stießen nicht nur in Rom auf Ablehnung, sondern gleichermaßen bei konservativen Protestanten, die ebenfalls beklagten, dass Liberalismus, Pluralismus und Modernismus ebenso wie das Einströmen von Millionen nichtprotestantischer Einwanderer den wahren Glauben untergruben. Eine zwischen 1910 und 1915 publizierte Schriftenreihe unter dem Titel „The Fundamentals: A Testimony to the Truth" gab der Opposition gegen den theologischen Liberalismus ihren Namen. Konservative und insbesondere Fundamentalisten beharrten auf der wortwörtlichen Wahrheit der Bibel sowie auf der Umkehr des Sünders und dem festen Glauben an die Wiederkehr Jesu als dem einzigen Weg zum Seelenheil und versuchten, ihre Doktrinen und Verhaltensnormen so weit wie möglich durchzusetzen. Die Revolte des traditionalistischen Protestantismus gegen die Kräfte der Modernisierung war nicht zuletzt ein Stadt-Land-Konflikt und spitzte sich in den zwanziger Jahren auch politisch zu.

Ihren krudesten Ausdruck fand sie im erneuten Aufschwung des rassistischen und nativistischen Ordens des Ku-Klux-Klans, der nach dem Bürgerkrieg im Süden als Kampfbund gegen die „Negerherrschaft" entstanden war. Der 1915 wiedergegründete zweite Klan erlangte mit seiner antisemitischen und antikatholischen Agitation, einschließlich Einschüchterung und zahlreicher Gewalttaten, auch außerhalb des Südens zeitweilig erheblichen politischen Einfluss und hatte möglicherweise bis zu fünf Millionen Anhänger. Vor allem im Kampf gegen „unassimilierbare" Einwanderer konnten die Hüter des angelsächsisch-protestantischen Amerika Erfolge verzeichnen. Die Einwanderungsgesetze von 1921 und 1924 verfügten nicht nur eine niedrige Obergrenze der Zuwanderung, sondern setzten zudem Quoten fest, die den ethnisch und religiös unerwünschten Immigranten aus Osteuropa und Asien weitgehend die Tore verschloss.

Ein spektakulärer Höhepunkt des Kulturkampfs zwischen Fundamentalisten und Liberalen war 1925 der Prozess gegen den Lehrer John Scopes aus Tennessee um das Verbot, die Evolutionslehre in öffentlichen Schulen zu unterrichten, das die Fundamentalisten in zwanzig Bundesstaaten, vornehmlich im Süden und Mittleren Westen, durchgesetzt hatten. Obwohl Scopes, der sich dem Verbot widersetzt hatte, schuldig gesprochen wurde, gelang es seinem Verteidiger, einem berühmten liberalen Anwalt, die Vertreter des Fundamentalismus, darunter Ex-Außenminister und Präsidentschaftskandidat William Jennings Bryan, vor der amüsierten nationalen Öffentlichkeit der Lächerlichkeit preiszugeben. Tatsächlich jedoch waren die Gegner der Evolutionslehre keinesfalls entmutigt und setzten ihren Kampf unbeirrt fort – bis in die Gegenwart.

Auch die Prohibition, also das 1919 durch den 18. Verfassungszusatz eingeführte, nahezu vollständige Verbot von Herstellung und Verkauf alkoholischer Getränke, war ein politisches Projekt, das vor allem von konservativen Protestanten betrieben wurde, auch wenn etwa die 1874 gegründete „Woman's Christian Temperence Union" neben dem Kampf gegen den Alkohol auch pazifistische und fortschrittliche sozialpolitische Ziele vertrat. Die 1895 ins Leben gerufene „Anti-Saloon League" wurde maßgeblich von protestantischen Geistlichen unterstützt. Viele Prohibitionisten sahen im Alkohol nicht ein Symptom, sondern die Ursache gesellschaftlicher Probleme und zugleich ein Symbol für den Hegemonieverlust der protestantischen Kultur. Dass sich die Prohibitionisten durchsetzen konnten, lag auch daran, dass im Ersten Weltkrieg die deutschamerikanischen Brauereiinteressen als Gegenmacht zerschlagen wurden. In der Praxis jedoch scheiterte das beispiellose Experiment, der amerikanischen Nation Moral durch Abstinenz zu verordnen, auf der ganzen Linie. Das Verbot war vor allem in den Großstädten nicht durchsetzbar, aber auch auf dem Land wurde das Schwarzbrennen zum Volkssport, und der

Alkoholschmuggel bescherte dem organisierten Verbrechen eine legendäre Blütezeit. 1933, während der Weltwirtschaftskrise, hoben die entnervten Amerikaner den 18. Verfassungszusatz kurzerhand wieder auf. Das Scheitern der Prohibition dokumentierte, dass der Hegemonialanspruch der protestantischen Traditionalisten in einer ethnisch und religiös pluralistischen Gesellschaft nicht mehr durchsetzbar war.

Die tiefgreifenden sozialen Veränderungen, die Amerika während der Großen Depression und im Zweiten Weltkrieg erlebte, wirkten sich auch auf das religiöse Leben aus. Die Kräfte der Modernisierung, etwa die zunehmende räumliche und soziale Mobilität, veränderten Geschlechterrollen und Rassenbeziehungen und verbesserten das Bildungsniveau, schwächten die Loyalitäten vieler Amerikaner zu ihren angestammten Glaubensgemeinschaften und trugen zu einem wachsenden ökumenischen Konsens bei. Nicht zuletzt das Radio und später das Fernsehen spielten dabei eine wichtige Rolle. Radioprediger und religiöse Programme wie „The Radio Pulpit", „The Catholic Hour" oder „The Lutheran Hour" wurden immens populär und erreichten eine bis dahin unvorstellbare Zahl von Gläubigen, denen die konfessionelle Orientierung der Sendungen aber zunehmend gleichgültiger wurde. Das demagogische Potential der Radioprediger demonstrierte in den dreißiger Jahren ausgerechnet ein katholischer Priester, Father Charles E. Coughlin aus Detroit, der zeitweilig bis zu vierzig Millionen Hörer hatte. Coughlins Predigten bekamen in der Weltwirtschaftskrise schnell einen antikapitalistischen und sozialpopulistischen Zungenschlag. Nachdem er eine Zeitlang Franklin D. Roosevelts „New Deal" unterstützt hatte, wandte er sich später gegen den Präsidenten und gründete eine eigene politische Organisation. Coughlin schlug nun auch rabiat antisemitische und profaschistische Töne an, die allerdings viele Hörer verprellten. Nach dem amerikanischen Kriegseintritt befolgte er schließlich die Anweisung seines Bischofs und stellte seine politische Agitation ein.

Die patriotische Gemeinsamkeit des Zweiten Weltkriegs trug wesentlich dazu bei, die Gräben zwischen den Religionsgemeinschaften zuzuschütten und einen neuen religiösen Mainstream zu etablieren, der immer häufiger als „jüdisch-christlich" definiert wurde. Zu den vier Freiheiten, die Präsident Roosevelt schon vor dem Kriegseintritt der USA als Kern der amerikanischen Werte verkündet hatte, gehörte prominent auch die Freiheit, seinen Glauben auszuüben: „The Freedom to Worship". Im Februar 1942 bekannten sich Protestanten, Katholiken und Juden in einer gemeinsamen Erklärung zu den republikanisch-demokratischen Prinzipien der Nation und zum Glauben an einen Gott. Ein heroisches Beispiel für den ökumenischen Patriotismus der Kriegszeit gaben vier Militärgeistliche, zwei Protestanten, ein Katholik und ein Rabbiner, die 1944 auf einem sinkenden Truppentransporter ihre

Schwimmwesten an Soldaten gaben und gemeinsam betend und singend untergingen.

Die antikommunistische Frontstellung des Kalten Krieges stärkte das überkonfessionelle Gemeinschaftsgefühl der Amerikaner weiter. Religiöse und politische Freiheit wurden zum Inbegriff dessen, was Amerika vom „gottlosen Kommunismus“ unterschied. Der Kongress beschloss für alle U.S.-Zahlungsmittel den Zusatz „In God We Trust“, und Präsident Eisenhower eröffnete Kabinettssitzungen mit einem Gebet. Schon kurz nach seinem Wahlsieg hatte er den religiösen Konsens auf die einfache Formel gebracht: „Our government makes no sense unless it is founded in a deeply felt religious faith – and I don't care what it is“ (zit. Hutchison 2003, S. 198). In seinem viel beachteten Essay „Protestant, Catholic, Jew“ von 1955 kritisierte der Soziologe Will Herberg aber auch, dass Religion in Amerika immer mehr zur beliebigen Auswahl zwischen konkurrierenden Angeboten zur Lebenshilfe und Sinnstiftung in einer materialistischen Konsumkultur werde. Auch Historiker haben den Aufschwung der privaten und öffentlichen Religion in den fünfziger Jahren, wie er sich beispielsweise in den spektakulären Erfolgen des Erweckungspredigers, Buchautors und Präsidentenberaters Billy Graham spiegelte, als „Fassade der religiösen Erneuerung“ interpretiert, weil die Kräfte der Individualisierung und Modernisierung der von Graham geforderten Rückbesinnung auf die traditionellen religiösen Werte längst die Grundlage entzogen hätten (Lippy 2000, S. 28).

Tatsächlich geriet der vermeintliche religiös-moralische Konsens durch die von den neuen sozialen Bewegungen angestoßene Kulturrevolution der sechziger Jahre in die Krise. Seither wird das Verhältnis von Religion und Politik immer stärker von Polarisierungstendenzen geprägt. Umfragen aus den siebziger und achtziger Jahren stellten fest, dass die Amerikaner eine hohe Bereitschaft zeigten, sich mit den Etiketten „liberal“ beziehungsweise „konservativ“ als Bezeichnung ihrer religiös-moralischen Grundorientierung zu identifizieren, und dass der Riss quer durch alle Glaubensgemeinschaften verlief.

In den seither tobenden Kulturkriegen geht es um die Fragen, welchen Platz die christliche Religion im öffentlichen Leben einnehmen soll und wie weit religiöse Überzeugungen und Werte mit der Sanktion des Gesetzes durchgesetzt werden sollen. Dass religiös begründete Moralvorstellungen, namentlich im Bereich des Sexualverhaltens, ihre gesetzliche und soziale Verbindlichkeit eingebüßt haben, oft mit dem Segen des Obersten Gerichtshofes, der seit der Jahrhundertmitte immer stärker die Trennung von Staat und Religion akzentuierte, empfinden viele Traditionalisten als Abfall von Gott und als Niedergang der Nation. Allerdings haben sie darauf keinesfalls mit Resignation reagiert. Im Gegenteil, die Mobilisierung der so genannten „religiösen Rechten“

gehört zu den wichtigsten Entwicklungen der amerikanischen Politikgeschichte seit den siebziger Jahren und bezeichnet zugleich einen markanten Unterschied zu Europa, wo Religion als politischer Mobilisierungsfaktor eine immer geringere Rolle spielt (vgl. Wilcox/Larson in diesem Band).

Dass die religiöse Rechte die amerikanische Politik jemals dominieren wird, halten die meisten Politikwissenschaftler aber für unwahrscheinlich. Zum einen hat der religiöse Pluralismus seit den Einwanderungsreformen der sechziger Jahre mit der massenhaften Zuwanderung von Angehörigen nichtchristlicher Glaubensgemeinschaften eine neue Dimension erhalten. Gegen Ende des 20. Jahrhunderts lebten bereits etwa fünf Millionen Moslems in den USA. Zum anderen wird Pluralismus heute nicht mehr als Toleranz oder Inklusion verstanden, sondern mit dem Anspruch auf gleichberechtigte Teilhabe am politischen und sozialen Leben verbunden. Dass die Hüter der angloprotestantischen Kultur, wie im 19. Jahrhundert, um ihre Hegemonie fürchten, kann angesichts der ethnoreligiösen Vielfalt Amerikas nicht überraschen. Ihre Chancen, diese Hegemonie auf Dauer festzuschreiben, dürften aber eher gering sein.

Gleichzeitig aber bleibt Amerika, allen Modernisierungstheorien zum Trotz, eine religiöse Nation, in der erklärte Atheisten und Agnostiker eine verschwindende Minderheit repräsentieren. Die Frage, ob am Ende der Säkularisierung gar das völlige Verschwinden der Religion stehen könnte, die ein französischer Historiker kürzlich an den Schluss seiner Gesamtdarstellung von Religion und Gesellschaft in Europa stellte (Rémond 2000, S. 271), erscheint im amerikanischen Kontext jedenfalls einigermaßen sinnlos. Eine umfassende vergleichende Analyse kann hier nicht geleistet werden, aber abschließend sollen einige Faktoren genannt werden, warum in Amerika einerseits der religiöse Pluralismus weit besser gedeihen konnte und andererseits die Säkularisierung von Gesellschaft und Kultur weit weniger ausgeprägt ist als in Europa.

Wichtige historische Bedingungen waren zweifellos die Schwäche staatlicher Institutionen und die Möglichkeit zum räumlichen Ausweichen, die die „Frontier“ religiösen Dissidenten bot. Nordamerika erwies sich einfach als groß genug, dass sich jede Religionsgemeinschaft ihr territoriales Refugium schaffen konnte. Roger Williams und die Mormonen sind oben als Beispiele angeführt worden, aber im Grunde lässt sich die Tradition des Rückzugs religiöser Außenseiter in unzugängliche Gegenden bis heute verfolgen. Unter diesen Umständen wäre eine Staatskirche nur schwer durchzusetzen gewesen, selbst wenn man dies gewollt hätte.

Die individualistischen und voluntaristischen Züge des Protestantismus konnten sich in den englischen Kolonien Nordamerikas ungehindert entfalten. Während in den konfessionellen Staaten Europas an der Einheitlichkeit der Religion als Voraussetzung für politische Stabilität festgehalten wurde, setzte sich in Amerika allmählich der Gedanke durch, dass die Religion durch staatliche Bevormundung nur Schaden nehmen konnte. Die Forderung nach Religionsfreiheit und institutioneller Trennung von Staat und Kirche stand nicht nur auf der Agenda skeptischer Aufklärer, sondern passte ebenso in die basisdemokratischen und antiautoritären Vorstellungen der evangelikalen Protestanten.

Die in der Verfassung und der „Bill of Rights" festgelegten Prinzipien, selbst wenn sie nicht so separationistisch gemeint waren, wie dies heute von den Anhängern des strikten Säkularismus behauptet wird, entfalteten eine historische Dynamik, die einerseits das Misstrauen gegen staatskirchliche Tendenzen fest in der politischen Kultur verankerten und andererseits einen „fruchtbaren Nährboden für das Wachstum der Religion" bildetete (Lehmann 1995, S. 259). Die Frontstellung, die europäische Liberale und Demokraten im 19. Jahrhundert gegen das Bündnis von Thron und Altar fast zwangsläufig bezogen, war angesichts der frühen institutionellen Trennung von Staat und Religion, der Vielfalt und Dezentralisierung der Religionsgemeinschaften sowie der Demokratisierung des politischen Systems in Amerika keine relevante Konfliktlinie.

Dazu trug auch bei, dass die katholische Kirche in Amerika immer in einer strukturellen Minderheitsposition blieb, obwohl sie bereits Mitte des 19. Jahrhunderts die zahlenmäßig größte Einzelgemeinschaft stellte. Ungeachtet aller antikatholischen Verschwörungsphantasien protestantischer Nativisten war die Römische Kirche nicht ansatzweise in der Lage, ihren weltlichen und geistlichen Machtanspruch in Amerika mit demselben Nachdruck zu vertreten, der in Europa zu scharfen politischen Konfrontationen mit den Nationalstaaten bis hin zu militärischen Konflikten um den Kirchenstaat führte. Umgekehrt musste sich die katholische Kirche der USA, trotz manch nativistischer Pressionen, aber auch nicht gegen Einmischungen und Reglementierungsversuche des Staates zur Wehr setzen und profitierte damit vom religiösen Pluralismus, den die Papstkirche erst mit den Beschlüssen des Zweiten Vatikanischen Konzils wirklich anerkannte. Gerade das Beispiel der amerikanischen Katholiken demonstrierte, dass auch die katholische Kirche in einer demokratisch-pluralistischen Umwelt gedeihen konnte.

Obgleich viele Propagandisten der „Amerikanisierung" die Assimilation der Einwanderer an die angloprotestantische Mehrheitskultur auf ihre Fahnen schrieben, machte allein die real existierende ethnische Vielfalt der Einwanderergesellschaft USA religiösen Pluralismus unabdingbar für die staatsbürgerliche Integration, wie schon die Gründergeneration der amerikanischen Republik hellsichtig erkannte. Auch in dieser Hinsicht erwies sich die frühe Entkoppelung von politischer und religiöser Loyalität als ein Segen, denn ohne diese

Vorentscheidung wäre die Integration der vielen Millionen nichtprotestantischer und später auch nichtchristlicher Immigranten noch weitaus konfliktträchtiger verlaufen. Während in vielen europäischen Staaten die ethnoreligiöse Homogenität das Ideal blieb, bildete sich in den USA eine normative Verbindung von ethnischem, religiösem und politischem Pluralismus aus.

Die Trennung von Kirche und Staat und die Garantie der Religionsfreiheiten gelten vielen Amerikanern verständlicherweise als ein historisches Erfolgsmodell, das wesentlich zum Gedeihen der Demokratie wie der Religion beigetragen habe. Auch europäische Historiker erkennen an, dass Voluntarismus und Pluralismus der Religion insgesamt genutzt haben. „Das auf Freiwilligkeit beruhende, differenzierte amerikanische Kirchensystem“, so die Einschätzung von Hartmut Lehmann, „hat sich somit der Säkularisierung gegenüber als resistenter erwiesen als die europäischen Staatskirchen“ (Lehmann 1995, S. 229).

Zum Schluss dieses Überblicks über die historische Entwicklung von Religion und Politik in Amerika drängt sich deshalb die Einsicht auf, dass die Säkularisierung europäischen Typs nur eine Variante der Modernisierung und keinen universalen Maßstab darstellt. In den USA sorgten die Trennung von Kirche und Staat sowie die faktische Vielfalt des religiösen Lebens dafür, dass die Religion, selbst bei Liberalen und Linken, nie so stark als systemstabilisierende Ideologie in Verruf kam, wie dies in Europa der Fall war. Allerdings dürfen auch die Schattenseiten der amerikanischen Symbiose aus Religionsfreiheit und dem Selbstverständnis als religiöser Nation nicht übersehen werden. Das Festhalten an bekenntnisübergreifender Religion als Grundlage des nationalen Lebens leistet einem oft penetranten Moralismus und der zivilreligiösen Sakralisierung der Nation Vorschub. Amerikaner mögen dies als gottesfürchtigen Patriotismus verstehen, viele Europäer würden jedoch ein wenig mehr Säkularisierung des politischen Diskurses in den USA als durchaus wohltuend empfinden.

Anmerkungen

[1] Israel Evans, zitiert nach Witte (2000), S. 29. Jefferson in den Notizen über den Staat Virginia von 1781/85, zitiert nach Guggisberg (1984), S. 279.

[2] Zitiert nach Angela und Willi Paul Adams (Hrsg.), Alexander Hamilton, James Madison, John Jay: Die Federalist-Artikel. Paderborn 1994, S. 317.

[3] Robert P. Swierenga, Ethnoreligious Political Behavior in the Mid-Nineteenth Century: Voting, Values, Cultures. In: Noll (1990), S. 159.

Literatur

Adams, Willi Paul/Adams, Angela (Hrsg.): Die Amerikanische Revolution und die Verfassung, 1754–1791. München 1987.
Ahlstrom, Sydney E.: A Religious History of the American People. New Haven/London 1972.
Albanese, Catherine L.: America – Religions and Religion. Belmont, Cal. 1992.
Fisher, Louis: Religious Liberty in America. Political Safeguards. Lawrence, Kans. 2002.
Guggisberg, Hans R. (Hrsg.): Religiöse Toleranz: Dokumente zur Geschichte einer Forderung. Stuttgart 1984.
Hamburger, Philip: Separation of Church and State. Cambridge, Mass./London 2002.
Hutchison, William R.: Religious Pluralism in America. The Contentious History of a Founding Ideal. New Haven/London 2003.
Hutson, James H.: Religion and the Founding of the American Republic. Hanover/London 1998.
Lambert, Frank: The Founding Fathers and the Place of Religion in America. Princeton, N.J./Oxford 2003.
Lehmann, Hartmut: Alte und Neue Welt in wechselseitiger Sicht. Studien zu den transatlantischen Beziehungen im 19. und 20. Jahrhundert. Göttingen 1995.
Lippy, Charles H.: Pluralism Comes of Age. American Religious Culture in the Twentieth Century. Armonk, N.Y./London 2000.
Noll, Mark A. (Hrsg.): Religion and American Politics. From the Colonial Period to the 1980s. New York/Oxford 1990.
Patrick, John J./Long, Gerald P. (Hrsg.): Constitutional Debates on Freedom of Religion. A Documentary History. Westport, Ct./London 1999.
Prätorius, Rainer: In God We Trust. Religion und Politik in den USA. München 2003.
Rémond, René: Religion und Gesellschaft in Europa. Von 1789 bis zur Gegenwart. München 1998.
Stout, Harry S./Hart, D. G. (Hrsg.): New Directions in American Religious History. New York/Oxford 1997.
Swift, Donald C.: Religion and the American Experience. A Social and Cultural History, 1765–1997. Armonk, N.Y./London 1998.
Witte, John: Religion and the American Constitutional Experiment. Essential Rights and Liberties. Boulder, Colo. 2000.

Manfred Brocker

Die verfassungsrechtliche Dimension: Religionsfreiheit und das Verhältnis von Kirche und Staat

Das Oberste Bundesgericht der USA, der Supreme Court, ist nicht nur die höchste Appellationsinstanz in Fällen, die einfaches Bundesrecht berühren, sondern auch der „Hüter" der Bundesverfassung. Obwohl die Konstitution von 1787 diese Aufgabe nicht ausdrücklich erwähnt, hat der Supreme Court sie seit seiner Entscheidung im Fall *Marbury v. Madison* (1803) erfolgreich für sich reklamiert. Seither nimmt er im Spannungsfeld von demokratischem Prinzip und Verfassungssuprematie eine „Vetoposition" ein: Er kann Gesetze der demokratisch legitimierten Legislativen des Bundes wie der Einzelstaaten aufheben, wenn sie der Bundesverfassung widersprechen.[1] Diese Kompetenz der Normenkontrolle, des „judicial review", erlaubt es dem Gericht, die politische und gesellschaftliche Entwicklung des Landes nachhaltig zu beeinflussen. Denn seine Entscheidungen können außer durch das Gericht selbst nur noch durch eine Verfassungsergänzung („amendment") revidiert werden. Solange dies nicht geschieht, stellen seine Entscheidungen geltendes Verfassungsrecht dar, das für alle unteren Gerichte bindend ist.

Um seine Legitimation als unpolitische, nur der Verfassungsauslegung dienende, mithin über dem Interessen- und Meinungsstreit der Parteien stehende Instanz zu wahren, hat sich das Gericht selbst Entscheidungsregeln unterworfen, die seinen Ermessensspielraum eingrenzen sollen („judicial self-restraint"). Danach müssen Urteile ohne Bezug auf ein sonstiges höheres Recht in enger Bindung an den Text der Verfassung und, soweit vorhanden, eigene frühere Entscheidungen (als Präzedenzien) getroffen werden. Über die Verfassungsmäßigkeit eines Aktes der Legislative – des Bundes oder der Einzelstaaten – soll nur bei Vorliegen eines konkreten Rechtsstreits befunden werden können, wenn also die klagende Partei selbst in ihren Rechten verletzt worden ist oder die Gefahr einer solchen Rechtsverletzung unmittelbar droht (Brugger 2001, S. 17ff.). Eine abstrakte Normenkontrolle oder bloße Meinungsäußerung des Gerichts zu einer Rechtsfrage wird dadurch ausgeschlossen. Bestehen begründete Zweifel an einer Normenkollision, soll stets zugunsten der Verfassungsmäßigkeit eines Aktes der Legislativen entschieden werden. Politische Fragen – etwa der Zweckmäßigkeit einer gesetzlichen Maßnahme – soll das Gericht grundsätzlich nicht zur Entscheidung annehmen („political question doctrine").

Doch weder diese Regeln noch die – meist sehr weit formulierten – Klauseln der Verfassung vermögen die Richter in ihrer Urteilsfindung wirksam einzuschränken. Denn letztlich sind es wiederum nur sie selbst, die diese wie jene auslegen und ihre Reichweite bestimmen. Aufgrund der herausgehobenen Stellung des Obersten Bundesgerichts und seiner Machtfülle wird die Ernennung seiner Richter daher zu einem bedeutsamen und zugleich eminent politischen Akt. Die Verfassung bestimmt, dass die Richter des Supreme Court[2] – wie die Richter aller Bundesgerichte – vom Präsidenten mit der Zustimmung der einfachen Mehrheit des Senats auf Lebenszeit ernannt werden. Dabei knüpft sie an das Vorschlagsrecht des Präsidenten keinerlei Bedingungen hinsichtlich der juristischen Erfahrung und Qualifikation der Kandidaten. Zwar wird der Präsident bei ihrer Nominierung auch Aspekte der juristischen Befähigung berücksichtigen, ohne die eine Zustimmung durch den Senat möglicherweise nicht zustande käme, doch stehen politisch-ideologische Gesichtspunkte im Vordergrund. Durch die Auswahl von ihnen politisch nahe stehenden Richtern versuchten Präsidenten stets, Einfluss auf die Rechtsprechung des Supreme Court zu nehmen und die politische Richtung seiner Entscheidungen zu lenken.

So haben Demokratische Präsidenten zwischen den 1930er und 1960er Jahren durch die strategische Neubesetzung vakant gewordener Richterstellen dafür gesorgt, dass ihre liberale Wirtschafts-, Sozial- und Bürgerrechtspolitik vom Gericht als verfassungskonform akzeptiert wurde. Die Republikanischen Präsidenten Reagan und Bush sen. ernannten in den 1980er und frühen 1990er Jahren dagegen eine Reihe von Richtern, die ein konservatives „rollback“ in diesen und anderen Rechtsbereichen einleiten sollten.

Entsprechend lassen sich in der jüngeren Geschichte des Gerichts drei „Epochen“ der Rechtsprechung unterscheiden: Auf die *liberale* Phase unter Oberrichter Earl Warren (1953–1969) folgte eine zwischen liberalen und konservativen Positionen schwankende Rechtsprechung unter Oberrichter Warren Burger (1969–1986), die in eine *konservative* Orientierung des Gerichts mündete, als William Rehnquist 1986 dessen Vorsitz übernahm. Die jeweilige politische Ausrichtung des Gerichts spiegelt sich in seinen Entscheidungen im Bereich der Wirtschafts- und Sozialpolitik, der Bürgerrechte, des Föderalismus und der Gewaltenteilung ebenso wie in seiner Rechtsprechung zur Frage der Religionsfreiheit und des Verhältnisses von Kirche und Staat.

Grundlage der Entscheidungen des Supreme Court ist hier die „Bill of Rights“, die der U.S.-Verfassung 1791 in Form von zehn Ergänzungen hinzugefügt wurde. Das Erste dieser zehn „amendments“ gewährt neben anderen Rechten die Religionsfreiheit und normiert das Verhältnis von Kirche(n) beziehungsweise Religionsgemeinschaften und Staat. Ebenso knapp wie vieldeutig heißt es dort: „Congress shall make no law respecting an establishment of religion, or prohibiting the free exercise thereof." Dieser Satz enthält nach herrschender Auffassung zwei Klauseln: Die Einrichtungsklausel („Establishment Clause") verbietet es dem Staat, eine Staatskirche zu errichten und verpflichtet ihn zur Neutralität gegenüber den einzelnen Religionen. Die Ausübungsklausel („Free Exercise Clause") garantiert die Glaubens-, Gewissens- und Bekenntnisfreiheit der Bürger und untersagt deren staatliche Beeinträchtigung. Der genaue Inhalt der beiden Klauseln jedoch und ihre Beziehung zueinander sind umstritten. Die anfänglich vorherrschende „liberale" Interpretation der Einrichtungsklausel als Prinzip der „strengen Trennung von Kirche und Staat", die das Oberste Bundesgericht in seiner Leitentscheidung im Fall *Everson v. Board of Education* (1947)[3] erstmals formulierte, und die Auffassung, dass die Ausübungsklausel vor allem religiöse Minderheiten zu schützen beabsichtigt, hat am Gericht selbst wie in der rechtswissenschaftlichen Literatur zahlreiche Kritiker gefunden. Ihre Einwände haben zu immer neuen Nuancierungen, gelegentlich auch abrupten Richtungswechseln in der Rechtsprechung des Gerichts geführt. Vereinfachungen verbieten sich deshalb. Die Reichweite des Grundrechts auf Religionsfreiheit und die Bestimmung des Verhältnisses von Kirche und Staat sind komplexer, als es die häufig gebrauchte Formel von der „strengen Trennung" beziehungsweise dem „zentralen Grundrecht" suggeriert. Erst eine genauere Betrachtung einzelner Fallentscheidungen macht deutlich, wie die Religionsfreiheit und das Verhältnis von Kirche und Staat in den USA konkret ausgestaltet sind. Die oft recht umfangreichen Urteilsbegründungen dokumentieren die Intensität, mit der um eine sachangemessene Interpretation des Ersten Zusatzartikels gerungen wird, die der Steuerungsfähigkeit des Staates und den Erfordernissen einer modernen, religiös-pluralistischen Gesellschaft ebenso gerecht werden soll wie den Intentionen der Verfassungsväter. Weder die eigenen Verfahrensregeln des Gerichts noch die enge Bindung an den Text der Verfassung und die sorgfältige Handhabung juristischer Methoden verhinderten jedoch, dass die Entscheidungen auch in diesem Bereich durch die politischen Überzeugungen und die individuellen Wertvorstellungen der Richter gefärbt wurden, die hier ebenfalls zu deutlichen „Gezeitenwechseln" der Rechtsprechung führten.

Die Entstehungsgeschichte des „First Amendment" (1791)

Die Bestimmungen des „First Amendment" galten zunächst nur für die Bundesebene und banden allein die nationalstaatlichen Gewalten. Die Einzelstaaten verfügten am Ende des 18. Jahrhunderts, als die Verfassung und die „Bill of

Rights" verabschiedet wurden, über eigene gesetzliche Normierungen, die in den meisten Fällen das Christentum oder die protestantischen Kirchen rechtlich privilegierten.

In den südlichen Kolonien Virginia, Maryland, Georgia und den beiden Carolinas war vor der Revolution die Anglikanische Kirche als Staatskirche etabliert worden. In den Kolonien des Nordostens hatte man hingegen entweder die christliche Religion insgesamt oder mehrere protestantische Kirchen – im Sinne eines „multiple establishment" – gefördert. Lediglich in Rhode Island, Pennsylvania, Delaware und New Jersey hatte keine Form der gesetzlichen Bevorzugung einer Religion oder Kirche existiert (Heun 1999, S. 342f.; Levy 1994, S. 1–78).

Die Revolutionsära brachte eine durchgreifende Veränderung der bestehenden staatskirchlichen Verhältnisse. Nach der Umwandlung der Kolonien in Einzelstaaten wurde im Zuge der Verabschiedung eigener Landesverfassungen das Verhältnis von Kirche und Staat neu bestimmt. Dabei übertrug sich die damalige antibritische Aversion auf eine Ablehnung des Prinzips der Staatskirche, wie sie in Großbritannien bestand und wie sie auch in den Südstaaten bis dahin vorzufinden war. Vor allem die Diskussion in Virginia fand große Aufmerksamkeit, weil hier zwei der Gründerväter der USA an der Reform beteiligt waren: James Madison und Thomas Jefferson plädierten für die völlige Abschaffung der Staatskirche und die Gewährung einer umfassenden Religionsfreiheit, die auch darin zum Ausdruck kommen sollte, dass der Staat keine Religion förderte, indem er etwa – was in Virginia zuvor üblich gewesen war – Steuergelder zur Finanzierung kirchlicher Einrichtungen und zur Besoldung von Geistlichen einzog. Der Vorschlag gewann in Virginia schließlich die Oberhand, und schon bald wurden dort Kirche und Staat völlig getrennt.

Diesem Reformschritt folgten die anderen Staaten nur zögerlich. Die meisten Südstaaten schafften zwar die Privilegien der anglikanischen Staatskirche ab, führten dafür aber zunächst ein „establishment of Protestantism" ein, also ein System der staatlichen Förderung der *protestantischen* Kirchen, wie es in ähnlicher Form in den Kolonien Neuenglands existierte. Die dort bestehenden Regelungen wurden nach der Revolution allerdings ebenfalls reformiert. In den meisten Fällen hielt man an der staatlichen Unterstützung der protestantischen Kirchen fest, hob aber zumindest die Diskriminierung der Katholiken in einigen politisch relevanten Bereichen auf: So erlaubte man fortan deren Berufung in öffentliche Ämter.

In Massachusetts dauerte der Prozess der Trennung von Kirche und Staat am längsten. Schon vor der Revolution hatten Baptisten hier ihr Unbehagen an der Vorherrschaft der Kongregationalisten artikuliert – eine Kritik, der die Verfassung von 1780 zu begegnen suchte, indem sie die Unterstützung *aller* protestantischen Gemeinden normierte und damit eine größere Gleichheit schuf. Doch erst im Jahr 1833 wurde auch diese Form der Privilegierung einer Religion, des Protestantismus, völlig abgeschafft. Damit war Massachusetts der letzte Bundesstaat, der eine generelle „Entstaatlichung" vornahm (Heun 1999, 345; Levy 1994, S. 29–42).

Die Bundesverfassung hatte 1791 durch die Aufnahme des Ersten Zusatzartikels von vornherein den Weg Virginias eingeschlagen und sowohl eine Trennung von Kirche und Staat als auch eine allgemeine Glaubens-, Gewissens- und Bekenntnisfreiheit kodifiziert. Da das „First Amendment" aber nur die Bundesgewalt band, hatte es keine unmittelbaren Auswirkungen auf die entstehenden einzelstaatlichen Regelungen (Heun 1999, S. 343 ff.; Levy 1994, S. 79 ff.).

Die Erweiterung des Geltungsbereichs der Religionsklauseln auf die Einzelstaaten

Bis in die vierziger Jahre des 20. Jahrhunderts hinein hatte das Oberste Bundesgericht nur selten Gelegenheit, die Religionsklauseln anzuwenden und inhaltlich zu präzisieren, weil die primäre Regelungskompetenz in diesem Bereich unangefochten bei den Einzelstaaten lag. In einer Entscheidung aus dem Jahre 1925 entschied der U.S. Supreme Court dann jedoch, dass die Grundrechte des Ersten Zusatzartikels – konkret ging es um die Rede- und Pressefreiheit – aufgrund einer besonderen, der Verfassung 1868 hinzugefügten Bestimmung („Fourteenth Amendment") auch gegenüber den Gliedstaaten durchzusetzen waren. Mit diesem Urteil setzte ein Prozess der „Nationalisierung" der Freiheitsgarantien des ersten Zusatzartikels ein, der schon bald die Religionsklauseln mit einbezog: Explizit befand das Gericht in den 1940er Jahren, dass auch die Einrichtungs- und die Ausübungsklausel der Bundesverfassung von den Einzelstaaten beachtet werden müssten. Dass Rechtsstreitigkeiten seither regelmäßig vor dem Obersten Bundesgericht ausgetragen werden, hat zu einer massiven Zunahme der höchstrichterlichen Rechtsprechung in diesem Bereich geführt (Hitchcock 2004).

Vereinfachend und ohne nuancierende Zwischenpositionen zu berücksichtigen, die es natürlich auch gab und gibt, lassen sich zwei Lager hinsichtlich der Auslegung des „First Amendment" und der Entscheidungen des U.S. Supreme Court unterscheiden:

Von *konservativen* Verfassungsjuristen wurde die Inkorporation der Religionsklauseln in das 14. Amendment, also ihre Anwendung auf die Einzelstaaten, kritisiert. Sie stimme nicht mit dem „Geist" des Föderalismus und dem

Willen der Verfassungsväter überein, die von den bestehenden Staatskirchen in den Einzelstaaten gewusst hätten, als sie den Ersten Zusatzartikel zur Bundesverfassung verabschiedeten. Daraus müsse geschlossen werden, dass die Förderung der Religion in den Einzelstaaten sehr wohl mit der Einrichtungsklausel der Bundesverfassung zu vereinbaren sei. Die primäre Gestaltungskompetenz im Bereich des Verhältnisses von Kirche und Staat müsse insofern bei den Legislativen der Gliedstaaten liegen (Goldberg 1987, S. 49 ff.). Da das Oberste Bundesgericht aber nicht bereit war, die Inkorporation des Ersten in das 14. Amendment wieder aufzugeben und auch keine Mehrheiten für eine entsprechende Verfassungsänderung zu mobilisieren waren, protegierte man auf konservativer Seite bald eine bestimmte *Interpretation* der Religionsklauseln, die den Entscheidungen des Gerichts zugrunde gelegt werden müsse. Danach sollte das Verhältnis von Kirche und Staat in den Vereinigten Staaten auf Bundes- wie auf einzelstaatlicher Ebene grundsätzlich im Sinne eines weitgehenden Entgegenkommens („accommodation") des Staates gestaltet werden. Der Staat sollte mithin die Existenz von Religionen anerkennen und die besonderen Bedürfnisse der Gläubigen in seinen Entscheidungen berücksichtigen. Er sollte die Religionen auch aktiv unterstützen und fördern dürfen, solange er dadurch nicht eine Glaubensgemeinschaft gegenüber anderen bevorzugte („non-preferentialism"). Eine Gleichbehandlung von Glaube und Unglaube schriebe die Verfassung dagegen nicht vor. Zulässig seien insofern die staatliche Verwendung religiöser Symbole, die steuerliche Förderung des Konfessionsschulbesuchs und das (überkonfessionelle) Morgengebet an öffentlichen Schulen. Da der Staat die Pflicht habe, den religiösen Bedürfnissen seiner Bürger entgegenzukommen, müsse er auch die Religionsfreiheit der christlichen beziehungsweise protestantischen Mehrheit gewährleisten. Staatliche Maßnahmen, die diesem Zweck dienen, seien daher nicht zu beanstanden.

Diese Interpretation des „First Amendment" wurde von *liberalen* Verfassungsjuristen abgelehnt. Nach ihrer Auffassung, die sie durch Äußerungen von Madison und Jefferson gedeckt sahen, schützte die Verfassung nicht nur die positive, sondern auch die *negative* Religionsfreiheit. Der Staat durfte somit weder eine bestimmte Religion noch die Religion insgesamt gegenüber nichtreligiösen („atheistischen") Überzeugungen bevorzugen. Daher durfte er etwa an öffentlichen Schulen keine religiösen Inhalte und Handlungen (wie Religionsunterricht, Krippenspiele und Morgengebete, die Vermittlung der biblischen Schöpfungsgeschichte etc.) dulden noch selbst religiöse Symbole verwenden oder religiöse Einrichtungen (wie Konfessionsschulen) unterstützen. Zwischen Kirche und Staat – und hier zitierten sie einen bekannten Satz Thomas Jeffersons – sei eine „Mauer der Trennung" zu errichten („wall of *separation* between Church and State"; zit. Levy 1994, S. 69). Die „Free Exercise

Clause“ sollte darüber hinaus als Grundnorm des Minderheitenschutzes angesehen werden. Durch sie sollten kleinere, christliche wie nichtchristliche, alte wie neue Religionsgemeinschaften, unorthodoxe Konfessionen, Splittergruppen wie Abtrünnige vor dem Konformitätsdruck der Mehrheit geschützt werden. Weder sollte der Staat von der (christlichen bzw. protestantischen) Mehrheitsreligion zur Durchsetzung ihrer Glaubensüberzeugungen instrumentalisiert werden können („Non-Establishment Clause“) noch sollte der Staat allgemeine Gesetze ohne Rücksicht auf deren Auswirkung auf religiöse Minderheiten erlassen („Free Exercise Clause“). Insofern begrüßten liberale Juristen die Inkorporation der Religionsklauseln durch den U.S. Supreme Court und forderten ihn auf, diese in einem strikt „separationistischen“ und minderheitsorientierten Sinne auszulegen.[4]

Um zu zeigen, dass allein ihre Interpretation mit den Intentionen der „Gründerväter“ übereinstimmte, beriefen sich beide Gruppen – Liberale und Konservative beziehungsweise „Separationisten“ und „Akkommodationisten“ – auf historisches Quellenmaterial. Auch die Richter des Obersten Bundesgerichts zogen bei der Begründung ihrer Entscheidungen immer wieder historische Dokumente heran, um Sinn und Zweck der Religionsklauseln aus dem Entstehungskontext zu rekonstruieren. Doch weder ihre Interpretationen des „original intent“ noch die Anwendung anderer juristischer Methoden führten dabei zu einer konsistenten Spruchpraxis. Deutlich lassen sich drei Phasen der Rechtsprechung unterscheiden, die mit teilweise gegenläufigen Auslegungen der Religionsklauseln der Verfassung einhergehen. In den 1960er und 1970er Jahren, der großen Zeit des amerikanischen Liberalismus, in der sich eine Vielzahl von sozialemanzipatorischen Bewegungen für größere individuelle Freiheiten, für Bürgerrechte und Gleichberechtigung engagierten, legte das Oberste Bundesgericht die Klauseln der „Bill of Rights“ stark individualistisch und libertär aus: Kirche und Staat wurden strikt getrennt und Gesetze, die die Religionsfreiheit von Minderheiten einschränkten, als verfassungswidrig verworfen. Am Ende der 1970er Jahre setze eine konservative Trendwende ein, die sich nach einer kurzen Übergangsphase seit Mitte der 1980er Jahre auch am U.S. Supreme Court bemerkbar machte. Reagan und Bush sen. hatten eine Reihe von neuen Richtern ernannt, die anders als ihre Vorgänger bei der Auslegung der Religionsklauseln eine „akkommodationistische“ Position bezogen. Mit ihrer Ernennung änderten sich nach und nach die Mehrheitsverhältnisse am Gericht, was nicht ohne Folgen auf dessen Entscheidungen blieb.

Die Rechtsprechung des Obersten Bundesgerichts zur Einrichtungsklausel

Betrachten wir im Folgenden drei Fallgruppen zur Einrichtungsklausel genauer. Sie berühren das Verhältnis von Kirche und Staat im öffentlichen Schulwesen (a), die staatliche Förderung privater (Konfessions-)Schulen (b) und die Frage, inwieweit staatliche Organe religiöse Symbole und Rituale verwenden dürfen (c). In allen drei Fallgruppen ist das angesprochene Abrücken des U.S. Supreme Court von einer ursprünglich stark „separationistisch" geprägten Rechtsprechung erkennbar.

a) Noch im 19. und frühen 20. Jahrhundert war die Ausbildung an den öffentlichen Schulen der USA stark von protestantischem Geist geprägt. Schulgebete und Bibellektüre gehörten fast überall zum festen Bestandteil des Unterrichts, wobei in der Regel die protestantische *King James Bible* verwendet wurde. Nach dem Zweiten Weltkrieg wurde diese Praxis jedoch zunehmend als Diskriminierung von Nicht-Protestanten und Glaubenslosen betrachtet. Nicht zuletzt der Holocaust hatte die amerikanische Öffentlichkeit für die Frage des Umgangs mit religiösen (und anderen) Minderheiten sensibilisiert. Der U.S. Supreme Court sah es jetzt als seine Aufgabe an, deren Rechte stärker zu schützen, indem er alle – auch indirekten – Formen der „staatlichen Religionsförderung" fortan unterband. In einer Reihe von Entscheidungen zum Gehalt der „Establishment Clause" legte das Gericht fest, dass die Einzelstaaten in ihren Schulen nicht länger Religionsunterricht anbieten (*McCollum v. Board of Education*, 1948), die biblische Schöpfungsgeschichte vermitteln (*Epperson v. Arkansas*, 1968; *Edwards v. Aguillard*, 1987) oder religiöse Texte wie die Zehn Gebote aushängen (*Stone v. Graham*, 1980) durften. Zudem verbannte es das Morgengebet und die Bibellektüre aus den öffentlichen Schulen des Landes (*Engel v. Vitale*, 1962; *Abington v. Schempp*, 1963). Auch die als Ersatz für das Schulgebet von einigen Bundesstaaten eingeführte Schweigeminute („moment of silence") lehnte das Gericht als verfassungswidrig ab (*Wallace v. Jaffree*, 1985), ebenso wie Gebete auf Schulabschlussfeiern und Schulsportveranstaltungen (*Lee v. Weisman*, 1992; *Santa Fe v. Doe*, 2000).

Auf den ersten Blick wirkt diese Kette von Entscheidungen konsequent und geschlossen: Die verfassungsrechtlich normierte Trennung von Kirche und Staat verlangt nach Ansicht des Gerichts, den öffentlichen Schulen alle religiösen Unterrichtsinhalte, Symbole und Praktiken zu verbieten, um die Schüler vor religiösem Konformitätsdruck seitens der Mehrheit zu bewahren und die Schulen von religiösem Streit freizuhalten (Alley 1996). Bei genauerem Hinsehen allerdings werden die wachsenden Auffassungsunterschiede zwischen den Richtern erkennbar: Während die ersten Entscheidungen des U.S. Supreme

Court noch einstimmig oder mit nur einer Gegenstimme getroffen worden waren, votierten zuletzt stets drei bis vier der neun Richter gegen die Verbote. Gleichzeitig warfen sie der Gerichtsmehrheit vor, jeden fairen Interessenausgleich aus den Augen verloren zu haben: „the Court's opinion", erklärte etwa der von Reagan zum Oberrichter beförderte William H. Rehnquist in seinem Minderheitsvotum im Fall *Santa Fe v. Doe* (2000), „bristles with hostility to all things religious in public life". Auch wenn sich die „akkommodationistische Opposition" in der vorliegenden Fallgruppe noch nicht durchsetzen konnte – die mit *Engel* (1962) und *Schempp* (1963) geschaffenen Präzedenzien hatten erkennbar weiterhin Bestand –, erreichte sie in der zweiten Fallgruppe die angestrebte Trendumkehr.

b) Einzelne Bundesstaaten hatten nach dem Zweiten Weltkrieg damit begonnen, auch Privatschulen in staatliche Förderprogramme einzubeziehen, die die Ausbildungsqualität insgesamt verbessern sollten. Da die meisten Privatschulen in den Vereinigten Staaten jedoch in kirchlicher Trägerschaft sind, entbrannte ein Streit darüber, ob solche Programme mit der „Establishment Clause" der Bundesverfassung zu vereinbaren waren. Zunächst ließ der U.S. Supreme Court noch zwei derartige Programme, die anordneten, auch Konfessionsschülern die Kosten für die Busfahrten zu ihren Schulen zu erstatten und ihnen bestimmte Lehrbücher (weltlichen Inhalts) unentgeltlich zukommen zu lassen (*Everson v. Board of Education*, 1947; *Board of Education v. Allen*, 1968), passieren, weil sie den Schülern, nicht den Kirchenschulen zugute kämen („child benefit theory"). In den siebziger Jahren entsprach das Gericht in seiner Urteilsfindung dann jedoch konsequent der schon in der ersten Fallgruppe verfolgten Linie einer strengen Trennung von Kirche und Staat. Es legte seinen Entscheidungen fortan einen dreiteiligen Prüfungsmaßstab zugrunde, der über die Verfassungskonformität umstrittener Förderprogramme befinden sollte. Dieser so genannte „*Lemon* test" bestimmte, dass Gesetze, Verwaltungsakte oder staatliche Praxis dann gegen die „Establishment Clause" verstießen, wenn sie kein säkulares Ziel anstrebten, eine Förderung der Religion zur Folge hatten oder zu einer unangemessen engen Kooperation zwischen Staat und Kirche führten (*Lemon v. Kurtzman*, 1971). Entsprechend fielen Zuschüsse an Konfessionsschulen für Lehrergehälter, Unterrichtsmaterial, Diaprojektoren und die Renovierung von Klassenzimmern ebenso dem Verdikt der Verfassungswidrigkeit anheim wie Schulgelderstattungen oder die Inanspruchnahme sozialer Fördermaßnahmen durch Konfessionsschüler. Diese Programme hätten, so das Gericht, den „impermissible effect of advancing religion" oder führten zu einem „excessive entanglement between government and religion" (*PEARL v. Nyquist*, 1973; *Meek v. Pittenger*, 1975). Weil die liberale Gerichtsmehrheit aber zugleich an den Präzedenzien von *Everson* und

Allen festhielt, wurde die Rechtslage zunehmend undurchsichtiger: So durften die Einzelstaaten zwar Erdkundebücher für Konfessionsschüler bezahlen, nicht aber Landkarten für Konfessionsschulen; den Schülern durften sie die Kosten für den Transport zu ihren Schulen erstatten, nicht aber für Klassenfahrten oder Exkursionen in das Naturkundemuseum oder den Zoo.[5] Vor allem die Entscheidung, dass bundesstaatliche Fördermaßnahmen für (lern-) behinderte oder leistungsschwache Kinder aus sozial benachteiligten Familien nicht an Konfessionsschulen durchgeführt werden durften, weil dies ebenfalls zur religiösen Mission der Schulen beitragen könnte (*Aguilar v. Felton*, 1985), stieß bei vielen auf Unverständnis. Hier schienen Kinder dafür bestraft zu werden, dass sie sich für den Besuch einer religiösen Privatschule entschieden hatten. Die konservative Fraktion am U.S. Supreme Court machte sich die öffentliche Kritik an dieser Entscheidung zunutze. In einem ungewöhnlichen Schritt forderte sie Betroffene dazu auf, einen weiteren Fall vor das Gericht zu bringen, um so die Gelegenheit zu haben, eine gegenteilige Entscheidung durchzusetzen[6] – mit Erfolg. Die Frage wurde ein weiteres Mal verhandelt (*Agostini v. Felton*, 1997) und diesmal mit 5 zu 4 Stimmen zugunsten der Konfessionsschulen entschieden. Dieses „overruling of precedents" war höchst erstaunlich für ein Gericht, das in der Tradition des angloamerikanischen „case law" gehalten ist, sich an früheren Entscheidungen zu orientieren. Und außergewöhnlich war ebenso, dass die neue Gerichtsmehrheit das hier gefällte Urteil zum Ausgangspunkt für eine durchgreifende Änderung der Rechtsprechung in der gesamten Fallgruppe nahm. Der überkommene Prüfungsmaßstab, der „*Lemon* test", wurde in der Folgezeit „entschärft" und die Einrichtungsklausel stärker „akkommodationistisch" ausgelegt. So sah das Gericht jetzt keinen Widerspruch mehr zum Trennungsgrundsatz, wenn Konfessionsschulen staatliche Sachleistungen wie Computer, Software, Bücher und andere Medien erhielten (*Mitchell v. Helms*, 2000, womit es weitere Präzedenzien aufhob). Es erklärte zudem, dass selbst solche Programme nicht zu beanstanden seien, durch die Konfessionsschulen (indirekt) staatliche *Finanz*beihilfen erhielten: Im Jahr 2002 wurden Bildungsgutscheine für verfassungskonform befunden, die in Cleveland, Ohio, eingeführt worden waren, um Kindern aus einkommensschwachen Familien die freie Schulwahl zu ermöglichen, obwohl solche „vouchers" vor allem von Konfessionsschülern in Anspruch genommen wurden, die mit ihnen einen Teil ihres Schulgelds bezahlten (*Zelman v. Simmons-Harris*, 2002).

c) Eine dritte Fallgruppe befasst sich mit dem Problem, ob staatliche Organe religiöse Symbole oder Rituale verwenden dürfen. Durch die in den sechziger und siebziger Jahren etablierte liberale, also „separationistische" Auslegung der Einrichtungsklausel war fraglich geworden, ob die seit langem geübte Praxis, Kreuze und Krippen im öffentlichen Raum zu errichten oder Sitzungen der Parlamente durch Gebete eines Geistlichen eröffnen zu lassen, mit der Bundesverfassung zu vereinbaren war.

Bis in die erste Amtszeit Präsident Reagans hinein schien das Gericht die Behandlung solcher und verwandter Fragen – etwa nach der Zulässigkeit des amerikanischen Staatsmottos „In God We Trust", der Kapelle im Kapitol, der staatlichen Anerkennung religiöser Feiertage etc. – nachgerade zu scheuen. Offenbar befürchtete es, bei einer konsequenten Anwendung des „*Lemon* test" eine völlige „Säuberung" des öffentlichen Raums von aller Religion vornehmen zu müssen. Das aber wäre mit der Gefahr einer massiven Delegitimierung des Verfassungsgerichts verbunden gewesen, wie die Kontroversen um die Schulgebetsentscheidung 1962 gezeigt hatten. Deshalb drängten nicht einmal die strengsten „separationists" darauf, solche Fälle zur Entscheidung anzunehmen. Erst nachdem in diesem Bereich von unteren Gerichten eine zunehmende Zahl widersprüchlicher Urteile gesprochen worden war, sah sich der Supreme Court gezwungen, zumindest in einigen Fällen letztinstanzlich Stellung zu beziehen.

Nur in einem Verfahren kam es dabei zu einem Verbot: Das Oberste Bundesgericht untersagte das Aufstellen einer Weihnachtskrippe in einem Gerichtsgebäude, weil es hierin eine unerlaubte staatliche Förderung und „Bevorzugung" der christlichen Religion sah (*Allegheny County v. ACLU*, 1989). In einem anderen Verfahren stellte eine knappe Mehrheit des Gerichts aber klar, dass sie in dieser Fallgruppe keine *strikte* Trennung von Religion und Staat durchsetzen wolle, sondern im Streitfall auf den Kontext der staatlichen Verwendung von religiösen Symbolen und Ritualen abheben werde. So sei eine Krippe nicht zu beanstanden, wenn sie nur einen Teil eines aus mehreren religiösen und weltlichen Elementen bestehenden Ensembles zur Feier der „winter holiday season" bilde (*Lynch v. Donnelly*, 1984). Die Konsistenz der beiden Urteile wurde allerdings von vielen, nicht nur strikten „Separationists", angezweifelt (Menendez 1993).

Während das Gericht in diesen Entscheidungen noch am „*Lemon* test" oder modifizierten Varianten desselben festzuhalten suchte, um die Rechtsprechung zur „Establishment Clause" nicht gänzlich richtungslos werden zu lassen, erklärte ausgerechnet sein „Konstrukteur", Oberrichter Warren Burger, ihn in einem Fall für nicht anwendbar, in dem die Verfassungskonformität von „legislative prayers" zur Diskussion stand. Viele gesetzgebende Körperschaften der Vereinigten Staaten, einschließlich des U.S. Kongresses, hatten Geistliche angestellt, die die Sitzungstage der Parlamente mit einem Gebet eröffnen sollten. In Nebraska war diese Praxis zum Gegenstand eines Rechtsstreits geworden, und ein Bundesberufungsgericht hatte sie unter Anwendung des „*Lemon* test" für verfassungswidrig erklärt. Der U.S. Supreme Court hob dieses Urteil auf und befand, dass die seit 200 Jahren gesprochenen „legislative prayers" eine „historische Ausnahme" darstellten und durch die „Intentionen der Verfassungsväter" gedeckt seien, weshalb der „*Lemon* test" hier nicht zur Anwendung gelange (*Marsh v. Chambers*, 1983). Die Gegner der Entscheidung, die „Separationists", betrachteten dieses Vorgehen als willkürlich und verwiesen darauf, dass eine solche Argumentation in anderen Verfahren – etwa der ersten Fallgruppe (Schulgebete usw.) – zu gegenteiligen Entscheidungen geführt hätte, womit die Konsistenz der gesamten Rechtsprechung zur „Establishment Clause" in Frage stehe. Allerdings konnten sie für ihre Auffassung keine Mehrheit am Gericht mehr mobilisieren.

Die Ernennung konservativer Richter durch Reagan und Bush sen. und die erneute Berufung von liberalen Richtern durch Clinton 1993 und 1994 führte dazu, dass die Auffassungen über den genauen Grenzverlauf zwischen Religion und Staat am Gericht zunehmend auseinander drifteten. Das zeigten nicht zuletzt die knappen Abstimmungsverhältnisse und die steigende Zahl von Sondervoten. Da den Richtern bewusst wurde, dass sie auf absehbare Zeit keine einvernehmlichen Lösungen würden finden können, versuchten sie in der dritten Fallgruppe fortan, Entscheidungen in der Sache auszuweichen. Charakteristisch für diese Strategie war ihr Umgang mit einem Fall, der 2002 für Aufsehen sorgte. Ein Bundesberufungsgericht in Kalifornien hatte entschieden, dass das vor Schulbeginn abzulegende Treuegelöbnis gegenüber der Nation („pledge of allegiance") nicht länger gesprochen werden durfte, weil es die Worte „unter Gott" enthielt (die dem Fahneneid 1954, auf dem Höhepunkt des Kalten Krieges, vom Kongress zur Abgrenzung gegen die kommunistische Sowjetunion hinzugefügt worden waren). Ein atheistischer Vater hatte behauptet, dass seiner Tochter hierdurch ein Bekenntnis zum Monotheismus aufgezwungen werde. Das Berufungsgericht hatte seiner Argumentation zugestimmt und unter Anwendung des „*Lemon* test" einen Verstoß gegen die „Establishment Clause" festgestellt. Das Urteil wurde von vielen Seiten scharf kritisiert. Nicht zuletzt aufgrund des von Präsident und Kongress ausgeübten Drucks sah sich der U.S. Supreme Court gezwungen, den Fall aufzugreifen. Doch das Oberste Bundesgericht wies das Berufungsgericht im Juni 2004 lediglich an, die Klage des Vaters aus prozessualen Gründen abzuweisen: Da nach der Trennung des Paares nicht ihm, sondern der Mutter des Kindes das Sorgerecht zustehe, die keine Einwände gegen den Fahneneid hatte, sei er nicht befugt, den Gotteszusatz im Namen seiner Tochter anzugreifen (*Elk Grove Unified School District v. Newdow*, 2004). Damit durfte das Treuegelöbnis weiterhin an Amerikas Schulen gesprochen werden, ohne dass über seine Verfassungskonformität inhaltlich befunden worden war.

Die Rechtsprechung des Obersten Bundesgerichts zur Ausübungsklausel

Der Staat darf, so sagt es die Einrichtungsklausel, Religion oder Religionen nicht fördern oder bevorzugen, er darf die Religionsausübung aber auch nicht behindern – das verbietet die Ausübungsklausel. Während die Einrichtungsklausel offenbar vor allem ausschließen soll, dass die (protestantische bzw. christliche) Mehrheitsreligion den Staat zur Durchsetzung ihrer Glaubensüberzeugungen instrumentalisiert (*Everson*, 1947, S. 15f.), schützt die Ausübungsklausel religiöse Minderheiten vor einer Beeinträchtigung ihrer Religionsfreiheit durch staatliche Organe. Über diese Einsicht hinaus aber ist ihr genauer Inhalt ebenso umstritten wie ihre Beziehung zur „Establishment Clause" (Hammond 1998). Denn auf den ersten Blick scheint es so, als verstoße der Staat gegen die Einrichtungsklausel, wenn er auf die religiösen Bedürfnisse der Mehrheitsreligion Rücksicht nimmt, er aber ein Grundrecht gewähre, wenn er die religiösen Bedürfnisse von Minderheiten beachtet (Gutman 2000).

Um Klarheit über den Gehalt der Ausübungsklausel und ihrer Beziehung zur Einrichtungsklausel zu schaffen, verwendete das Oberste Bundesgericht bis 1990 einen ebenfalls dreiteiligen Prüfungsmaßstab. Religionsspezifische Eingriffe waren demnach in der Regel verfassungswidrig. Bei indirekten Eingriffen durch Gesetze, die ansonsten religionsneutrale und legitime Ziele verfolgten, kam es dagegen erstens auf den Grad des Eingriffs und das Eingriffsmittel an, wobei für die Frage der Erheblichkeit des Eingriffs darauf abgehoben wurde, ob er eine Aktivität betraf, die zum Kern der Religionsausübung gehörte; zweitens musste ein zwingendes öffentliches Interesse („compelling state interest") vorliegen, und drittens musste das gewählte Mittel erforderlich sein (Brugger 1993, S. 153; 2001, S. 190f.).

In der Sache wog der Prüfungsmaßstab also zwischen den mit einer Regelung verfolgten staatlichen Zwecken und Interessen und dem – nach der Eingriffsintensität abgestuften – Individualinteresse an freier Religionsausübung ab (Heun 1999, S. 355f.). Dabei wurde im Streitfall um die Reichweite der Ausübungsklausel bis auf wenige Ausnahmen regelmäßig zugunsten der Religionsfreiheit betroffener Minderheiten entschieden.

So sah der U.S. Supreme Court in der allgemeinen Schulpflicht bis zum 16. Lebensjahr einen Verstoß gegen die „Free Exercise Clause", weil für Angehörige der Amish-Gemeinde eine höhere Schulbildung nicht mit der von ihr als religiöse Pflicht betrachteten einfachen Lebensführung zu vereinbaren war (*Wisconsin v. Yoder*, 1972). Angehörigen minoritärer Religionen – hier: einer Siebten-Tags-Adventistin – durften Sozialleistungen nicht mit der Begründung vorenthalten werden, sie hätten die staatlich festgesetzten Leistungsvoraussetzungen nicht erfüllt, wenn sie dafür – wie hier: für die Arbeitsverweigerung an Samstagen, ihrem Sabbath – religiöse Gebote geltend machen konnten (*Sherbert v. Verner*, 1963). Die Religionsfreiheit berechtigte zudem die Zeugen Jehovas zur Befreiung vom Fahnensalut oder Treuegelöbnis sowie von gesetzlichen Bestimmungen, die das Missionieren beziehungsweise das Spendensammeln und die Verbreitung von Druckerzeugnissen regulierten (Abraham/Perry 2003, S. 289ff.).

Nur in einigen wenigen Fällen wurden Beschränkungen der Religionsfreiheit als verfassungskonform angesehen. Dazu zählte das Verbot der Polygamie, die Mormonen als religiöses Gebot betrachteten (*Reynolds v. United States* – das Urteil von 1878 hat bis heute Bestand) und das Verbot der Sonntagsarbeit, obwohl orthodoxe Juden den Samstag als Ruhetag einhielten und durch eine solche Regelung wirtschaftliche Einbußen erlitten (*Braunfeld v. Brown*, 1961). Viele Bundesstaaten und Kommunen schafften solche so genannten „Blue Laws" später allerdings ab.

Doch auch in der Rechtsprechung zur Ausübungsklausel ging die „liberale Phase" des U.S. Supreme Court in den achtziger Jahren allmählich zu Ende. Den Wendepunkt markierte das Jahr 1990, als das Gericht seinen bisher angewandten dreiteiligen Prüfungsmaßstab „entschärfte" und dessen zweites Kriterium herabstufte: Konkret ging es um die Frage, ob die Religionsfreiheit von zwei Angehörigen der Native American Church verletzt worden war, die ihren Arbeitsplatz aufgrund des Genusses von Peyote verloren hatten. Ihnen war die Arbeitslosenunterstützung versagt worden, weil sie gegen ein Strafgesetz verstoßen hatten, das den Konsum dieser und anderer Drogen verbot. Obwohl die beiden Indianer geltend machen konnten, dass der Peyote-Genuss integraler Bestandteil ihrer Religion war, sah das Oberste Bundesgericht in der entsprechenden sozialrechtlichen Regelung, die die Beachtung des Strafrechts zur Leistungsvoraussetzung machte, keinen Verstoß gegen die Verfassung. Es müsse nicht in jedem Fall, in dem ein Gesetz negative Auswirkungen auf religiöse Bräuche habe, eine Ausnahme gewährt werden, selbst wenn die betroffenen Handlungen zum Kernbereich einer Religion zählten – so das Gericht mit knapper Mehrheit. Solange es sich um ein „valid and neutral law of general applicability" handele, das dem allgemeinen öffentlichen Interesse diene und kein religionsspezifisches Ziel verfolge, liege kein Verstoß gegen die „Free Exercise Clause" vor (*Employment Division v. Smith*, 1990, S. 878ff.).

Dieser Abschwächung des Rechtsschutzes im Bereich der Religionsfreiheit, die weit reichende Konsequenzen haben kann (vgl. Cookson 2001), versuchte der Kongress 1993 mit der Verabschiedung des „Religious Freedom Restoration Act" entgegenzuwirken. Dadurch sollte das strengere Kriterium des „*compelling* governmental interest" wieder eingeführt werden.[7] Doch der U.S.

Supreme Court bekräftigte seine neu gefundene Position und hob das Gesetz als verfassungswidrig auf (*City of Boerne v. Flores*, 1997).

Seither akzeptiert er indirekte staatliche Beschränkungen der Religionsausübung, wenn sie auf einem neutralen, allgemein anzuwendenden Gesetz beruhen und einem einfachen, nicht notwendigerweise *zwingenden* staatlichen Interesse dienen. Kritiker werfen dem Gericht vor, damit der „Free Exercise Clause“ jeden eigenständigen Schutzanspruch entzogen zu haben. Denn Gesetze, die bewusst die Behinderung oder Benachteiligung einer Denomination zum Ziele haben – und nur solche schlösse sie nach *Smith* ja nun noch aus –, seien bereits aufgrund der „Establishment Clause“ als verfassungswidrig anzusehen. Minoritäre Religionsgemeinschaften könnten nun nicht mehr die Gerichte bemühen, um ihre Interessen zu wahren. Da der Gesetzgeber nach wie vor das Recht habe, religiös begründete Ausnahmen einem Gesetzestext einzuschreiben, könnten die großen Denominationen weiterhin den Weg des „legislative lobbying“ beschreiten, um ihre Anliegen durchzusetzen. Minoritären Religionen sei diese Möglichkeit dagegen schon aus Ressourcenmangel weitgehend verschlossen. Weil sie nach *Smith* jetzt auch nicht mehr den Schutz der Gerichte für sich mobilisieren könnten, seien sie (wieder) ganz auf den guten Willen der Mehrheit angewiesen (Flowers 1994, S. 130f.; Gedicks 1995, S. 114–116).

Perspektiven der weiteren Rechtsentwicklung

Schon die wenigen dargestellten Fallentscheidungen zeigen, dass sich einfache Charakterisierungen hinsichtlich der Ausgestaltung des Verhältnisses von Kirche und Staat und der Reichweite der Religionsfreiheit in den USA verbieten. Die knappen Formulierungen des „First Amendment“ lassen Raum für sehr unterschiedliche Interpretationen.

Nachdem das Oberste Bundesgericht in den 1940er Jahren begonnen hatte, die Religionsklauseln der Bundesverfassung auch gegenüber den Gliedstaaten zur Geltung zu bringen, hatte es sich zunächst weitgehend der liberalen Interpretation verschrieben. In den drei dargestellten Fallgruppen zur Einrichtungsklausel und in der Rechtsprechung zur Ausübungsklausel äußerte sich diese Richtungsentscheidung in der Durchsetzung einer strikten Trennung von religiöser und staatlicher Sphäre und einer besonderen Rücksichtnahme auf die Interessen von (religiösen wie areligiösen) Minderheiten.

Seit den 1980er Jahren formierte sich dann eine zunehmend einflussreichere Gruppe von „accommodationists“ am Gericht, die den religiösen Bedürfnissen der (Mehrheit der) Bürger stärker entgegenkommen will. In einigen Verfahren gelang es ihr, wichtige Präzedenzien aufzuheben und eine neue Urteilspraxis zu etablieren.

Heute stehen sich am Gericht zwei etwa gleich starke Blöcke gegenüber. Auf der einen Seite finden sich die „Separationisten" Souter und Stevens sowie die beiden von Clinton ernannten Richter Ginsburg und Breyer. Auf der anderen Seite stehen Oberrichter Rehnquist sowie die von Reagan und Bush sen. berufenen Scalia und Thomas als strikte „Akkommodationisten". Kennedy und O'Connor, ebenfalls von Reagan ernannt, nehmen eine Zwischenposition ein, sind aber eher den „Akkommodationisten" als dem liberalen Flügel zuzurechnen (Hammond/Machacek/Mazur 2004, S. 134–136).

Für die weitere Rechtsprechung des U.S. Supreme Court hängt viel davon ab, ob in Zukunft Republikanische oder Demokratische Präsidenten die Nachfolger der auf Lebenszeit ernannten Richter auswählen. Republikaner vom Schlage George W. Bushs favorisieren Richter wie Scalia und Thomas, die eine weitgehende Neubestimmung des Verhältnisses von Kirche beziehungsweise Religion und Staat anstreben. Demokratische Präsidenten werden dagegen Richter ernennen, die den „separationistischen" Flügel des Gerichts stärken.

Die Rechtsprechung zur Religionsfreiheit und zum Verhältnis von Kirche und Staat ist – wie die Verfassungsrechtsprechung insgesamt – starken politischen Einflüssen ausgesetzt. Der liberale Zeitgeist der sechziger und siebziger Jahre machte sich in ihr ebenso bemerkbar wie das konservative „rollback" seit den achtziger Jahren. Besonders durch das verstärkte politische Engagement des konservativen Evangelikalismus und das Auftreten der Christlichen Rechten, die sich für eine Stärkung der protestantischen Wurzeln des Landes einsetzt, hat sich der politische Druck erhöht (Brocker 2004; Wilcox/Larson in diesem Band). George W. Bush verdankte seinen Wahlsieg im Jahr 2000 nicht zuletzt der Unterstützung durch diese Gruppierungen. Explizit stellte er ihnen dafür als Gegenleistung die Ernennung neuer konservativer Verfassungsrichter in Aussicht. Nur weil entgegen aller Erwartungen bis Ende 2004 keine Vakanz am Obersten Bundesgericht eintrat, konnte er diese Zusage nicht einlösen. Im Präsidentschaftswahlkampf 2004 erneuerte George W. Bush sein Versprechen gegenüber der Christlichen Rechten. Angesichts des hohen Alters einiger Richter ist die Wahrscheinlichkeit groß, dass er es während seiner zweiten Amtsperiode einlösen könnte – mit weit reichenden Folgen für das Verfassungsrecht der USA.

Anmerkungen

[1] Zu den Rechtsfolgen einer solchen Nichtigkeitserklärung vgl. Brugger (2001), S. 26f.

[2] Die Zahl der Richter ist nicht in der Verfassung festgelegt, sondern wird vom Kongress durch einfaches Gesetz („Judiciary Act") bestimmt. Seit 1869 liegt sie unverändert bei neun, einem „Chief Justice" und acht „Associate Justices".

[3] Alle Urteilstexte sind online abrufbar unter http://www.findlaw.com.

[4] Zu den bekanntesten Vertretern des „Accommodationism" bzw. „Nonpreferentialism" gehörten etwa Malbin (1978), Cord (1982) und Monsma (1993). „Separationists" waren u.a. Pfeffer (1975), Ivers (1993) und Levy (1994).

[5] Vgl. die Kritik Rehnquists in *Wallace v. Jaffree*, 472 U.S. 38 (1985), S. 110f.

[6] Vgl. die Stellungnahme von O'Connor, Thomas, Kennedy und Scalia in: *Bord of Education of Kiryas Joel Village School District v. Grumet*, 512 U.S. 687 (1994), S. 718, 731, 750.

[7] 42 U.S. Code §§ 2000 bb et seq.

Literatur

Abraham, Henry J./Perry, Barbara A.: Freedom and the Court. Civil Rights and Liberties in the United States. Lawrence, Kans. [8]2003.

Alley, Robert S.: Without a Prayer. Religious Expression in Public Schools. Amherst, N.Y. 1996.

Brocker, Manfred: Protest – Anpassung – Etablierung. Die Christliche Rechte im politischen System der USA. Frankfurt a.M./New York 2004.

Brugger, Winfried: Einführung in das öffentliche Recht der USA. München 1993, [2]2001.

Cookson, Catharine: Regulating Religion. The Courts and the Free Exercise Clause. New York/Oxford 2001.

Cord, Robert L.: Separation of Church and State: Historical Fact and Current Fiction. New York 1982.

Flowers, Ronald B.: That Godless Court? Supreme Court Decisions on Church-State Relationships. Louisville, Ky. 1994.

Gedicks, Frederick Mark: The Rhetoric of Church and State. A Critical Analysis of Religion Clause Jurisprudence. Durham/London 1995.

Goldberg, George: Church, State and the Constitution. Washington D.C. 1987.

Gutman, Amy: Religion and State in the United States: A Defense of Two-Way Protection. In: Nancy L. Rosenblum (Hrsg.), Obligations of Citizenship and Demands of Faith. Princeton, N.J. 2000, S. 127–164.

Hammond, Phillip E.: With Liberty for All. Freedom of Religion in the United States. Louisville, Ky. 1998.

Hammond, Phillip E./Machacek, David W./Mazur, Eric Michael: Religion on Trial. How Supreme Court Trends Threaten the Freedom of Conscience in America. Walnut Creek, Cal. u.a. 2004.

Heun, Werner: Die Trennung von Kirche und Staat in den Vereinigten Staaten von Amerika. In: Festschrift für Martin Heckel zum siebzigsten Geburtstag. Hrsg. von Karl-Hermann Kästner/Knut Wolfgang Nörr/Klaus Schlaich. Tübingen 1999, S. 341–357.

Hitchcock, James: The Supreme Court and Religion in American Life. 2 Bde. Princeton, N.J./Oxford 2004.

Ivers, Gregg: Redefining the First Freedom. The Supreme Court and the Consolidation of State Power. New Brunswick, N.J./London 1993.

Levy, Leonard W.: The Establishment Clause. Religion and the First Amendment. Chapel Hill, N.C./London [2]1994.
Malbin, Michael J.: Religion and Politics. The Intentions of the Authors of the First Amendment. Washington D.C. 1978.
Menendez, Albert J.: The December Wars. Religious Symbols and Ceremonies in the Public Square. Buffalo, N.Y. 1993.
Monsma, Stephen V.: Positive Neutrality. Letting Religious Freedom Ring. Westport, Ct./London 1993.
Pfeffer, Leo: God, Caesar, and the Constitution. The Court as Referee of Church-State Confrontation. Boston 1975.

Entscheidungen des U.S. Supreme Court:

Marbury v. Madison, 5 U.S. 137 (1803)
Reynolds v. United States, 98 U.S. 145 (1878)
Everson v. Board of Education of Ewing Township, 330 U.S. 1 (1947)
Illinois ex rel. McCollum v. Board of Education, 333 U.S. 203 (1948)
Braunfeld v. Brown, 366 U.S. 599 (1961)
Engel v. Vitale, 370 U.S. 421 (1962)
School District of Abington Township v. Schempp, 374 U.S. 203 (1963)
Sherbert v. Verner, 374 U.S. 398 (1963)
Board of Education v. Allen, 392 U.S. 236 (1968)
Epperson v. Arkansas, 393 U.S. 97 (1968)
Lemon v. Kurtzman, 403 U.S. 602 (1971)
Wisconsin v. Yoder, 406 U.S. 205 (1972)
PEARL v. Nyquist, 413 U.S. 756 (1973)
Meek v. Pittenger, 421 U.S. 349 (1975)
Stone v. Graham, 449 U.S. 39 (1980)
Marsh v. Chambers, 463 U.S. 783 (1983)
Lynch v. Donnelly, 465 U.S. 668 (1984)
Wallace v. Jaffree, 472 U.S. 38 (1985)
Aguilar v. Felton, 473 U.S. 402 (1985)
Edwards v. Aguillard, 482 U.S. 578 (1987)
Allegheny County v. Greater Pittsburgh ACLU, 492 U.S. 573 (1989)
Employment Division v. Smith, 494 U.S. 872 (1990)
Lee v. Weisman, 505 U.S. 577 (1992)
Board of Education of Kiryas Joel Village School District v. Grumet, 512 U.S. 687 (1994)
Agostini v. Felton, 521 U.S. 203 (1997)
City of Boerne v. Flores, 521 U.S. 507(1997)
Santa Fe Independent School District v. Doe, 530 U.S. 290 (2000)
Mitchell v. Helms, 530 U.S. 793 (2000)
Zelman v. Simmons-Harris, No. 00–1751 (2002)
Elk Grove Unified School District v. Newdow, No. 02–1624 (2004)

Rainer Prätorius

Marginalisiert in der Mitte. Das politische Geschick des „mainline"-Protestantismus

Diagnosen ohne Einordnung?

Es ist ein eigentümlicher Gegenstand, über den einerseits weitgehend einhellige Pauschalurteile im Umlauf sind, über dessen begriffliche Eingrenzung es andererseits an einem vergleichbaren Konsens mangelt. Auch wenn niemand so recht weiß, was „mainline"-Protestantismus in den USA *exakt* bezeichnet, so scheinen doch viele zu wissen, wie es dieser Glaubensrichtung gegenwärtig ergeht – nämlich schlecht. Diese pessimistische Tonlage wird allerdings auch vernehmbar, wenn das Objekt ein wenig weiter gefasst wird. Die „mainline churches" oder gar die „mainline religions" der USA befänden sich in einer Krise, so hört man dann. Im ersten Fall bezieht die Wortverwendung die römisch-katholische Kirche mit ein, im zweiten Fall zusätzlich auch noch das reformierte und konservative Judentum.

Die Überprüfung so weit ausschweifender Beobachtungen ist keine erstrebenswerte Aufgabe. Wir beschränken uns daher hier auf den *protestantischen* „mainline", der allein uns genug Einordnungsprobleme bereitet. Schon der Begriff „mainline" wird gelegentlich mit einer gegenwartsbezogenen Diagnose in die Diskussion eingeführt: etwa in der Abgrenzung zum religiösen „mainstream" der amerikanischen Gesellschaft, der eher in den evangelikalen und konservativen Glaubensrichtungen zu suchen sei (vgl. z. B. Wills 1990, S. 19). Das Wort „mainline" enthält so eine doppeldeutige Konnotation: Es deutet einerseits einen selbstbewussten, qualitativen Anspruch an und kann andererseits in Abgrenzung zu „mainstream" gerade auch eine Anspruchsreduktion signalisieren. Dem erlesenen Selbstbild, für Traditionen und Glaubensgrundsätze zu stehen, die den Kern der amerikanischen Kultur ausmachen, steht das Eingeständnis gegenüber, die Dynamik dieser Kultur nicht mehr in dem gewohnten Maße beeinflussen zu können. Sich in der Mitte und in der Gefolgschaft der besten Traditionen einer Nation zu definieren und gleichzeitig sich ein wenig im schmollenden Abseits zu empfinden – das charakterisiert die paradoxe Weltsicht, die der Titel dieses Beitrages anspricht.

Eine solche Sicht findet sich im Kopf von Individuen – das ist der Untersuchungsgegenstand, den Religionssoziologen bevorzugen. Aber auch Soziologen sortieren ihre Objekte zunächst nach der Mitgliedschaft: nur so wird Tradition erörterbar, die gerade im „mainline" für das Selbstverständnis so wichtig ist.

Dieses Glaubensspektrum ist zudem mehr als die evangelikalen, fundamentalistischen und „pentecostal"-Strömungen durch stabile und im nationalen Maßstab präsente Organisationsstrukturen geprägt. Auch wenn ein an deutsche Verhältnisse gewöhnter Beobachter das Wort „Amtskirchen" als überzogen betrachten würde, so haben amerikanische Autoren keine Probleme damit, die Etikette „hierarchisch" und „bürokratisch" aufzukleben (z. B. Miller 1997). Als Kernbestand des „mainlines" werden Kirchen angesehen,

- die über eine ausgeprägte Ämterstruktur mit nationalen Dachverbänden und oberster Repräsentation verfügen,
- die hauptamtliche, akademisch ausgebildete Pfarrer beschäftigen,
- die ein angelagertes Organisationsspektrum mit Wohlfahrtsverbänden, Seminaren, Publikationsorganen usw. betreiben,
- die schon eine über Jahrhunderte währende, institutionelle Geschichte in den USA aufweisen,
- die in deren Eliten stets gut repräsentiert waren
- und die immer noch eine überwiegend weiße Mitgliedschaft haben.

Es könnten weitere Kriterien hinzugezogen werden, aber bereits die voranstehende Liste taugt dazu, einige Religionsgemeinschaften herauszuheben, die eben diese Eigenschaften aufweisen und über deren Zuordnung zum „mainline"-Spektrum kein Dissens aufkommt. Es sind dies:

- die Episcopal Church,
- die United Methodist Church,
- die Evangelical Lutheran Church in America,
- die Presbyterian Church,
- die American Baptist Churches in the USA,
- und die United Church of Christ.

Diese Kirchen organisieren etwa 22 Mio. Gläubige, um sie herum gruppieren sich viele kleinere Gemeinschaften, die zum Teil durch Abspaltungen entstanden sind. Die Aufzählung erleichtert die Abgrenzungsaufgabe, löst sie aber nicht vollständig. Die Methodisten beispielsweise haben, seitdem sie ihre Spaltung in eine nord- und südstaatliche Richtung im Jahre 1939 überwunden hatten, auch viele Gemeinden unter ihrer Dachorganisation, die als „evangelikal" einsortiert werden können. Diese Bezeichnung als Aufschlüsselung bestimmter, subjektiver Glaubenswerte erfasst ohnehin sehr viele Individuen, die unabhängig von ihrer Mitgliedschaft in eher liberalen Kirchen dieses Etikett verdienen. Die Zuschreibung gründet zum Beispiel in der Akzeptanz von Glaubenssätzen wie der Bibel als wörtlich zu befolgender Äußerung Gottes und der Auffassung, dass Religion zu Bekehrungen hinführen müsse. Solche „evangelikalen“ Glaubenselemente werden nach jüngeren Umfragen von 27% bzw. 17% derjenigen mitgetragen, die sich selbst als „mainline“-Protestanten bezeichnen (Kohut u.a. 2000, S. 31). Auch die Umsetzung der Glaubensbindung in politisch-konservative Werthaltungen ist kein Privileg der Evangelikalen: Immerhin 59% der stark kirchengebundenen „mainline“-Protestanten bezeichneten sich 1996 als Konservative – ein höherer Anteil als bei jenen Evangelikalen, die religiös weniger engagiert waren, und höher auch im Vergleich zu allen Katholiken (Kohut u.a. 2000, S. 36). Religiöse Bindung schlechthin kann also für die politischen Einstellungen wichtiger sein als das gebräuchliche Einordnungskriterium, unter dem diese Bindung gelebt wird. Nach dieser Einordnung bezeichneten sich 1996 in repräsentativer Befragung 22,1% der U.S.-Bevölkerung dem protestantischen „mainline“ zugehörig; allerdings ist dieser Block seit 1965 (27,2%) deutlich geschrumpft (Kohut u.a. 2000, S. 18).

Solche Umfragedaten mit exakten Mitgliederlisten abzugleichen, ist in den USA leider nicht möglich. Mitgliedschaft bedeutet in unterschiedlichen Gemeindestrukturen verschiedenes, entsprechende Datensammlungen[1] beruhen auf Eigenangaben der Kirchen und Gemeinschaften. Religionszugehörigkeit wird im nationalen Zensus nicht erhoben, also fehlt auch diese Kontrollmöglichkeit. Die Probleme beim Quantifizieren müssen uns allerdings auch nicht allzu sehr umtreiben. Zunächst einmal sind einige zentrale Aussagen unbestritten, gleichgültig, ob für sie Umfragedaten oder Mitgliederzahlen herangezogen werden. Dies gilt etwa für die Erkenntnis, dass der „mainline“-Protestantismus in den letzten Jahrzehnten kontinuierlich an Anhängerschaft verloren hat, während andere Gemeinschaften parallel ebenso stetig hinzugewannen (Fowler/Hertzke/Olson 1999, S. 35). Solche Gewinner waren die Southern Baptists, in noch größerem Ausmaß (wenn auch von niedrigem Niveau ausgehend) die Mormonen und die „pentecostal“-Gemeinden.

Dieser augenfällige Trend nährt eine populäre Diagnose: Die „mainline“-Kirchen verlieren danach an Gefolgschaft gegenüber Gemeinden, deren Gottesdienste emotionaler, deren Theologie buchstabentreuer und normativ rigider ist, die mehr in dezentralen Gemeinschaften einbinden und die eher zu konservativer Weltsicht anleiten. Der plakative Umkehrschluss lautet dann: Der „mainline“-Protestantismus steckt in der Krise, weil seine Glaubenspraxis zu steril und kopflastig ist, seine Theologie zu verweltlicht und akademisch, seine Politik zu liberal ist und seine Strukturen zu bürokratisch und zentralisiert sind (vgl. z.B. Orwin 2004). Hier wird dann allerdings eine einfache Rechnung aufgemacht. Die genannten Symptome treten auf beiden Seiten der Wanderungsbilanz nicht gleichförmig auf. Nicht alle Evangelikalen sind politisch konservativ, nicht alle zugewinnenden Konfessionen sind dezentralistisch oder gar spontaneistisch verfasst (die Mormonen beispielsweise sind sehr strikt durchorganisiert). Umgekehrt sind etwa die Quäker eine Gemeinschaft, die politisch häufig geradezu links auftritt, theologisch aber eher konservativ geprägt ist. Dennoch werden sie häufig dem „mainline“ zugerechnet. Sie sind aber nicht die einzigen, die Abgrenzungsprobleme bereiten: Die Christian Scientists beispielsweise oder die konservativen Lutheraner der Missouri-Synode werfen ebenfalls Fragen auf.

Die unterstellte Wanderung selbst ist schließlich kritisch zu betrachten: Der Zuwachs konservativerer Glaubensrichtungen folgt zu einem größeren Anteil aus früheren Eheschlüssen und höheren Geburtsraten in diesem Milieu als der Konversion aus dem liberalen Protestantismus – wenn auch diese Konversion stattfindet und nicht durch Übertritte in umgekehrter Richtung hinreichend ausgeglichen wird (Hout/Greeley/Wilde 2001, bes. S. 491).

Wenn Abwanderung stattfindet, dann nicht nur in eine Richtung – Protestanten vermehren auch das Lager derer, die sich zu keiner Identität bekennen, sie finden Geschmack an religiösem Eklektizismus (von „New Age“ bis zu asiatischen Adaptionen), sie wechseln innerhalb des liberaleren Glaubensspektrums selbst. Zu alledem steigt die Zahl derjenigen rapide, die sich zwar als gottgläubig, aber nicht als einer Konfession zugehörig definieren (Hout/Fischer 2002, S. 173–175).

Die letzte Aussage illustriert, dass Relativierung für die „mainline“-Kirchen kein Grund zur Beruhigung sein kann. Die erwähnte Krisendiagnose mag grob formuliert sein, sie kann aber auf Resonanz rechnen, weil die Krisenerfahrung real ist.

Die Bestandteile der Krisenerfahrung sind u. a.:

- Desintegration und interne Vermittlungsprobleme,
- politischer und kultureller Einflussverlust,
- Attraktivitätsverlust.

Es liegt auf der Hand, dass diese Symptome nicht isoliert voneinander betrachtet werden können. Wir beginnen mit einer Kombination der beiden erstgenannten Erfahrungen, denn der ehemals große politisch-kulturelle Einfluss hing eng mit der zentristischen Integrationsleistung zusammen, die der „mainline“-Protestantismus intern und extern erbrachte.

Desintegration und Polarisierung

Auf die Anschläge des 11. September 2001 folgte in den USA eine große Zahl öffentlicher Bekundungen, in denen die Einheit der Nation gegenüber äußerer Bedrohung beschworen wurde. Das Bedürfnis nach Geschlossenheit und Harmonie erstreckte sich auch auf die Religionen und Konfessionen: So wurde beispielsweise bei der zentralen Feier im New Yorker Yankee Stadium am 23. September 2001 großer Wert darauf gelegt, dass neben christlichen auch jüdische und muslimische Geistliche mitwirkten. Dennoch gab es die Chance, die Versöhnlichkeit des Ereignisses zu überschätzen. Dieser Fehler unterlief einem Pastor aus der konservativen, lutherischen Missouri-Synode und seinem Kirchenpräsidenten Gerald Kieschnick. Mit Billigung des Letztgenannten war auch diese Konfession an den öffentlichen Gebeten beteiligt, was einigen Strenggläubigen bereits als ein Verlassen des rechten Kurses galt: Pastoren aus dem Mittleren Westen kritisierten ihren Präsidenten vor allem, weil er im Umfeld der Feierlichkeiten auch Kontakte zur liberalen Evangelical Lutheran Church in Amerika gepflegt hatte (Minneapolis Star Tribune, 17. 11. 2001). Die Auseinandersetzungen endeten folgenlos, aber sie belegen, dass selbst ein so hochsymbolisches und appellatives Ereignis wie das genannte nicht dafür ausreicht, interne Zerwürfnisse innerhalb mancher Glaubensrichtungen zu übertünchen.

Im Falle der Lutheraner ist der Zwist zwischen konservativen und liberalen Ausrichtungen jüngst sogar noch bitterer geworden. Der Hintergrund ist eine ökumenische Initiative der Evangelical Lutheran Church: Am 6.Januar 2001 beging sie mit der Episkopalen Kirche der USA eine religiöse Einigungsfeier, bei der zwar kein förmliches Zusammengehen zelebriert wurde, wohl aber eine pragmatisch ausgerichtete Kooperation, die unter anderem wechselseitige Betreuung von Gemeinden bei Pfarrermangel, gemeinsam genutzte Einrichtungen und auch abgestimmte lokale Aktivitäten vorsieht (Minneapolis Star Tribune, 6. 1. 2001). Diese Annäherung erzeugte Befremden nicht nur im strikten Luthertum der Missouri-Synode, sondern auch intern bei evangelisch-lutherischen Pastoren, die das episkopale Prinzip der ausschließlichen Ordination durch Bischöfe ablehnten. Solche theologischen Streitpunkte aber werden durch die Annäherung nicht tangiert: Sie stellt derartige Auslegungsfragen des Glaubens zurück und knüpft vielmehr an der Erfahrung an, dass sich beide Kirchen in einer ähnlichen Position in der Gesellschaft und im religiösen Spektrum befinden sowie ähnliche sozialethische und politische Positionen aus dieser Glaubensinterpretation ableiten.

Es gibt also eine fortwährende, ökumenische Dynamik, die dem protestantischen „mainline“ entspringt. Theologische Differenzen, die einstmals bittere Abgrenzungen gerade zwischen den Glaubensfesten begründeten, können übergangen werden, so lange man sich insgesamt einem Lager zugehörig fühlt, das eine Haltung zum eigenen Glauben eint: Moderation, Aufgeschlossenheit gegen andere Religionen und „weltliche“ Anschauungen, Verpflichtung zum mitmenschlichen Engagement und Stolz auf amerikanische Politiktraditionen.

Einer liberalen Auffassung von Luthertum und Kongregationalismus erscheinen solche Gemeinsamkeiten dann wichtiger als die konfessionellen Theologiedifferenzen: wichtiger ist die liberale oder gemäßigte Glaubenspraxis als die Kirchenbezeichnung, in der sie ausgeübt wird. Aber die Liberalen sind in ihrer jeweiligen Kirche nicht allein. Wenn es ihnen leicht fällt, über Konfessionsgrenzen hinweg die Hand zu reichen, so stoßen sie doch gleichzeitig auf Grenzen des Konsenses innerhalb der eigenen Gemeinschaft. Wenn Auslegungen der Riten und Sakramente oder theologische Seminarfragen keine unüberwindbare Barrieren mehr darstellen, so reißen doch Glaubensfragen, die stärker in die ethische Bewältigung des Alltages und in den politischen Wandel hineinreichen, neue Gräben auf – und zwar vor allem *innerhalb* der jeweiligen Kirchen.

Die episkopale Kirche musste dies in schmerzhafter Weise erfahren. Schon über mehrere Jahre hinweg simmerten in ihr Konflikte über die Position zur Homosexualität, die dann im Herbst 2003 offen ausbrachen. Zunächst sorgten dafür kanadische Pfarrer, die gleichgeschlechtlichen Lebensbünden ihren Segen gaben und dafür Beifall unter Kollegen in den USA fanden. Dann verursachte die Diözese New Hampshire den endgültigen Eklat: Sie nominierte den bekennend homosexuellen Gene Robinson für die Nachfolge im vakanten Bischofsamt. Die Kontroverse darüber geriet deshalb so erbittert, weil es nicht nur um die Person und die sexuelle Orientierung ging, sondern beispielsweise auch um die Bibelauslegung. Hatten diejenigen Recht, die an verdammenden Bibelzitaten wörtlich festhielten und die Öffnung der Kirche gegenüber dem Wertwandel als Verrat am Glauben ansahen? Oder aber jene, die darauf hinwiesen, dass man ohne eine sinngemäße, der jeweiligen Zeit angepasste Neuinterpretation der Bibel heute noch an Sklaverei, Monarchie und einem archaischen Familienrecht festhalten würde?

Der Streit in der episkopalen Kirche ist nur in einer Hinsicht etwas untypisch – er hat auch internationale Dimensionen. Als Teil der globalen anglikanischen Kirchengemeinschaft befinden sich die Episkopalen in einer ungemütlichen Rolle (Kulman/Boser 2003): Einerseits treten sie hervor als eine Kirche, die signifikanten Mitgliederschwund zu verkraften hat (33% seit 1965), andererseits sind sie konfrontiert mit wachsenden anglikanischen Kirchen in Dritte-Welt-Ländern, die aus deutlich konservativeren Glaubenshaltungen heraus Kritik an ihnen üben. Das Argument, Konservatismus sichere kirchliche Vitalität, das im internen Konflikt vieler „mainline"-Kirchen aufkommt, begegnet den Episkopalen also auch im internationalen Disput. Davon abgesehen ist der Konflikt symptomatisch – unter anderem auch darin, dass er sich wahrscheinlich ohne einen verbindlichen Abschluss weiter hinziehen wird. Die Ordination des umstrittenen Bischofs wurde auf der nationalen

Kirchenversammlung bestätigt. Anfängliche Bestrebungen, den Protest dagegen in einer konservativen Abspaltung zu organisieren, versandeten. Die Opposition gegen den Wandel artikuliert sich innerkirchlich weiterhin stark. Andere Kirchen (wie die Methodisten und Lutheraner) hatten parallel ähnliche Konflikte durchzustehen, folgten dabei aber einer in der Tendenz konservativeren Linie.

Es ist anzunehmen, dass die Kirchenleitungen diese konfliktträchtigen Themen nicht ausgesucht haben – neuere Entwicklungen zeigen, dass sie eher von außen, aus dem politischen Prozess, an die Kirchen herangetragen werden. In dieser Weise erlangte etwa im Jahr 2004 das Thema „homosexuelle Ehen" Prominenz: auslösend waren (zivilrechtliche) Trauungen, die zunächst von der Stadt San Francisco eigenmächtig durchgeführt wurden und die im Bundesstaat Massachusetts durch Richterspruch legalisiert wurden. Die Republikanische Partei im Kongress unternahm eine Gegenoffensive auf Bundesebene: Zunächst scheiterte im Sommer 2004 der Versuch, einen Verfassungszusatz im Senat zu initiieren, der „Ehe" auf den Lebensbund zwischen Mann und Frau festlegte, dann folgte im Repräsentantenhaus eine Abstimmung, die ein Gesetz lancierte, das die gerichtliche Anerkennung von gleichgeschlechtlichen Ehen außerhalb der dies zulassenden Bundesstaaten hintertreiben soll (Washington Post, 23. 7. 2004).

Derartige Auseinandersetzungen werden die USA noch auf absehbare Zeit beschäftigen. Sie mobilisieren konservative Organisationen, Medien und Glaubensgemeinschaften und damit mittelbar auch die Republikanische Partei. Die protestantischen „mainline"-Kirchen hingegen ereilen sie recht regelmäßig „auf dem falschen Fuß". Wie schon die immer noch andauernden Debatten um den legalen Schwangerschaftsabbruch zeigen, formt ein politisches Klima, das durch so genannte „moral issues" stark aufgeheizt wird, für diese Kirchen eine unbehagliche Umwelt. Dieses Klima stört die innere Pluralität der Kirchen und beeinträchtigt ihre bevorzugte Stellung beim Arrangieren einer glaubensübergreifenden Ökumene.

Nicht zufällig haben sich die „mainline"-Kirchen in den letzten Jahrzehnten bei der Anleitung in intimen Lebensbereichen immer mehr zurückgenommen. Dies ist die langfristige Konsequenz eines aufgeklärt-protestantischen Menschenbildes, das die *eigenständige* moralische Entscheidung des Individuums zum Zentrum hat. Die kirchliche Gemeinschaft und das Studium des biblischen Textes haben dabei gewiss eine wesentliche, unterstützende Funktion, aber letztlich ist es der Einzelne selbst, der in seinem Lebensweg die Stufen zur göttlichen Gnade finden muss. In diesem Selbstverständnis einer Gemeinschaft der Suchenden war dann auch die Bereitschaft begründet, die vielen kulturellen, ethischen und politischen Bewegungen seit den sechziger Jahren durch Adaption positiv auf den innerkirchlichen Wandel zu beziehen (vgl. Balmer/Winner 2002, S. 121 ff.). Die „civil-rights"-Bewegung und die Hinwendung zum Pazifismus, genährt durch die Kritik am Vietnamkrieg, waren die sichtbarsten Formen der kirchlichen Bezugnahme auf politische Streitfragen, die bereits Elemente eines Konflikt-Imports enthielten. Offizielle Verlautbarungen der nationalen Kirchenleitungen und das Engagement von Pastoren fanden häufig nicht die ungeteilte Zustimmung der Gemeinden. Diese Problematik wiederholte sich durch die Reaktion auf die Emanzipationsbewegungen des Feminismus und – als jüngstes Beispiel – der gleichgeschlechtlichen Lebensgemeinschaften. Gerade *weil* kirchliche Stellungnahme hier nicht als eine Grenzüberschreitung in gemeinpolitische Meinungsäußerung hinein abgetan werden kann, enthalten solche Themen besondere Brisanz: Sie werfen nicht nur Fragen der Wandlungsbereitschaft und Toleranz auf, sondern berühren (wie das episkopale Beispiel zeigte) auch Debatten um die theologische Ausrichtung. Eine entschiedene Stellungnahme von der Kanzel herab kann leicht nach der einen oder anderen Seite hin als Aufkündigung jener Inklusivität wirken, die bislang durch eine „Privatisierung" und De-Thematisierung der „moral issues" erhalten wurde.

Kirchenbesucher des „mainline"-Protestantismus schätzen es darum nicht, wenn ihre Gemeinde zum Marktplatz aktueller, politischer Konzepte wird, noch weniger, wenn sie mobilisierend für deren Umsetzung genutzt wird – sie werden auch viel seltener als Evangelikale und schwarze Christen dieser Erfahrung ausgesetzt (vgl. Chaves 2004, S. 119). Eine solche erwünschte Distanziertheit zeigte sich auch beim zuvor erwähnten Konfliktstoff: einen Eheschluss von homosexuellen Paaren lehnten 2003 in den „mainline"-Kirchen 54% der Gemeindemitglieder ab; damit lagen sie nahe am Bevölkerungsdurchschnitt (59% Ablehnende). Es blieb aber ein beachtlicher Block (37%) protestantischer Befürworter – kein Wunder also, dass bei einer solchen Aufspaltung das Thema für eine Behandlung durch Predigende heikel erscheint. Nur 33% der „mainline"-Protestanten berichteten, dass das Thema im Gottesdienst aufgegriffen wurde, während dies von 68% der Evangelikalen bestätigt wurde (Pew Forum 2003). Im letzteren Fall war der Tenor der Predigten eindeutig negativ – was dann auch dem Meinungstrend in den evangelikalen Gemeinden haargenau entsprach: 80% der Befragten lehnten die Homosexuellen-Ehe ab.

Es wiederholte sich hier, was sich im selben Jahr bei den Stellungnahmen zum Irak-Krieg abzeichnete: „Mainline"-Kirchen fällt es wesentlich schwerer, politische Themen intern zu akzentuieren und dabei trotzdem Harmonie zu wahren. Evangelikale Prediger und Medienpersönlichkeiten stimmten mit ihrer Befürwortung des Krieges eindeutig mit ihren Gemeindemitgliedern überein, während sich im „mainline" eine Kluft zwischen „Tauben" im Klerus und in den Kirchenleitungen einerseits und einer „Falken"-Mehrheit an der Kirchenbasis auftat (Prätorius 2003, S. 84).

Konservative Politiker und evangelikale Kirchenführer sind bestrebt, die Falken-Haltung als die einzig „patriotische" zu etikettieren und den Begriff damit in ihrem Sinne zu vereinnahmen. Sollte diese semantische Landnahme gelingen, wäre die Politikfähigkeit der „mainline"-Kirchen in einer weiteren, entscheidenden Weise eingeschränkt. „Patriotismus" war für lange Zeit ein Schlüsselbegriff für deren Selbstplatzierung. In diesem Schlagwort trafen sich Stolz auf die Rolle der USA in der Welt und auf den Beitrag, der dem eigenen Milieu dabei zugeschrieben wurde. Dieser Stolz hatte eine integrative Komponente – man könnte sie auch „ökumenisch" nennen.

Die Erfahrung des 2. Weltkrieges wurde gerade unter „mainline"-Protestanten als eine Verknüpfung von nationaler Identifikation und freiheitlichem Universalismus gedeutet: symptomatisch war die zelebrierte Geschichte der vier Militärgeistlichen – zwei Protestanten, ein Katholik, ein Jude –, die gemeinsam freiwillig in den Tod gingen, weil sie auf einem sinkenden Kreuzer ihre Schwimmwesten an die Seeleute abgaben (vgl. Hutchison 2003, S. 198 f.). Dieses emotionsgeladene Bild, dem sogar eine eigene Kapelle gewidmet wurde, verdichtete eine in vielen Predigten und Publikationen verkündete Anschauung: *Alle* Religionen wirken daran mit, dass die USA zu einem Hort der religiösen und politischen Freiheit und damit weltweit zu einem Garanten des guten Lebens werden. Die Kultivierung dieser Sicht war gerade in „mainline"-Kirchen besonders stark, sie wurde unterlegt mit einem optimistischen Menschenbild, das Spiritualität in jeder Form als Quelle gemeinschaftsförderlichen Handelns würdigte, und mit ökumenischem Enthusiasmus (vgl. Lippy 2000, S. 27). In einer Zeit steigenden Kirchenbesuchs und – dank gefüllter Kassen – reger Bauaktivität kam es auch zu organisatorischem Aufbruchsgeist: Die Neuformierung des National Council of Churches 1950 und die mit noch weitergehenden Integrationsabsichten begleitete Gründung der Consultation on Church Union 1962 verliehen diesem Bestreben Ausdruck. Die großen „mainline"-Kirchen waren zudem aktive Partizipanten in den Bemühungen, den Protestantismus durch weltweite Organisationen und Foren zu stärken. Dieser Internationalismus fiel natürlich Kirchen leichter, die auch außerhalb der USA in großen, zum Teil transnationalen Strukturen präsent sind (z. B. Episkopale und Lutheraner), aber viele Protestanten motivierte daneben auch ihre Interpretation von „Patriotismus": diese verstand sich zwar einerseits als nationale Identifikation, doch bei den zahlreichen Varianten protestantischen Nationalstolzes während der ersten Jahrzehnte des 20. Jahrhunderts war auch eine relativierende Beigabe wirksam (vgl. Vinz 1997, bes. S. 61 ff.). Die Relativierung bestand darin, dass in dieser Sicht die ausersehene, besondere Rolle der USA dann verloren gehen könnte, wenn sie in Hybris und ungehemmten Eigennutz umschlage.

Die Sendung der USA war demnach zugleich Verpflichtung – nämlich gegenüber dem Prinzip der Demokratie, das möglichst vielen Menschen zugänglich werden solle. Da nur Demokratie wirkungsvoll Religionsfreiheit sichere und da die Feinde der Demokratie (besonders die Kommunisten) Religion in allen Erscheinungsformen den Kampf angesagt hatten, verband sich diese Form des demokratischen Sendungsbewusstseins mühelos mit einem ökumenischen Anspruch und mit Internationalismus. Vor allem die besondere Stellung Israels als eines demokratischen Vorpostens in einer feindlichen Umwelt und als Staat der Opfer des schlimmsten Totalitarismus bestärkte als Exempel dieses Denken: Der positive Bezug auf Israel trug viel dazu bei, dass gerade im „mainline“-Protestantismus die Formel von der „jüdisch-christlichen“ Kultur breite Anhängerschaft fand (vgl. Silk 1988, S. 41 ff.). Sie signalisierte eine Inklusivität, die nicht bei den christlichen Konfessionen Halt machte, sondern eine in Glaubensprinzipien begründete ethische Haltung zugunsten von Toleranz, Demokratie, Mitmenschlichkeit, Weltoffenheit und wirtschaftlichem Liberalismus betonte. Die USA wurde als Hort dieser Prinzipien zelebriert, da sie sich als mächtigster Widersacher der Nationen erwiesen hatte, die jene Prinzipien gemeinsam mit der Religionsfreiheit attackierten.

Diese Mischung aus Patriotismus und Inklusivität, die für die Selbsteinordnung liberaler Protestanten so attraktiv war, geriet mit dem Vietnamkrieg in eine tiefe Krise. Selbst für evangelikale Organe wurde es nach Kriegsverbrechen amerikanischer Soldaten schwierig, die außengerichtete Intervention als Verbreitung der sittlich-religiösen Grundlagen demokratischer Zivilisation zu würdigen (Vinz 1997, S. 156). Andererseits brachte aber auch die Parteinahme gegen den Krieg das Kirchen-Establishment in Koalitionen, die für viele Gemeindemitglieder schwer erträglich waren. War es die gemeinsame Frontstellung gegen den Kommunismus, die in den fünfziger Jahren das einende Band für die „jüdisch-christliche“ Ökumene lieferte, so war durch die Vietnam-Erfahrung umgekehrt der Verlust eines ordnenden Gut-Böse-Denkens der Beginn von neuen, verunsichernden Partnerschaften. Das sichtbarste Symptom dieser neuen Konfliktlinien waren Versuche der „mainline“-Kirchen, Positivbezüge zu den Protestbewegungen herzustellen. Legendären Ruf genießt die Zuwendung für die Verteidigungskosten von Angela Davis, die von der nationalen presbyterianischen Kirche 1971 gezahlt wurde (Reichley 2002, S. 249). Die Unterstützung einer Marxistin, die unter Terroranschuldigungen stand, war eine Provokation, die innerhalb und außerhalb der Kirche als eine Aufkündigung der zentristischen, dem liberalen und antikommunistischen Konsens verpflichteten Tradition aufgefasst wurde. Kirchen, die Wehrdienstverweigerern Asyl gewährten oder Sammlungen für antikolonialistische Guerilla-Bewegungen veranstalteten, strapazierten in ähnlicher Weise das Konsensverständnis mancher Mitglieder.

Diese Konstellation der späten sechziger und frühen siebziger Jahre verwandelte „Patriotismus" von einem Integrations- in einen Kampfbegriff. Die harmonische Verbindung mit Internationalismus und dem Dialog mit anderen Weltanschauungen, die den selbstbewussten U.S.-Protestantismus der ersten Jahrhunderthälfte auszeichnete, war nicht mehr Anknüpfung, sondern war Gegenpol für ein „Patriotismus"-Verständnis, das unbedingte nationale Identifikation mit konservativer Religiosität verband. Als „Patrioten" identifizierten sich beispielsweise Protestanten, die in der Allianz „Churches for Victory" unterstützend für die Kriegsführung im Januar 1967 demonstrierten (Allitt 2003, S. 104). Nicht nur der Vietnamkrieg produzierte einen solchen konservativen „backlash" in den „mainline"-Kirchen, auch die zeitgleichen sozialen Konflikte hatten diesen Effekt. Ein Beispiel dafür sind die Episkopalen: Kulminationspunkt war hier die nationale Repräsentantenversammlung im August 1969 (Hein/Shattuck 2004, S. 137 f.). Hier kam es zunächst zu einem Protest der schwarzen Delegierten, die ihre Unterrepräsentanz in der Kirchenhierarchie beklagten und entschiedenere antirassistische Profilierung forderten. Es folgten Protestaktionen gegen den Vietnamkrieg, die auch Fürsprecher unter Geistlichen fanden. Generell war der Kurs der Kirchenleitung auf Integration gestimmt, was in den Folgejahren zu Gegenprotesten konservativer Gruppierungen führte, die eine „Säkularisierung" und Politisierung brandmarkten. Diese Wellenbewegungen setzten sich über drei Jahrzehnte hinweg fort und führten gelegentlich zu Abspaltungen traditionalistischer Gemeinden und Gruppen, die sich dann meist „anglikanisch" nannten. Ab den siebziger Jahren schuf die erstmals eingeführte Ordination von Frauen Zündstoff: Etliche Gemeinden lehnten weibliche Priester weiterhin strikt ab und separierten sich mit „anglikanischer" oder auch „katholischer" Selbsteinordnung, aber auch in den höheren Rängen der Gesamtkirche kam es zu heftigen Disputen (Hein/Shattuck 2004, S. 138, 142).

Viele kirchliche Reaktionen auf die Wandlungen der sechziger und siebziger Jahre sind über die Zeit in ruhigere Gefilde gelangt. Die Rassenproblematik oder die Gleichstellung von Frauen beispielsweise stellen für die Episkopalen von heute keinen identitätsgefährdenden Konfliktstoff mehr dar. Bei anderen Fragen hat sich die Brisanz erhalten – hier ist vor allem der Umgang mit der Homosexualität zu nennen, ein für die USA insgesamt auffallend traumatisierendes Thema! Noch im Jahre 2004 treibt dieses Thema die Kirche mit spaltender Wirkung um: So wurden etwa in Südkalifornien zwei Gemeinden abtrünnig, die die erwähnte Ordination homosexueller Geistlicher und Segnung gleichgeschlechtlicher Lebensbünde zum Austrittsgrund nahmen. Bezeichnenderweise unterstellten sie sich einem konservativen, anglikanischen Bischof in Uganda (Los Angeles Time, 18.8.2004). Das Vorkommnis reiht sich ein in eine Kette ähnlicher Abspaltungen.

Neue Gruppierungen und Einflussschwund

Solche Konflikte muss im Gedächtnis behalten, wer die Umwertung der ehemaligen Integrationsformel „Patriotismus" angemessen verstehen will. Sie leisteten nämlich eine Flankierung: Die liberalen Positionen in den „mainline"-Kirchen zu Rassen-, Feminismus- oder Sexualitätsfragen verbanden sich häufig mit sozialen Bewegungen im außerkirchlichen Feld, die säkular geprägt waren. Ebenso waren die Kritiker des Vietnamkrieges und eines unhinterfragten U.S.-Nationalismus häufig im kirchenfernen intellektuellen Spektrum zu finden. Für die konservativen Gegenpositionen legte das einen plausiblen Umkehrschluss nahe. Als „Patriotismus" kann danach nur gelten, was nicht in die neuen Koalitionen mit Relativismus und Säkularismus hineinführt. Zweifel an der nationalen Mission der USA und Zweifel an der unbedingten Autorität der Bibel galten als wesensgleiche Heimsuchungen. Das „patriotische" Amalgam aus Glaubensstrenge und Ablehnung der sozialen Emanzipationsbewegungen sowie der „säkularen" Freizügigkeit konnte demgegenüber als Bollwerk für eine neue Ökumene gelten.

Für diesen Gruppierungswechsel gibt es einzelne, markante Symptome: So gelang es beispielsweise Pat Buchanan im Präsidentschaftswahlkampf 1992 als Katholik, viele evangelikale Protestanten auf seine Seite zu ziehen und zeitweilig einen „christlich-konservativen" Block innerhalb der Republikanischen Partei zu formieren. Über Konfessionsgrenzen hinweg einten die vehemente Positionsnahme zu den „social issues" (gegen Abtreibung) und der ebenso standfeste Nationalismus diese innerparteiliche Bündnisbildung, die sich auf dem Nominierungsparteitag mit programmatischer Entschiedenheit hervortat. Dies blieb eine Episode, doch andere Symptome einer Annäherung protestantischer Evangelikaler an einen konservativen Katholizismus erscheinen langlebig. Zu erwähnen sind etwa die hohe Wertschätzung des Papstes Johannes Paul II. bei konservativen Protestanten oder auch die enthusiastische Aufnahme von Mel Gibsons Passionsfilm in diesem Lager im Jahre 2004 (Masci 2004, S. 651 f.).

Manche „Flirts" unter ehemals feindseligen Glaubensrichtungen mögen zwar flüchtige Episoden sein, sie stehen aber dennoch für eine Entwicklung, die gerade in der Sicht der Kirchenoberen des protestantischen „mainlines" besorgte Aufmerksamkeit finden muss. Politische Artikulation formiert sich weniger entlang organisierter Konfessionsgrenzen, sondern *innerhalb* der Konfessionen engagieren sich Gruppen – insbesondere der Glaubensstrengen und Konservativen – und suchen dann Zusammenarbeit für spezifische Anliegen unter ähnlich Motivierten in anderen Konfessionen. Diese Entwicklung, die sich in religiösen „issue-advocacy"-Organisationen konservativer Ausrichtung niedergeschlagen hat, ist eine der Beobachtungen, die der Soziologe James Davison Hunter (1991, bes. S. 87ff.) für seine „culture wars"-These anführte. Konflikte zwischen Katholiken und Lutheranern, zwischen Baptisten und Mormonen, zwischen Juden und Griechisch-Orthodoxen, so lautet die These, sind ein Relikt der Vergangenheit; hingegen treten die streng Religiösen und theologisch sowie politisch Konservativen in diesen Glaubensgemeinschaften in eine gemeinsame Frontstellung gegen die „säkulare" Herausforderung, der sie sich konfrontiert glauben.

Solches, die konfessionelle Organisationsmacht ignorierendes Engagement – wie es sich beispielsweise in der „Christian Coalition" oder in Anti-Abtreibungskampagnen äußert – bringt die Eliten der „mainline"-Kirchen in Verlegenheit. Einerseits kann ihnen nur an einem guten Verhältnis zu ihren eifrigsten Kirchgängern gelegen sein, die sich regelmäßig unter den konservativ Engagierten finden. Auch der Gedanke einer politischen Einflussnahme aus religiöser Überzeugung heraus kann von einer weltzugewandten Kirche ja schwerlich diskreditiert werden. Andererseits hat das andauernde Bemühen, auf gesellschaftliche Wandlungsimpulse integrativ und kooptierend einzuwirken, die akademisch gebildeten, im nationalen Maßstab wirkenden Kircheneliten in ein soziales Beziehungsgeflecht mit Gruppierungen und Personen gebracht, die für Traditionalisten zu jenem „säkularen" Gegenlager gehören: Vertreter von Minderheiten aller Art, Journalisten, Sozialberufe und Wissenschaftler, Interessen-Champions aus der Politik und der Anwaltschaft, Fürsprecher des sozialen Wandels in gemeinnützigen Organisationen.

Diese Spannung zweier Welten kann man auch dann diagnostizieren, wenn man die „culture wars"-These nicht komplett übernimmt. Ein häufig vorgebrachtes Argument gegen eine zu strikte Anwendung dieser Sicht ist, dass gerade die „moral issues", die angeblich das religiöse Lager am schärfsten gegen den säkularen Widerpart mobilisieren, nicht so stark polarisieren wie angenommen. Bei Fragen wie Abtreibung, Schulgebet oder Minderheitenbegünstigung ordnet sich eine Mehrheit der Amerikaner bei „mittleren" Positionen ein, in der Frage der Todesstrafe tendiert die Meinung jüngst mehr zur Ablehnung, ohne dass dieser Trend auf religiöse *oder* säkulare Motive spezifiziert werden kann (Masci 2004, S. 641). Wenn es also zweifelhaft ist, dass über Religiosität in *allen* erdenklichen Streitfragen ein festes, konservatives Kartell geschmiedet werden kann, so bleibt doch die Beobachtung gültig, dass die Ansprechbarkeit von Menschen für einen allgemeinen, diffusen Konservatismus mit der religiösen Bindung in allen Konfessionen verknüpft ist und dass diese Kombination vor allem die engagierte Basis charakterisiert. Die Wahlkampfführung des republikanischen Präsidentschaftskandidaten George W. Bush konnte im Jahr 2000 darum beträchtlichen Boden in dem traditionell eher unentschiedenen Wählerpotential gutmachen (Greenblatt 2004, S. 381). Theologisch und politisch konservative Kirchenführungen (wie etwa bei den Südstaaten-Baptisten) konnten mit dieser Offensive besser umgehen als die „mainline"-Protestanten, da sie zum Teil selbst verstärkend in die republikanische Wahlwerbung intervenierten. Für „mainline"-Kirchen mussten sich diese Aktivitäten eher wie eine unwillkommene Mehrung innerer Divergenzen ausnehmen, häufig geäußerte Position der Amtsträger war darum, man wolle sich aus den Wahlkampfkonfrontationen heraushalten. Die Konstellation wiederholte sich im Wahlkampf von 2004 (New York Times, 9. 8. 2004).

Die Abstinenz ist verständlich, da in Folge einer Entwicklung, die ebenfalls oft als Beleg für „culture wars" dient, gerade das protestantische Establishment der Gefahr einer politischen Heimatlosigkeit ausgesetzt ist. In den Zeiten ihrer kulturellen Dominanz hatten die „mainline"-Protestanten insbesondere an der Ostküste eine Heimat in Gestalt ihrer Verbindung mit liberalen Republikanern. Diese moderate Politiktradition, verkörpert etwa durch legendäre „WASPs" (White Anglo-Saxon Protestants) wie Nelson Rockefeller und Elliott Richardson, ist heute quasi ausgestorben. Die ideologische Distanz zwischen den demokratischen und republikanischen Kongressfraktionen hat in den letzten Jahren stetig zugenommen (Greenblatt 2004, S. 387), Letztere werden auffällig von Politikern mit evangelikalem und südstaatlichem Hintergrund dominiert. Wenn also den „mainline"-Organisationen und -Funktionären ihre angestammten Ansprechpartner tendenziell abhanden kommen, dann steigert diesen Effekt zudem noch der schwindende Anreiz, sie selbst seitens der Politik zu umwerben. Auch dies hat etwas mit Phänomenen der Polarisierung zu tun. Im Präsidentschaftswahlkampf 2004 wurde der Anteil der unentschiedenen Wähler schon sehr früh nur im einstelligen Prozentbereich geschätzt. In diesem Umfeld neigen politische Strategen dazu, weniger die Schwankenden durch gemäßigte zentristische Positionen zu umwerben, vielmehr suchen sie die ohnehin Überzeugten zu mobilisieren, um durch hohe Wahlbeteiligung zu punkten. Aus republikanischer Sicht sind dann die konservativen und evangelikalen Kirchen als Katalysator viel interessanter als der „mainline", Demokraten suchen ihr Heil eher bei säkularen Interessenorganisationen sowie bei den schwarzen Kirchen.

In der Mitte ist also nicht holdes Bescheiden, sondern eine Position, die eher unbehaglich anmutet. Da die Mittelposition der „mainline"-Protestanten ebenso sehr der Heterogenität des eigenen Lagers entspringt wie einer gewollten Platzierung, erzeugt sie dauerhafte Vermittlungsaufgaben nach innen und nach außen. Dies kann gut am kirchlichen und religiösen Lobbyismus veranschaulicht werden. Nicht nur, aber auch für die Repräsentanz des „mainline"-Protestantismus in Washington D.C. ist festgestellt worden, was ähnlich auch auf den Katholizismus zutrifft: dass dieser Lobbyismus nicht primär lehrbuchartig der Beeinflussung von Entscheidungsträgern gewidmet ist, sondern einer eigentümlichen Umwegwirkung. Diese zielt zwar auf die Politik in der Hauptstadt, aber über diese auch hinweg: nämlich auf die eigene Glaubensgemeinschaft (so: Hofrennig 1995). Nationale Kirchenorganisationen, ökumenische Zusammenschlüsse und religiöse Allianzen für politische Themengebiete befleißigen sich häufig eines gemeinsamen Stils. Sie erzeugen ein allgemeines „moralisches Klima" zu anstehenden Entscheidungsmaterien, erlangen eine bescheidene Publizität über das Gehör, das sie etwa in Kongressberatungen, Diskussionsforen der „think tanks", in Zeitungsspalten oder im Fernsehkanal C-SPAN erhalten; auf diese Weise können sie wiederum ihrer Mitgliedschaft demonstrieren, dass die Konfession und ihre organisierte Repräsentanz „lebt" und profund am politischen Tagesgeschehen teilhat.

Die umgeleitete Einflussrichtung liegt nahe, weil „mainline"-Kirchen selten die Hebel klassischer Lobbyisten ansetzen können. Sie müssen sich der direkten Partei- und Kandidatenfinanzierung enthalten, wollen sie nicht ihre Steuerprivilegien verlieren; sie können auch nicht die Mobilisierung ihrer Mitgliedschaft versprechen, ohne bedeutende Teile derselben zu verprellen. Ihre breite ethische Orientierung bewirkt auch, dass sie selten die beharrliche Einwirkung auf enge Themen und ausgewählte Adressaten leisten, die anderen Lobbyisten Erfolg einbringt. Zumindest in den beiden letztgenannten Aspekten erscheinen Kirchen und Organisationen aus dem evangelikalen Lager besser positioniert als der „mainline". Sie bündeln ihre Aktivitäten regelmäßig auf ausgewählte, stetig wiederkehrende Themen (wie Abtreibung oder „Kreationismus") und sie können eine größere Homogenität ihrer Mitgliedschaft mit Bezug auf diese Themen unterstellen.

Dieses Bild muss allerdings in einigen Bereichen modifiziert werden. Zu nennen sind hier vor allem die auswärtigen Beziehungen und die Belange der Sozialpolitik – beides Bereiche, in denen der „mainline"-Protestantismus beim Hauptstadt-Lobbyismus gegenüber der evangelikalen Interessenvertretung für lange Zeit im Vorteil war, weil er eigene, organisierte Aktivitäten im Politikfeld vorweisen konnte. Durch ihre Mitarbeit in internationalen Kirchenbünden konnten beispielsweise Lutheraner und Episkopale auf eigene Netzwerke im Ausland zurückgreifen, die sie zu interessanten Gesprächspartnern der U.S.-

Diplomatie vor allem in Dritte-Welt-Ländern machten. Dasselbe gilt auch für andere „mainline"-Kirchen, soweit sie sich durch entwicklungspolitisches und armutsbekämpfendes Engagement in diesen Ländern platziert hatten (vgl. Natsios 2001, S. 197). Gemeinsam mit den Katholiken erlangten so die „mainline"-Protestanten im außenpolitischen Bereich ein Gehör, das sie unter den Glaubensgemeinschaften hervorhob (sieht man einmal von dem Sonderfall der jüdischen Pro-Israel-Lobby ab).

Die bevorzugte Stellung scheint aber in den letzten Jahren zu bröckeln – besonders die Evangelikalen machen relativ dazu Boden gut. Dafür gibt es verschiedene, sich ergänzende Gründe. Die republikanische Dominanz im Kongress und im Weißen Haus begünstigt sicher eine wohlgesonnene Rezeption, hinzu kommt eine Abkehr von einer früheren Abstinenz: Das Engagement mit Hilfsprogrammen in armen Ländern ist kaum noch ein Privileg der „mainline"-Kirchen; auch aus dem evangelikalen Lager heraus profilieren sich Organisationen (wie z. B. „World Vision") auf diesem Feld und werden gerne von konservativen Politikern für Kooperationen empfohlen. In einem anderen Außenpolitik-Bereich hat die evangelikale Einflussnahme bereits die Meinungsführerschaft übernommen: in der Kampagnenpolitik gegen „Christenverfolgungen" und eingeschränkte Religionsfreiheit im Ausland. Diese Politik erreichte schon in der Clinton-Ära hohen Stellenwert: da hauptsächlich islamische und (post-)kommunistische Länder im Zentrum der Kritik standen, wurden entsprechende, von Evangelikalen initiierte Resolutionen und Register auch von jüdischen und katholischen Organisationen unterstützt. Interessant ist in diesem Zusammenhang die Entwicklung bei den protestantischen „mainline"-Kirchen. Diese hielten sich in Gestalt ihrer Kirchenführer in den frühen 90er Jahren noch zurück, mussten jedoch bald auf eine Unterstützung der Kampagnen einschwenken, da das Anliegen zunehmend Resonanz an der Basis ihrer Gemeinden fand (Hertzke 2001, S. 80f.). Auch diese Entwicklung deutet also an, dass es neue Formen einer Ökumene gibt, die nicht mehr exakt das widerspiegeln, was sich liberale, protestantische Theologen und Kirchenfunktionäre darunter vorstellen (und was ihrer angestammten Gestaltung unterliegt).

Überkommene Einflussmuster verlieren auch in der Sozialpolitik ihre Selbstverständlichkeit. Eine stetige Quelle des Relevanzgefühls war für den „mainline"-Glauben seine besondere Affinität zu philanthropischen und sozialfürsorglichen Aktivitäten. Im frühen 20. Jahrhundert war diese Affinität in Gestalt des „social gospel" der eigentliche Kitt zwischen den verschiedenen Kirchen, der diesen überhaupt erst den Anschein eines gemeinsamen, konfessionellen Lagers verlieh. Diese Ideologie mit ihrer Betonung des verantwortlichen Individuums, über dessen moralische Besserung der Weg auch zu gerechteren Gesellschaftsstrukturen einzuschlagen sei, gab dem „mainline" ein letztes Mal eine politische Führungsposition, die auch bei anderen Glaubensgemeinschaften Anklang fand (vgl. Butler/Wacker/Balmer 2003, S. 343f.). Menschen in Not zu unterstützen, ihnen dabei aber auch den Weg zum „richtigen" Leben zu weisen, erschien wie eine plausible Anwendung der patriotischen Normgewissheit auf die eigene Sozialordnung. Die bedeutendste Ausformung dieser Normgewissheit, die Prohibition, zeigte aber sogleich schon die Grenzen auf. Mit ihrem Scheitern wurde deutlich, dass der protestantische Glaube nicht mehr seine Version des „American way" als allgemeingültig ausgeben konnte. Seit jener Zeit ist der „mainline"-Protestantismus zwar immer noch in herausragender Weise sozialpolitisch engagiert – alle Befragungen bestätigen immer wieder, dass seine Anhänger überdurchschnittlich soziale Hilfsmaßnahmen befürworten und auch selbst zu freiwilliger Wohltätigkeit in besonderem Maße motiviert sind (Wuthnow 2004, S. 55f., Beckham/Wielhouwer 2004, S. 16). Doch die missionarische Komponente ist in der Zwischenzeit weitgehend abhanden gekommen. Die Sozialprogramme, die von „mainline"-Kirchen und ihren Wohlfahrtsorganisationen gefördert werden, unterscheiden sich wenig von den Aktivitäten der Kommunen oder säkularer Stiftungen. Sie orientieren sich nicht so sehr an einem vom Glauben bestimmten Ideal des „richtigen Lebens" als an dem, was an Fakultäten für Sozialarbeit als „state of the art" gilt (Steensland 2002, S. 214).

Bei dieser Professionalisierung des sozialen Engagements entstanden zwei Nebeneffekte, die sehr bedeutsam für das Innenleben des „mainline"-Protestantismus sind. Zum einen gewann bis zum letzten Drittel des 20. Jahrhunderts die hauptamtliche, fachlich qualifizierte Komponente im kirchlichen Alltag immer mehr an Bedeutung. Zu den akademisch gebildeten Pfarrern kamen nun Sozialberufe, Administratoren sowie Bildungs- und Medienspezialisten. Dies hat sicherlich die gesellschaftliche Verankerung und das Prestige der Kirchen zunächst gefördert, aber es hat auch eine doppelte Verwundbarkeit erzeugt. Einerseits hat dieser Prozess das Erscheinungsbild der Kirchen als einer „anstaltlichen" Inszenierung verfestigt. Ein Großteil der Abwanderung in neue und spontanere Gemeinschaften, seien sie evangelikal oder liturgisch innovativ ausgerichtet, wird diesem langweilenden und abgehobenen Image der Kirchen zugeschrieben (vgl. Miller 1997).

Gemeinschaften, die das subjektive religiöse Erleben stärker in den Vordergrund stellen, treffen die Bedürfnislage vieler mobiler, suburbaner Menschen besser. Sie bieten das unmittelbare, spirituelle Ereignis, ohne dass sie dafür Loyalität und Verständnis für komplexe Theologien und weitverzweigte Amtsstrukturen verlangen. Die locker verknüpfte, gewissermaßen serielle Religiosität, die sich auf weitgehend autonome und durch Laien geprägte Lokalgemeinden stützt, kann dann auch bei einem Ortswechsel schnell wiederbelebt werden, in dem man einer Gemeinde gleichen Zuschnitts beitritt. Die organisierten Kirchen verlieren ihr Privileg, in dieser Hinsicht eine Verlässlichkeit und Wiedererkennbarkeit des religiösen Angebots gewährleisten zu können. Mehr noch: sie werden bei dieser Gewährleistung störungsanfälliger als es dezentrale Laienorganisationen sind. Hauptamtliche und akademisch qualifizierte Kräfte bevorzugen eine individualistische Lebensplanung. So kann es geschehen, dass trotz ausreichendem Gesamtangebot methodistische Gemeinden etwa ohne Pfarrer bleiben, weil sie an unattraktiven Orten liegen (vgl. Chaves 2004, S. 41).

Wenn ausgebildete Spezialisten erst einmal eine organisierende Schlüsselposition im Kirchenverband erlangt haben, dann wird es schwer, gemeindliche Vitalität auch ohne sie zu erhalten. Dazu kommt, dass die Spezialisten eine eigene Subkultur schaffen. Schon bei den außenpolitischen Aktivitäten der protestantischen Kirchen und Verbände sahen wir, dass die darin Aktiven sich mehr mit den ebenso Engagierten in anderen Kirchen, Stiftungen und Interessengruppen rückkoppelten als mit den eigenen Gemeinden. Das schafft Gesinnungs- und Sprachgemeinschaften derjenigen, die im nationalen Maßstab diese Themen pflegen – ein nicht unbedeutender Faktor in der zuvor erwähnten Kluft zwischen Eliten und Basis bei den außenpolitischen Orientierungen im „mainline" (so: Allitt 2003, S. 173 f.). Dieselbe Tendenz ließ sich schon lange im sozialpolitischen Feld festmachen: In einem Aufgabengebiet, das vor allem durch gleich ausgebildete Experten geprägt ist, kann es nicht erstaunen, dass diese Experten vor allem untereinander kommunizieren und weniger mit den Laien ihrer Herkunftsorganisationen. Das prägt die „mainline"-Philantropie in ganz besonderem Maße, da bekannt ist, dass diese mehr als katholische und evangelikale Mildtätigkeit mit säkularen Organisationen kooperiert (Beckam/Wielhouwer 2004, S. 20; Chaves/Giesel/Tsitsos 2002, S. 109). Ihre Aktivitäten tragen kaum einen frömmelnden Stempel; sie passen sich den Qualitätsstandards staatlicher Fürsorge an und transportieren (anders als beispielsweise bei schwarzen Kirchen) auch selten eine politische „Zusatzbotschaft" mit sich. Darum ist die Sozialpolitik der „mainline"-Kirchen wohl nicht das, was Konservative im Auge hatten, als sie ab den 90er Jahren eine Hinwendung zu einer glaubensgestützten Neuorientierung der sozialen Dienste und der Armenfürsorge propagierten (vgl. Oldopp/Prätorius 2002). Nach diesem Programm soll der Staat hinter religiöse Leistungsanbieter zurücktreten, weil diese Hilfe mit einer größeren Unterstützung notleidender Menschen durch spirituelle Anleitung kombinieren können („Faith Based Initiative"). Diese Annahme, die auch der Präsident George W. Bush teilt, unterstellt aber, dass sich die kirchliche Sozialpolitik wesensmäßig von der kommunalen und wohlfahrtsverbandlichen unterscheidet – eine Annahme, die beim

„mainline"-Protestantismus anzuzweifeln ist. Auch bei öffentlicher Förderung sind dessen Chancen, über soziale Programme und Hilfsleistungen die eigene Weltsicht in Gesellschaft und Politik zu verbreiten, geringer als beispielsweise für evangelikale und schwarze Kirchen. Dafür gibt es einen nur scheinbar paradoxen Grund: die langfristige Erfolgsgeschichte (dazu grundsätzlich: Demerath 1998). Weil dieser Protestantismus die Kultur und die Institutionen der USA so lange und so nachhaltig geprägt hat, wird er schwer unterscheidbar von der allgemeinen Normalität. Auch in der Sozialpolitik selbst ist diese Erfahrung schon gut ein Jahrhundert alt (vgl. Thuesen 2002, S. 41 ff.). Schon der „social gospel" war ein Ansatz, der auf der Maßnahmenebene wenig unterscheidbar geriet von den Aktivitäten der Wohlfahrtspflege schlechthin. Wenn man aber nur das tut, was als das ohnehin Gebräuchliche und Anständige gilt, dann wird es schwer, dafür flammendes Engagement zu wecken. Kirchen, die sich selbst eher in Opposition und Randlage zur Mehrheitskultur empfinden, haben es erfahrungsgemäß leichter, freiwillige Aktivitäten zu stimulieren, die dann auch noch der *spezifischen* Glaubensausrichtung sinnfällig einen Resonanzboden bereiten. Die eigentümlich passive und verhaltene Rolle, die der „mainline"-Protestantismus heute in der amerikanischen Politik spielt, ist somit – das mag ein gewisser Trost sein – auch eine Nachwirkung der etablierten Position, die er für sich in der Mitte dieser Gesellschaft eingerichtet hat.

Anmerkungen

[1] Die wichtigsten Informationen liefern die Zusammenstellungen und Publikationen des National Councils of the Churches of Christ – weitere Nachweise findet man auf dessen Website: www.ncccusa.org.

Literatur

Allitt, Patrick: Religion in America Since 1945. A History. New York/Chichester 2003.
Balmer, Randall/Winner, Lauren F.: Protestantism in America. New York 2002.
Beckham, Tony A./Wielhouwer, Peter: Social Legitimacy and the Political Styles of Protestant Congregations in the United States. Paper prepared for delivery at the annual meeting of the Midwest Political Science Association, 15.–18. April 2004.
Butler, Jon/Wacker, Grant/Balmer, Randall: Religion in American Life. A Short History. Oxford/New York 2003.
Chaves, Mark: Congregations in America. Cambridge, Mass./London 2004.
Chaves, Mark/Giesel, Helen M./Tsitsos, William: Religious Variations in Public Presence. Evidence from the National Congregations Study. In: Robert Wuthnow/John

H. Evans (Hrsg.), The Quiet Hand of God. Faith Based Activism and the Public Role of Mainline Protestantism. Berkeley/Los Angeles/London 2002, S. 108–128.

Demerath III, N.J.: Snatching Defeat from Victory in the Decline of Liberal Protestantism. Culture versus Structure in Institutional Analysis. In: Ders./Peter Dobkin Hall/Terry Schmitt/Rhys H. Williams (Hrsg.), Sacred Companies. Organizational Aspects of Religion and Religious Aspects of Organizations. Oxford/New York 1998, S. 154–171.

Fowler, Robert Booth/Hertzke, Allen D./Olson, Laura R.: Religion and Politics in America. Faith, Culture, and Strategic Choices. Boulder, Colo. [2]1999.

Greenblatt, Alan: The Partisan Divide. Are politics more polarized than ever? In: CQ Researcher, Vol. 14, No. 16, 30. April 2004, S. 373–396.

Hein, David/Shattuck Jr., Gardiner H.: The Episcopalians. Westport, Ct./London 2004.

Hertzke, Allen D.: The Political Sociology of the Crusade against Religious Persecution. In: Elliott Abrams (Hrsg.), The Influence of Faith. Religious Groups and U.S. Foreign Policy. Lanham, Md./Boulder, Colo./New York/Oxford 2001, S. 69–92.

Hofrennig, Daniel J. B.: In Washington But Not Of It. The Prophetic Politics of Religious Lobbyists. Philadelphia 1995.

Hout, Michael/Fischer, Claude S.: Why More Americans Have No Religious Preference. Politics and Generations. In: American Sociological Review 67/2, 2002, S. 165–190.

Hout, Michael/Greeley, Andrew/Wilde, Melissa J.: The Demographic Imperative in Religious Change in the United States. In: American Journal of Sociology 107/2, 2001, S. 468–500.

Hunter, James Davison: Culture Wars. The Struggle to Define America. New York 1991.

Hutchison, William R.: Religious Pluralism. The Contentious History of a Founding Ideal. New Haven/London 2003.

Kohut, Andrew/Green, John C./Keeter, Scott/Toth, Robert C.: The Diminishing Divide. Religion's Changing Role in American Politics. Washington D.C. 2000.

Kulman, Linda/Boser, Ulrich: A church's continental divide. In: U.S. News & World Report, 27. Oktober 2003, S. 64.

Lippy, Charles H.: Pluralism Comes of Age. American Religious Culture in the Twentieth Century. Armonk, N.Y./London 2000.

Masci, David: Religion and Politics. Is President Bush too vocal about his faith? In: The CQ Researcher, Vol. 14, No. 27, 30. Juli 2004, S. 637–660.

Miller, Donald E.: Reinventing American Protestantism. Christianity in the New Millennium. Berkeley/Los Angeles/London 1997.

Natsios, Andrew S.: Faith-Based NGOs and U.S. Foreign Policy. In: Elliott Abrams (Hrsg.), The Influence of Faith. Religious Groups and U.S. Foreign Policy. Lanham, Md./Boulder, Colo./New York/Oxford 2001, S. 189–200.

Oldopp, Birgit/Prätorius, Rainer: „Faith Based Initiative": Ein Neuansatz in der U.S.-Sozialpolitik und seine Hintergründe. In: Zeitschrift für Sozialreform 48/1, 2002, S. 28–52.

Orwin, Clifford: The unravelling of Christianity in America. In: The Public Interest, No. 155, Spring 2004, S. 20–36.

Pew Forum on Religion & Public Life: Religious Beliefs Underpin Opposition to Homosexuality. Survey, issued November 18, 2003 (http://pewforum.org/docs/print.php).
Prätorius, Rainer: In God We Trust. Religion und Politik in den USA. München 2003.
Reichley, A. James: Faith in Politics. Washington D.C. 2002.
Silk, Mark: Spiritual Politics. Religion and America Since World War II. New York/London/Toronto/Sydney/Tokyo 1988.
Steensland, Brian: The Hydra and the Swords. Social Welfare and Mainline Advocacy, 1964–2000. In: Robert Wuthnow/John H. Evans (Hrsg.), The Quiet Hand of God. Faith-Based Activism and the Public Role of Mainline Protestantism. Berkeley/Los Angeles/London 2002, S. 213–236.
Thuesen, Peter J.: The Logic of Mainline Churchliness. Historical Background since the Reformation. In: Robert Wuthnow/John H. Evans (Hrsg.), The Quiet Hand of God. Faith-Based Activism and the Public Role of Mainline Protestantism. Berkeley/Los Angeles/London 2002, S. 27–53.
Vinz, Warren L.: Pulpit Politics. Faces of American Protestant Nationalism in the Twentieth Century. Albany, N.Y. 1997.
Wills, Gary: Under God. Religion and American Politics. New York 1990.
Wuthnow, Robert: Saving America? Faith-Based Services and the Future of Civil Society. Princeton/Oxford 2004.

Clyde Wilcox/Carin Larson

In den Schützengräben: Amerikanische Evangelikale und der „Kulturkampf"

Für Karl Rove, den politischen Berater George W. Bushs, hatte der knappe Ausgang der Präsidentschaftswahl 2000 vor allem einen Grund: Viele weiße Evangelikale, auf die die Kampagne in wichtigen Bundesstaaten gesetzt hatte, waren nicht zur Urne gegangen. Nur 15 statt der erwarteten 19 Millionen hatten ihre Stimme abgegeben. Um sie bei der nächsten Wahl in größerer Zahl mobilisieren zu können, suchte man während der Amtszeit Bushs immer wieder solche Themen zu lancieren, die den Anliegen dieser Klientel entsprachen. So unterstützte der Präsident im Frühjahr 2004 einen Verfassungszusatz, der Ehen zwischen Homosexuellen verbieten sollte. Als die – wahltaktische – Maßnahme nicht das erhoffte Echo fand, kündete Bushs Team im Juni 2004 eine Initiative an, wonach in weißen evangelikalen Kirchen spezielle Wählerwerbungs- und Wählerregistrierungskampagnen durchgeführt werden sollten.

Weiße Evangelikale spielten in Bushs Strategie nicht zufällig eine zentrale Rolle. Ihr Wahlverhalten hat sich in den letzten 30 Jahren deutlich verändert (Shafer 2003). Vor 1970 war ihre Beteiligung an Präsidentschaftswahlen stets marginal gewesen. Erst dem Demokraten Jimmy Carter, selbst ein Evangelikaler, gelang es 1976, seine Glaubensbrüder in nennenswertem Umfang zur Wahlteilnahme zu bewegen. 1980 nahmen Evangelikale erneut in großer Zahl an den Präsidentschaftswahlen teil, doch stimmten diesmal viele für den Republikaner Ronald Reagan. Heute bilden sie den loyalsten Wählerblock der Republikanischen Partei.

Dennoch war und ist ihre politische Rolle kontrovers. Ihre extreme Rhetorik befremdet nicht nur säkular eingestellte Wähler. Nach den Anschlägen des 11. September etwa interpretierten zahlreiche protestantische Fundamentalisten die Ereignisse als ein „Strafgericht Gottes". Der Fernsehprediger Pat Robertson stellte in seiner Show „The 700 Club" eine Verbindung zwischen den Terroranschlägen und der Legalisierung der Abtreibung durch das Oberste Bundesgericht her:

> „We have permitted somewhere in the neighborhood of 35 to 40 million unborn babies to be slaughtered in our society [...] We have insulted God at the highest levels of our government. And, then we say 'why does this happen?' Well, why it's happening is that God Almighty is lifting His protection from us."

In derselben Sendung erklärte ein anderer prominenter Vertreter der Christlichen Rechten, Jerry Falwell:

„I really believe that the pagans, and the abortionists and the feminists, and the gays and the lesbians who are actively trying to make that an alternative lifestyle, the ACLU, People for the American Way – all of them who have tried to secularize America – I point the finger in their face and say, 'You helped this happen'."

Nicht wenige Evangelikale und insbesondere Fundamentalisten sehen Amerika als christliche Nation, deren Werte der „säkulare Humanismus" bedroht. Aus einem Gefühl christlicher Pflicht heraus, Gottes Gebote und biblische Prinzipien verteidigen zu müssen, werden sie politisch aktiv. Evangelikale bilden einen geschlossenen Block unter den amerikanischen Christen, von denen sie sich zunehmend durch ihre dezidiert ablehnende Haltung zur Frage der Abtreibung, zur rechtlichen Gleichstellung von Homosexuellen sowie durch eine immer klarere Republikanische Parteiidentifikation ihrer politischen Führer unterscheiden.

Im Folgenden geben wir zunächst einen Überblick über den gegenwärtigen christlichen Evangelikalismus und beschreiben anschließend die Stationen seiner politischen Mobilisierung im 20. Jahrhundert. Wir diskutieren die wichtigsten politischen Anliegen der Evangelikalen und werfen abschließend einen Blick auf George W. Bush, von dem viele – nicht nur in den USA – glauben, dass seine Innen- und Außenpolitik von seinen religiös-evangelikalen Überzeugungen geprägt ist.

Christlicher Evangelikalismus

Evangelikale sind in bestimmten Glaubensgemeinschaften zu Hause. Am besten identifizieren lassen sie sich jedoch durch ihre religiösen Überzeugungen (Kellstedt 1989). So glauben Evangelikale an die Unfehlbarkeit der Bibel und die Notwendigkeit einer persönlichen Hinwendung zu Jesus Christus als Weg der Erlösung, eine Hinwendung, die zumeist als spirituelle „Wiedergeburt" („born again") bezeichnet wird. Zudem betrachten sie die Verkündigung des Evangeliums als wichtige Aufgabe.

Mit 65 Millionen Gläubigen stellen die weißen Evangelikalen etwa 25 Prozent der amerikanischen Bevölkerung (Kohut/Green/Keeter/Toth 2000). Sie sind etwas schlechter ausgebildet, weniger vermögend als andere Weiße und wohnen vornehmlich im Süden der USA. Schwarze Evangelikale, etwa 8 Prozent der amerikanischen Bevölkerung, teilen die meisten der religiösen, nicht aber der politischen Auffassungen ihrer weißen Glaubensbrüder (Emerson/Smith 2000). Anders als diese befürworten sie beispielsweise einen starken

Wohlfahrtsstaat und votieren fast ausschließlich für Demokratische Kandidaten (Harris 1999). Aufgrund dieser Unterschiede bleiben sie bei den folgenden Ausführungen unberücksichtigt.

Die Bezeichnung „evangelikal“ wird auf vier verschiedene Gruppierungen angewendet, die in wichtigen theologischen Fragen durchaus divergierende Auffassungen vertreten und darüber gelegentlich auch in heftigen Streit miteinander geraten.

So halten *Fundamentalisten* (1) die Aussagen der Bibel nicht nur für unfehlbar, sondern für wortwörtlich wahr. Sie lehnen Intellektualismus und Gelehrsamkeit ab und weigern sich, die Bibel historisch oder metaphorisch auszulegen. Fundamentalisten neigen dazu, sich aus der Gesellschaft zurückzuziehen, weshalb sie vor den 1980er Jahren auch kaum politisch aktiv waren. Sie vertreten eine prämillenarische Eschatologie und glauben, dass die Welt untergehen wird, woran auch Christen nichts ändern könnten, und dass die Wiederkehr Christi unmittelbar bevorstünde. Gesellschaftliches und politisches Engagement erschien ihnen daher weitgehend sinnlos. Lange standen Fundamentalisten Katholiken, aber auch anderen Evangelikalen feindlich gegenüber.

Die Anhänger der *Pfingstbewegung* (2) halten die Offenbarung ebenfalls für unzweifelhaft wahr, glauben darüber hinaus aber auch an die zweite Taufe durch den Heiligen Geist, die die Gabe verleiht, zu weissagen, in fremden Zungen zu sprechen und durch Gebete Kranke zu heilen. Pfingstler bilden eigene Glaubensgemeinschaften aus, von denen die „Assemblies of God“ die am schnellsten wachsende Gemeinschaft der USA ist.[1]

Charismatiker (3) teilen die wichtigsten Glaubensüberzeugungen der Pfingstler, gründen im Unterschied zu diesen aber lediglich freie Assoziationen und übergemeinschaftliche Zusammenschlüsse. Katholiken sind unter ihnen ebenso anzutreffen wie Protestanten. Fundamentalisten stehen Pfingstlern und Charismatikern äußerst kritisch gegenüber. Weil die Geistestaufe in nachbiblischer Zeit für sie nicht mehr möglich ist, belächeln sie das Zungenreden oder verurteilen es gar als „satanische Praktik“.

Die *Neo-Evangelikalen* (4) sind von allen vier Gruppen die moderatesten. Sie halten die Bibel zwar für unfehlbar, nicht jedoch unbedingt für wortwörtlich wahr. Einige erlauben durchaus eine kontextbezogene und metaphorische Interpretation ihrer Aussagen. Sie lehnen die Geistestaufe nicht grundsätzlich ab, glauben aber, dass sie nur besonderen Individuen zuteil wird.

Vor allem die Kluft zwischen Fundamentalisten und Pfingstlern beziehungsweise Charismatikern hat ein geschlossenes politisches Vorgehen des Evangelikalismus lange Zeit verhindert (Wilcox 1991). Der Fundamentalist Jerry Falwell etwa weigerte sich 1988, die Präsidentschaftskandidatur des Charismatikers Pat Robertson zu unterstützen. In den letzten Jahren verloren die Differenzen allerdings aus mehreren Gründen an Bedeutung: So entstanden in vielen Städten Großkirchen („mega-churches"), die unterschiedliche Glaubenstraditionen miteinander verbanden und Trennendes herunterspielten. Diesen Weg hatten zuvor bereits Fernsehprediger gewiesen, die ihre religiösen Botschaften zunehmend undogmatischer verpackten. Darüber hinaus ließ das gemeinsame politische Engagement der genannten Gruppierungen, zu dem es – wie die folgenden Ausführungen zeigen werden – seit den späten 1970er Jahren zunehmend kam, Unterschiede in den Hintergrund treten. Gezielt förderten dabei die politischen Eliten die Verwendung des Begriffs „Evangelikale" für die Mitglieder aller vier Gruppen, um bestehende Gemeinsamkeiten zu betonen.

Die politische Mobilisierung des Evangelikalismus: Die Christliche Rechte

Als Folge ihrer Fokussierung auf die individuelle Bekehrung einerseits und ihrer – vor allem bei Fundamentalisten anzutreffenden – Weltabgewandtheit andererseits blieben Evangelikale in den USA jahrzehntelang politisch weitgehend inaktiv. Gleichwohl lassen sich vier historische Phasen ausmachen, in denen Evangelikale durch Aktivisten sozialer Bewegungen politisch mobilisiert werden konnten. Diese Bewegungen werden allgemein als „Christliche Rechte" bezeichnet, obwohl ihre Sprecher den generelleren (allerdings weniger zutreffenden) Ausdruck „Religiös-Konservative" bevorzugen.

In den 1920er Jahren engagierten sich evangelikale Gruppen politisch, um die Verbreitung der Darwin'schen Evolutionstheorie an den öffentlichen Schulen des Landes zu stoppen, weil sie nach ihrer Auffassung der biblischen Schöpfungslehre widersprach. Organisationen wie die „Bible League of North America", die „Bible Crusaders of America" und die „Defenders of the Christian Faith" übten Druck auf die Legislativen der Einzelstaaten aus, entsprechende Verbotsnormen zu erlassen. Zwar waren sie in einzelnen Fällen erfolgreich, doch der berühmte „Affenprozess" um den Lehrer John Scopes, der gegen ein solches Gesetz verstoßen hatte, gab die Fundamentalisten in der Öffentlichkeit der Lächerlichkeit preis. Scopes' Verurteilung wurde schon bald wieder aufgehoben. Dennoch verzichteten viele amerikanische Verlage aufgrund dieser Kontroverse in den folgenden drei Jahrzehnten darauf, die Evolutionstheorie in ihre Schulbücher aufzunehmen.

In den 1950er Jahren beteiligten sich Gruppierungen der Christlichen Rechten an den antikommunistischen Kreuzzügen, die Senator Joe McCarthy angestoßen hatte. Organisationen wie „Christian Crusade" und „Christian Anti-Communist Crusade" fochten für ein Verbot des Kommunismus und kämpften gegen den Ausbau des Wohlfahrtsstaates, den sie für eine Vorform des Sozialismus hielten. 1964 unterstützten sie die Präsidentschaftskandidatur Barry Goldwaters, dessen Niederlage auch ihren zeitweiligen Untergang einleitete.

Die späten 1970er Jahre brachten eine dritte Mobilisierungswelle, die weit größer war als die beiden vorherigen. Konservative Politstrategen hatten erkannt, dass es dem evangelikalen Südstaatenbaptisten und Demokratischen Präsidentschaftskandidaten Jimmy Carter 1976 erstmals gelungen war, Evangelikale in bedeutender Zahl an die Wahlurnen zu bringen, deren Grundeinstellung aber eher konservativ als liberal war. Mit Hilfe neuer politischer Organisationen und geeigneter politischer Führer sollte diese Klientel nun in das Republikanische Lager geführt werden.

Mit finanzieller und logistischer Unterstützung dieser konservativen Kreise wurden bis 1980 eine Reihe von christlich-rechten Organisationen wie „Religious Roundtable", „Christian Voice" und „Moral Majority" gegründet. Anders als ihre Vorläufer suchten sie Untergliederungen in allen Regionen des Landes aufzubauen, was ihnen allerdings nur rudimentär gelang. „Moral Majority" etwa scheiterte an der Intoleranz ihrer mehrheitlich fundamentalistischen Mitglieder, die sich weigerten, mit Pfingstlern, „mainline"-Protestanten oder Katholiken zusammenzuarbeiten (Wilcox 1991).

Das Programm der Organisationen war breit angelegt. Neben dem Kampf gegen den Kommunismus, die Evolutionstheorie und den „säkularen Humanismus" standen jetzt auch wirtschafts- und sozialpolitische Forderungen wie die Absenkung des Mindestlohns für Jugendliche und die Rückkehr zum Goldstandard sowie außen- und sicherheitspolitische Forderungen, darunter die Unterstützung des Apartheid-Regimes in Südafrika oder des SDI-Programms von Präsident Reagan, auf der Agenda.

In den 1970er und 1980er Jahren unterstützte die Christliche Rechte konservative Kandidaten in den Kongress- und Präsidentschaftswahlen, indem sie Werbebroschüren verteilte, Neuwähler registrierte und zur Stimmabgabe aufforderte. Jerry Falwell beanspruchte für sich und seine „Moral Majority" nach den Präsidentschaftswahlen von 1980 und 1984, entscheidend zum Sieg Ronald Reagans beigetragen zu haben.

Die anschließenden Lobby-Bemühungen blieben jedoch dilettantisch. Überzeugt davon, dass Reagan und konservative Republikanische Senatoren wie Orrin Hatch (Utah) sich ihr aufgrund der geleisteten Wahlkampfunterstützung verpflichtet fühlen mussten, forderte die Christliche Rechte von Reagan ultimativ, Evangelikale in seine Regierungsmannschaft zu berufen und von den Senatoren, das Schulgebet und ein Abtreibungsverbot in der Verfassung zu verankern. Während Reagan ihren Forderungen zumindest teilweise nachkam und einige Christlich-Konservative – zumeist auf unteren Positionen – einstellte, reagierten die Senatoren schon bald verärgert auf das „Bullying" und verweigerten die weitere Zusammenarbeit (Moen 1992).

Viele Organisationen dieser dritten Welle gingen Ende der 1980er Jahre aus Ressourcenmangel zugrunde. Lediglich die antifeministische Frauenorganisation „Concerned Women for America", auf die weiter unten noch zurückzukommen ist, wuchs weiter und überlebte die Phase des Niedergangs.

Die Präsidentschaftskandidatur des baptistisch-charismatischen Fernsehpredigers Marion (Pat) Robertson 1988 markiert den Übergang zur vierten Mobilisierungswelle. Seine Kandidatur fand große Unterstützung unter Pfingstlern und Charismatikern, doch Fundamentalisten votierten in den Vorwahlen kaum für ihn (Green/Guth 1988; Wilcox 1991). Obwohl sein Programm die soziomoralischen und religionspolitischen Kernforderungen der Christlichen Rechten enthielt, verhinderten theologische Differenzen ihre vollständige Mobilisierung. Eine Vielzahl unbedachter Äußerungen und das ungeschickte Agieren des Kandidaten verprellten weitere Wähler. Am Ende gewann Robertson zwar einige Bundesstaaten wie Alaska und Hawaii, musste sich aber dem Protegé des Republikanischen Parteiestablishments, George H. W. Bush, geschlagen geben.

Trotz seiner Niederlage dachte Robertson nicht daran, seine politischen Ambitionen aufzugeben. Vielmehr animierte er seine Anhänger, sich als Delegierte für den Nominierungsparteitag zu bewerben und die Führungsgremien der einzelstaatlichen Parteiorganisationen zu infiltrieren (Hertzke 1993). Im darauf folgenden Jahr gründete Robertson schließlich mit der „Christian Coalition" eine neue Organisation, deren Führung er dem erfahrenen Republikanischen Parteiaktivisten Ralph Reed anvertraute. Rasch avancierte die „Coalition" zu einem wichtigen Mitspieler in der amerikanischen Politik und zu einer einflussreichen Größe innerhalb der Republikanischen Partei.

Ihren Erfolg verdankte die „Christian Coalition" ihrem organisatorischen Aufbau. Reed vermied die Fehler früherer Organisationen wie der „Moral Majority" und rekrutierte für die lokalen und regionalen Aktionseinheiten keine Geistlichen, sondern Geschäftsleute, Hausfrauen, Lehrer und Pensionäre. Er produzierte Schulungsbroschüren und führte Trainingsseminare durch, die die Mitglieder mit den Techniken des „organization building" und der Wahlkampfführung vertraut machen sollten. Darin wurden sie aufgefordert, alle theologischen Streitfragen zu umgehen, Verbindungen auch zu Katholiken, Schwarzen und Latinos, also zu allen „people of faith“ (Reed 1996) zu suchen und lokale Aktionseinheiten mit ökumenischer Zusammensetzung aufzubauen.

Die „Christian Coalition“ wurde in den 1990er Jahren zum vielleicht wichtigsten Wahlkampfhelfer der Republikanischen Partei, von der sie anfangs auch finanzielle Zuwendungen erhielt. Sie verteilte Wahlbroschüren („voter guides“), in denen stets die politischen Positionen der Republikanischen Kandidaten als die „richtigen“ erschienen. Da die Wahlführer erst kurz vor dem Urnengang, vorwiegend in Kirchen, ausgeteilt wurden, blieb für Demokraten – deren politische Ansichten in diesen Wahlführern stets grob verzeichnet wurden – meist keine Zeit mehr, gegen sie etwa gerichtlich vorzugehen. In den Wahlen von 1992 und 1994 will die „Coalition“ mehr als 40 Millionen solcher „voter guides“ verteilt haben. Auch wenn sich diese Angabe nicht überprüfen lässt, war ihre Wahlkampfunterstützung für Republikanische Kandidaten zweifellos massiv und blieb nicht ohne Wirkung (Sigelman/Wilcox 2001). Das erklärte Ziel Robertsons – sowohl 1994 als auch 2000 –, ein Republikanisch dominierter Kongress und die Wahl eines Republikanischen Präsidenten, wurde in eben diesen Jahren erreicht.

Weniger erfolgreich verliefen dagegen die Lobby-Bemühungen der „Coalition“. Obwohl sie 1995 vorbehaltlos den „Contract with America“ der Republikaner unterstützt hatte, ignorierten Letztere weitgehend ihren eigenen „Contract with the American Family“. Ende der 1990er Jahre erzwang ein finanzieller Engpass die Entlassung ihrer Lobbyisten und ein Zurückfahren aller sonstigen Aktivitäten.

Die „Coalition“ war nicht die einzige Gruppierung der Christlichen Rechten in den 1990er Jahren. Zwar erfreute sie sich nicht zuletzt aufgrund der geschickten PR-Arbeit ihres Chef-Strategen Ralph Reed der wohl größten Aufmerksamkeit seitens der Medien. Bei der Lobby- und Kampagnentätigkeit jedoch agierte „Focus on the Family“ in nicht wenigen Bundesstaaten weitaus effektiver (Rozell/Wilcox 1996). Das Kirchenunternehmen von Dr. James Dobson konzentrierte sich auf Fragen der Ehe- und Familientherapie und sah in der Erhaltung der durch Liberalisierung und Modernisierung angeblich bedrohten „traditionellen Familie“ seine primäre Aufgabe. Entsprechend betrieb die Organisation unter anderem Lobbying vor den Einzelstaatslegislativen, produzierte ein eigenes Radioprogramm und versandte wissenschaftlich aufbereitete Reportagen über aktuelle Gefährdungen der Familie, den Zustand der amerikanischen Kultur und des Bildungswesens.

Aus dieser Lobbyarbeit ging das – inzwischen unabhängige – „Family Research Council“ hervor, das sich als Forschungseinrichtung der Christlichen Rechten verstand. Seine Berichte wurden in konservativen Kreisen stark nachgefragt, auch wenn deren Qualität nach dem Weggang des langjährigen Vorsitzenden Gary Bauer, der sich um die Nominierung der Republikanischen Partei für die Präsidentschaftswahl 2000 bemüht hatte, gesunken war. Gleichwohl blieb die Organisation aufgrund ihrer beachtlichen finanziellen Mittel und ihrer engen Beziehungen zur Republikanischen Partei einflussreich.

Schließlich existierte ferner noch die bereits in den 1970er Jahren von Beverly LaHaye gegründete Organisation „Concerned Women for America" (CWA). CWA setzte sich aus lokalen Gebetsgruppen zusammen, die sich regelmäßig zur Bibellektüre und zur Erarbeitung politischer Strategien trafen. Die lokale Ausrichtung der Organisation begründete ihren Erfolg bei der Beeinflussung nicht nur der kommunalen und einzelstaatlichen Politik. CWA verfügte darüber hinaus über eine eigene Rechtsabteilung, die Klagen etwa wegen der Verletzung der Religionsfreiheit von Christen einreichte oder gegen „säkular-humanistische" Schulbücher vorging. Mit den Einnahmen ihres Mannes Timothy LaHaye, der mit der Publikation von apokalyptischen Endzeit-Romanen ein Vermögen gemacht hatte, baute Beverly LaHaye zudem eigene Forschungseinrichtungen und „think tanks" auf, deren Studien Einfluss auf den politischen Prozess nehmen sollten.

Neben diesen – 2004 teilweise schwächelnden („Christian Coalition"), teilweise prosperierenden (CWA, „Focus on the Family") – Organisationen existierten einige Dutzend weiterer christlich-rechter Gruppierungen, die Evangelikale für eine konservative Politik zu mobilisieren suchten. Freilich waren nicht alle evangelikalen Organisationen konservativ: Einige zählten zum moderaten oder sogar liberalen Spektrum der amerikanischen Politik, wie etwa die von Jim Wallis gegründeten „Sojourners", die für soziale Gerechtigkeit und eine konsequent lebensbejahende Politik eintraten: Sie wandten sich nicht nur gegen die Abtreibung, sondern auch gegen die Todesstrafe und gegen Kriege. Zu den Mitgliedern der „Sojourners" gehörten Schwarze und Weiße, Evangelikale, „mainline"-Protestanten und Katholiken (Bivens 2003). Die „evangelikale Linke" war zahlenmäßig weitaus schwächer als die „evangelikale Rechte". Immerhin aber zeigt sie, dass der amerikanische Evangelikalismus nicht mit einer Stimme sprach.

Evangelikale und die amerikanische Politik („public policy")

Zwei Themenbereiche standen im Zentrum der christlich-rechten Agenda: Erstens Fragen der Familie und Sexualität sowie Zweitens die Frage nach der öffentlichen Rolle der Religion, insbesondere im Bildungswesen. Evangelikale bezogen hierzu, wie Umfragen zeigen, mehrheitlich eindeutige Positionen.

Familie und Sexualität

Das ideale Familienmodell Evangelikaler entsprach dem der fünfziger Jahre: Der Mann arbeitet und ernährt seine Familie, die Frau hütet das Haus, die Kinder werden zu Gehorsam und sexueller Abstinenz vor der Ehe erzogen. Aus dieser Vorstellungswelt leiteten sie eine Reihe gesellschaftspolitischer Forderungen ab. Zentral war für sie das Problem der Abtreibung. Auch wenn ein kleinerer Prozentsatz Evangelikaler unter bestimmten Bedingungen Abtreibungen zulassen wollte, etwa bei Gefahr für das Leben oder die Gesundheit der Schwangeren, wenn die Schwangerschaft durch eine Vergewaltigung herbeigeführt worden war oder der Fötus eine schwere Missbildung aufwies (Wilcox 2003; Cook/Jelen/Wilcox 1992), setzten sich die Organisationen der Christlichen Rechten für ein ausnahmsloses Verbot ein.

Das zweite für sie wichtige Thema war die Homosexualität, die Evangelikale als Sünde betrachteten. Ihre Forderungen reichten hier von der Verweigerung staatlicher Anti-Diskriminierungsmaßnahmen über die Bezeichnung der Homosexualität als „abweichender und krankhafter Lebensstil“ im Schulunterricht, das Verbot von Homo-Ehen (einige Evangelikale würden allerdings „eingetragene Lebenspartnerschaften“ zulassen) bis hin zur Entlassung von Homosexuellen aus dem Schul- und Militärdienst. Eine Minderheit sprach sich für die Kriminalisierung der Homosexualität aus – bei einer Umfrage in Virginia war jeder dritte Evangelikale dafür (Rozell/Wilcox 1996). Einige Organisationen der Christlichen Rechten wie „Focus on the Family“ setzten auf die „Bekehrung“ von Schwulen zu einem „natürlichen heterosexuellen“ Lebensstil durch therapeutische Maßnahmen.

Daneben war die Rolle der Frau in der Gesellschaft ein zentrales Anliegen Evangelikaler. Hausfrau und Mutter – das galt für viele, wenn auch nicht alle (Wilcox 1989; Cook/Wilcox 1989) als weibliches Idealbild, obschon es durchaus im Widerspruch zum politischen Engagement zahlreicher Frauen in den Organisationen der Christlichen Rechten und den von ihnen hier oft eingenommenen Führungspositionen (z.B. bei CWA) stand. Die Christliche Rechte verlangte den Abbau von staatlichen Maßnahmen, die die Berufstätigkeit von Frauen beziehungsweise Müttern erleichterten, wie die Einrichtung von Kindertagesstätten oder bestimmte steuerliche Vergünstigungen und wandte sich gegen flexible Arbeitszeiten für junge berufstätige Mütter.

Die öffentliche Rolle der Religion

Evangelikale betrachteten Amerika als ein christliches Land, das von Gott gesegnet und erwählt worden war wie einst Israel in alttestamentarischer Zeit. Wenn es der Sünde verfiel, würde es bestraft werden, wenn es sich gottgefällig verhielt, Belohnungen empfangen.

Aus dieser Vorstellungswelt leiteten sie bestimmte Forderungen ab, die unter anderem die Behandlung der Religion an den öffentlichen Schulen betraf. In den USA durften öffentliche Schulen aufgrund von Urteilen des Obersten Bundesgerichts aus den 1960er Jahren weder religiöse Inhalte vermitteln noch gemeinsame Morgengebete im Klassenraum zulassen. Einige Schuldirektoren verboten den Schülern sogar die Bibellektüre während der Pausen, und manche Schulbuchverlage hatten alle religiösen Bezüge aus ihren Texten gestrichen, um Rechtskonflikten auszuweichen.

Evangelikale forderten, der Religion wieder mehr Raum an den öffentlichen Schulen zu geben. Die Moderateren unter ihnen wollten dies auf freiwillige Aktivitäten der Schüler beschränken und würden sich mit einer stärkeren Berücksichtigung des religiösen Erbes des Landes im Schulunterricht zufrieden geben. Konservativere Evangelikale verlangten dagegen die Wiedereinführung des morgendlichen Schulgebets sowie die Beseitigung „säkular-humanistischer" Lehrinhalte – etwa der Evolutionstheorie und des Sexualkundeunterrichts – aus dem Kurrikulum. Tatsächlich war es ihnen in einigen Bundesstaaten gelungen, entsprechende gesetzliche Bestimmungen durchzusetzen. So wird dort mit finanzieller Unterstützung des Bundes der Sexualkundeunterricht durch „abstinence only"-Programme geprägt, die die sexuelle Abstinenz vor der Ehe als Norm vermitteln und keine anderen Fragen der menschlichen Sexualität (wie Verhütung, Abtreibung etc.) ansprechen. In 35 Staaten und dem District of Columbia können Eltern ihre Kinder zudem von Unterrichtseinheiten befreien lassen, die ihren Glaubensüberzeugungen widersprechen – etwa vom Literaturunterricht, wenn dort Bücher mit „profaner Sprache" oder expliziten sexuellen Darstellungen gelesen werden.

Viele Evangelikale schickten ihre Kinder aber von vornherein auf Konfessionsschulen oder unterrichteten sie selbst, um sie von „anstößigen Inhalten" fernzuhalten (Bates 1994). Hier forderte die Christliche Rechte, die notwendigen staatlichen Lizenzen an Konfessionsschulen und ihre Lehrer großzügiger zu vergeben und bestehende Vorschriften bezüglich des „home schooling" (etwa hinsichtlich der Qualifikation der Eltern und den notwendigen Unterrichtsinhalten) aufzuheben.

Insgesamt sollte die Religion nach Auffassung der Evangelikalen wieder eine größere Rolle im öffentlichen Leben der USA spielen. Sie lehnten die auf Urteile des Obersten Bundesgerichts zurückgehende, von Liberalen begrüßte *strikte* Trennung von Religion und Staat ab, die selbst Gebete auf Schulsportveranstaltungen oder Krippen in öffentlichen Gebäuden zur Weihnachtszeit verbot (Jelen 2000).

Zwei Beispiele aus der jüngsten Zeit zeigen, um was es bei diesen Kontroversen konkret ging: Im Grand-Canyon-Nationalpark standen seit 1970 drei

Gedenktafeln, deren Aufschriften Bibel-Zitate enthielten. Sie waren ein Geschenk der in Arizona ansässigen „Evangelical Sisterhood of Mary", einer 1947 in Deutschland gegründeten christlichen Organisation. Die liberale „American Civil Liberties Union" reichte Beschwerde gegen diese Gedenktafeln ein – wegen Verstoßes gegen den Verfassungsgrundsatz der Trennung von Kirche und Staat – und ließ sie im Jahr 2003 entfernen. Der von Bush ernannte stellvertretende Direktor des Parks stellte sie Ende 2003 wieder auf. Die Frage, ob das Aufstellen der drei Tafeln nun erlaubt ist oder nicht, wurde bis heute noch immer nicht abschließend entschieden.

Das zweite Beispiel betrifft den amerikanischen Fahneneid, der die Worte „under God" enthält. Ein Bundesberufungsgericht hatte 2002 entschieden, dass der Eid gegen die Bundesverfassung verstieß, weil er Schüler zu einem religiösen Bekenntnis zwinge. Der Supreme Court hob dieses Urteil im Juni 2004 aus prozessualen Gründen wieder auf, ohne in der Sache selbst zu entscheiden. In einem früheren Urteil hatte er das Anbringen der Zehn Gebote in einem Schulgebäude untersagt, weil der Staat keine religiösen Botschaften vermitteln dürfe (vgl. Brocker in diesem Band). Es waren solche und ähnliche andere Entscheidungen von Bundesgerichten, die bei Evangelikalen auf heftige Kritik stießen. Auf einer Protestkundgebung in Washington D.C. erklärte etwa Reverend Rob Schenck vom „National Clergy Council": „We are here to draw attention to the erosion of our right as American people to acknowledge God in public life."

Für Evangelikale stellten die Urteile der „liberalen" und „aktivistischen" Bundesgerichte eine Bedrohung ihrer Religionsfreiheit dar. Obwohl das Land auf christlichen Prinzipien errichtet worden sei, ignorierten die Gerichte diese historische Tatsache. Dass der Lebensstil und die Glaubensüberzeugungen von Evangelikalen in der Öffentlichkeit immer öfter lächerlich gemacht würden und die moralische Textur der Gesellschaft mehr und mehr verfiel, wie die vulgäre Sprache zahlloser Fernsehserien und das immer häufigere Auftreten von homosexuellen Charakteren in ihnen zeige, hänge nicht zuletzt mit dem Verdrängen der Religion aus dem öffentlichen Leben zusammen. Aus diesem Grund begrüßten Evangelikale Filmproduktionen wie „The Passion" von Mel Gibson, weil sie das Bewusstsein für die Bedeutung der Religion in der amerikanischen Kultur wieder schärften.

Weitere Themenbereiche

Zwei weitere Themenbereiche waren für Evangelikale nur von untergeordnetem Interesse. Zum Einen galt dies für die Wirtschafts- und Sozialpolitik, die in Präsidentschaftswahlkämpfen oft eine dominierende Rolle spielt – man denke nur an Bill Clintons Wahlkampfmotto „it's the economy, stupid". Bis in die 1970er Jahre neigten Evangelikale hier eher linken Positionen zu: Wohlfahrtsstaatliche Programme fanden bei weißen Evangelikalen regelmäßig eine leicht über dem Durchschnitt der weißen Bevölkerung ihrer Region liegende Zustimmung. Doch die Führer der Christlichen Rechten begannen im Zuge ihrer Annäherung an die Republikanische Partei, Forderungen nach Steuersenkungen (auch für Großverdiener) und einem Rückbau des Wohlfahrtsstaates zu erheben, die bald auf die Einstellungen von evangelikalen Christen abfärbten. Liberale evangelikale Gruppierungen wie die „Sojourners" und die meisten schwarzen Evangelikalen kritisierten solche Positionen. Unter Rückgriff auf Bibelpassagen, die nach ihrer Auffassung die großzügige Unterstützung Notleidender vorschrieben, forderten sie eine progressive Einkommensteuer und wohlfahrtsstaatliche Programme für Arme und sozial Schwache. Wohlfahrtsprogramme für Arme lehnten auch Organisationen der Christlichen Rechten nicht ab, doch plädierten sie dafür, solche Programme nicht durch den Staat, sondern durch kirchliche Einrichtungen durchführen zu lassen (obwohl Studien zeigen, dass weiße evangelikale Kirchen hier weniger aktiv waren als andere Religionsgemeinschaften). Präsident Bush schloss sich dieser Auffassung an und schlug vor, staatliche Mittel verstärkt in kirchliche Wohlfahrtseinrichtungen fließen zu lassen. Seine Vorschläge stießen bei Evangelikalen allerdings nur auf ein verhaltenes Echo: Am goldenen Zügel des Staates, so fürchteten sie, könnte ihr Image als prophetische Kritiker der Gesellschaft leiden.

Sekundär war für Evangelikale zum Zweiten die Außenpolitik, die in amerikanischen Wahlkämpfen traditionell aber ohnehin keine große Rolle spielte oder nur aufgrund von Kriegen wie in Vietnam oder jetzt im Irak eine Wahl entscheidende Bedeutung annehmen konnte. Und das, obwohl sich der enorme Patriotismus Evangelikaler immer wieder in einer großen Unterstützung für amerikanische Truppen im Ausland äußerte. Distinkte Positionen zur Außenpolitik fanden sich bei ihnen gleichwohl nicht. Die Bibel legten sie im Sinne einer Pflicht zum Beistand Israels aus, ohne dass dies aber gleichbedeutend mit einer bedingungslosen Unterstützungsbereitschaft gewesen wäre (Mayer 2005). Trotz der von einigen fundamentalistischen Führern für die nahe Zukunft erwarteten apokalyptischen Endschlacht bei Armageddon im Nahen Osten neigten die meisten Evangelikalen – wie die meisten Amerikaner insgesamt – zum Isolationismus und beäugten die Entsendung amerikanischer Truppen ins Ausland eher argwöhnisch.

Evangelikale und die Politik der Präsidenten

Obwohl der Kongress die herausragende Institution im politischen System der USA ist, haben Evangelikale ihre Wahlkampfunterstützung auf die Präsidentschaftswahlen konzentriert. In jüngster Zeit wurde weltweit die Frage diskutiert, ob die Innen- und Außenpolitik des gegenwärtigen Präsidenten, George W. Bush, der seine evangelikalen Glaubensüberzeugungen wiederholt öffentlich gemacht hat, Ausdruck eines neuen amerikanischen Fundamentalismus ist. Um dies beurteilen zu können, sollte man zunächst die Beziehungen zwischen den weißen Evangelikalen und der Politik amerikanischer Präsidenten historisch beleuchten.

Tatsächlich amtierten in den USA in den letzten dreißig Jahren zwei Präsidenten, deren Politik evangelikal geprägt war: Jimmy Carter und George W. Bush. An ihrer deutlich erkennbar unterschiedlich akzentuierten Politik lassen sich sowohl die Bandbreite evangelikaler Politikvorstellungen als auch die durch das stärkere politische Engagement von Fundamentalisten eingetretenen Veränderungen illustrieren.

Carter, ein Südstaatenbaptist und Sonntagsschullehrer, betrachtete seine neoevangelikalen Glaubensüberzeugungen als wichtigen Bestandteil seines Lebens, die auch seine – im Vergleich zu vielen anderen Demokraten – konservativeren politischen Vorstellungen beeinflussten. So lehnte Carter etwa persönlich Schwangerschaftsabbrüche ab und ließ daran auch während seines Wahlkampfes keinen Zweifel. Er akzeptierte zwar die gegenteilige Entscheidung des Supreme Court, weigerte sich aber, feministische Forderungen nach einer staatlichen Finanzierung von Abtreibungen für arme Frauen zu unterstützen. Heute spricht sich Carter offen gegen Homo-Ehen aus, wenngleich er „eingetragene Partnerschaften“ zu akzeptieren bereit ist.

Als Präsident befürwortete Carter die progressive Einkommensteuer und wohlfahrtsstaatliche Programme, weil das christliche Gebot des Mitgefühls gegenüber den Armen dies nach seiner Überzeugung verlangte. Nach seinem Ausscheiden aus dem Amt übernahm er den Vorsitz von „Habitat for Humanity“, einer Organisation, die Häuser für Arme baut, und warb für verschiedene globale Sozial- und Gesundheitsprogramme.

Wie Carters Engagement in der Sozialpolitik so beeinflussten seine christlichen Glaubensüberzeugungen auch seine Außenpolitik, die diplomatischen Vermittlungsbemühungen gegenüber militärischen Interventionen den Vorzug gab. Berichten zufolge war sein tiefer Glaube hilfreich bei den Friedensverhandlungen zwischen Israel und Ägypten in Camp David. Nach seiner Amtszeit engagierte sich Carter weiterhin für Menschenrechte und versuchte, in verschiedenen internationalen Konflikten Friedensverträge zu vermitteln. Er sprach sich Anfang 2003 gegen die amerikanische Invasion im Irak aus und kritisierte die Behandlung von Kriegsgefangenen.

Insbesondere im Süden der USA war es Carter 1976 gelungen, zahlreiche Evangelikale zur Wahlteilnahme zu motivieren. Vier Jahre später verlor er jedoch einen Großteil dieser Stimmen wieder an seinen Herausforderer: Obschon er selbst kein Evangelikaler war, hatte Reagan bei seiner Kandidatur 1980 ganz gezielt deren Unterstützung angestrebt. Er hatte seine frühere zustimmende Haltung zur Abtreibung aufgegeben und dafür gesorgt, dass die Republikanische Partei die Forderung nach einem Verfassungszusatz zur Durchsetzung der Gleichberechtigung von Mann und Frau aus ihrem Parteiprogramm strich (die die Partei seit mehr als 50 Jahren erhoben hatte). Sein Kalkül ging auf. Reagan erhielt die Unterstützung von Jerry Falwells „Moral Majority" sowie anderer Gruppierungen der Christlichen Rechten. Als Gegenleistung berief er u. a. den Evangelikalen James Watt zum Innenminister, der einmal öffentlich erklärte: „My responsibility is to follow the Scriptures which call upon us to occupy the land until Jesus returns." Reagan selbst deutete gelegentlich an, dass der Endkampf von Armageddon noch zu seinen Lebzeiten ausbrechen könnte.

Aber trotz ihres anfänglichen Enthusiasmus für Reagan waren viele Evangelikale schon bald tief enttäuscht. Denn das Engagement des Präsidenten galt vor allem seinem wirtschafts- und finanzpolitischen sowie außen- und sicherheitspolitischen Programm. Den Forderungen der Christlichen Rechten kam er lediglich rhetorisch entgegen. Dass er nicht einmal das versprochene Abtreibungsverbot und die Wiedereinführung des Schulgebets offensiv zu unterstützen bereit war, zeigte ihnen, dass Reagan die Religion nur zum Zwecke der Stimmenmaximierung eingesetzt hatte.

Reagans Vizepräsident George H. W. Bush bediente sich 1988 derselben Strategie, um die Unterstützung des evangelikalen Wählersegments zu gewinnen. Er rückte in der Abtreibungsfrage nach rechts und übernahm Themen aus der Wahlkampagne Pat Robertsons, die dieser während der Republikanischen Vorwahlen angesprochen hatte. Einmal im Amt, enttäuschte jedoch auch er seine evangelikalen Wähler.

1992 gewannen die beiden Südstaatenbaptisten Bill Clinton und Al Gore das Weiße Haus für die Demokratische Partei zurück. Anders als Carter befürwortete Clinton zwar die Abtreibung und strebte auch eine Aufhebung des Einstellungsverbots für Homosexuelle im Militär an; doch in anderen soziokulturellen Fragen (Todesstrafe, Schuluniformen, Stärkung der Eigenverantwortung bei der Existenzsicherung etc.) vertrat er konservative Positionen. Seine Politik kam besonders bei „mainline"-Protestanten und schwarzen Evangelikalen gut an. Dagegen schuf das Bekanntwerden seiner ehelichen

Untreue eine unüberbrückbare Distanz zu konservativen weißen Evangelikalen.

Die sich hier bietende Chance nutzte 2000 George W. Bush. Im Wahlkampf erklärte er, Moral und Anstand müssten in das Weiße Haus zurückgebracht werden. Offen bekannte er sich zu seinem evangelikalen Glauben. Nach seiner Bekehrung durch den evangelikalen Prediger Billy Graham war der ehemalige Alkoholiker Bush Mitte der achtziger Jahre Mitglied der „Community Bible Study“ in Texas geworden, einer interkonfessionellen evangelikalen Organisation, die wöchentliche Bibelseminare und Gebetstreffen veranstaltete. Auch im Weißen Haus betete Bush regelmäßig. Die Bibel sei für ihn das wichtigste Buch, so erklärte er einmal, und Jesus sein Lieblingsphilosoph. Als erste Amtshandlung nach seiner Wahl richtete er ein so genanntes „Office of Faith-Based Initiatives“ ein. „I welcome faith to help solve the nation's deepest problems“, sagte Bush damals.

Obwohl Bush mit nur einer Amtszeit als Gouverneur von Texas kaum über politische Erfahrungen verfügte, fand er früh die Unterstützung von mächtigen Vertretern seiner Partei und wichtigen evangelikalen Führern, die er von der Ernsthaftigkeit seines Glaubens überzeugte. Gegenüber dem Prediger James Robison erklärte er: „I feel like God wants me to run for President. I can't explain it, but I sense my country is going to need me. Something is going to happen (…) I know it won't be easy on me or my family, but God wants me to do it“ (Mansfeld 2003). Viele in der Regierung berichteten, dass Bush von dieser Vorstellung einer persönlichen „Berufung“ zum Präsidentenamt durchdrungen war und sich hierauf seine Entschlossenheit und Selbstgewissheit gründete.

Nach seiner Wahl berief Bush eine Reihe von christlich-konservativen Politikern in seine Regierung, so den der Christlichen Rechten nahe stehenden ehemaligen Senator John Ashcroft, der Justizminister wurde. Aber er widerstand dem Druck der Christlichen Rechten, die auch einen Evangelikalen als Verteidigungsminister wünschte, der die systematische Entlassung aller Homosexuellen aus dem Militärdienst betreiben sollte. Darüber hinaus richtete Bush seine Aufmerksamkeit wie sein Vorbild Reagan zunächst auf steuer- und finanzpolitische Fragen, bediente anders als dieser daneben aber auch einige Forderungen der Christlichen Rechten: So unterzeichnete er ein – inzwischen von einem Bundesgericht wieder als verfassungswidrig aufgehobenes – Gesetz, das Spätabtreibungen verbot, berief bekennende Abtreibungsgegner auf vakante Bundesrichterstellen und ordnete an, dass im Rahmen eines Gesundheitsaufklärungsprogramms für Afrika primär die sexuelle Abstinenz statt des Kondomgebrauchs als Maßnahme zum Schutz vor AIDS vermittelt werden müsse.

In anderen Fragen bezog er allerdings moderatere Positionen: Statt des geforderten totalen Förderstopps für die Forschung an embryonalen Stammzellen untersagte Bush lediglich die bundesstaatliche Förderung von Forschungseinrichtungen, die mit neuen, nach einem Stichtag hergestellten embryonalen Stammzelllinien arbeiteten. Statt ein verfassungsrechtliches Verbot von Homo-Ehen und „eingetragenen Lebenspartnerschaften“ zu unterstützen, sprach sich Bush nur für ein verfassungsrechtliches Verbot der Ehe, nicht aber der zivilrechtlichen Partnerschaft aus, über deren Zulassung die Bundesstaaten entscheiden sollten.

Welche Rolle Bushs religiöse Überzeugungen für seine Politikgestaltung spielen, wird vor allem im Bereich der Außenpolitik kontrovers diskutiert. In einer Rede, die er nach dem 11. September 2001 hielt, sprach Bush von einer „Achse des Bösen“, die aus dem Irak, Iran und Nordkorea bestehe. Auf die Frage, ob er mit seinem Vater über den bevorstehenden Irakfeldzug gesprochen habe, antwortete Bush: „There is a higher Father I appeal to“ (Fineman 2004). Aber muss hieraus tatsächlich geschlossen werden, dass sein evangelikaler Glaube seine Politik bestimmte?

Ein Vergleich mit Jimmy Carter ist in dieser Hinsicht aufschlussreich: Carter fand die stärkste politische Unterstützung bei liberalen Evangelikalen, Bush dagegen bei konservativen. Obwohl Carter und Bush den gleichen Glauben teilen, bezogen sie in politischen Fragen höchst unterschiedliche Positionen, ob nun zur rechtlichen Gleichstellung Homosexueller, zum Verhältnis von Kirche und Staat, zur Steuer- und Sozialpolitik, zum Umweltschutz oder nicht zuletzt zur Anwendung militärischer Gewalt bei internationalen Konflikten: Während Carter nach seiner Amtszeit den Friedensnobelpreis erhielt, führte Bush Präventivkriege in Afghanistan und Irak, die nicht nur in Europa auf Kritik und Ablehnung stießen.

Besonders im Zuge des Irakfeldzuges – den Carter ablehnte – wurde Bush oft der Vorwurf gemacht, dass seiner Entscheidung letztlich religiöse Motive zugrunde lagen. Ob dies der Fall war, ist kaum mit Sicherheit zu sagen. Einerseits waren nur wenige von Bushs außenpolitischen Beratern Evangelikale, gleichwohl bestand unter ihnen weitgehend Einigkeit über die Notwendigkeit eines militärischen Eingreifens im Irak. Opposition kam vor allem aus dem Außenministerium und von hohen Militärs. Andererseits gibt es Hinweise darauf, dass der Präsident in außenpolitischen Fragen in Dichotomien dachte: Es gab gute und böse Staaten, gute und böse politische Führer. Dieses Weltbild entsprach formal der fundamentalistischen Auffassung, dass zwei Mächte, Gott und Satan, um die Vorherrschaft und die Seelen der Menschen rangen. Doch kaum ein Evangelikaler leitete aus dieser Vorstellung konkrete außenpolitische Konzepte ab. Bushs Denkweise sollte daher doch wohl eher als persönliche Eigenart denn als Ausfluss seiner religiösen Überzeugungen gedeutet werden.

Beide, Carter wie Bush, veranschaulichen sowohl die Gründe für die Skepsis Evangelikaler gegenüber der Politik als auch für das politische Engagement vieler von ihnen. Carter klagte oft darüber, dass er die aus seinen persönlichen Glaubensüberzeugungen resultierende ablehnende Haltung zur Abtreibung politisch nicht umsetzen konnte, womit er seinen Glauben in den Augen vieler konservativer Evangelikaler kompromittierte. Bushs Präsidentschaft kennzeichnete keine besonders große Aufrichtigkeit; der Politikwissenschaftler James Pfiffner, der sich mit der Persönlichkeit amerikanischer Präsidenten befasst hat, kam im Gegenteil gar zu dem Schluss, dass sie eher durch ein geringeres Maß an Ehrlichkeit geprägt war als bei den meisten seiner Vorgänger. Nicht anders als der früherer Kandidaten war auch Bushs Wahlkampf 2004 durch Angriffe auf seinen Konkurrenten und irreführende Aussagen geprägt. Das enttäuschte viele Evangelikale, die an Präsidenten ihres Glaubens höhere Maßstäbe anlegen.

Dennoch setzten sich sowohl Carter als auch Bush für politische Programme ein, die sich von ihren Vorgängern unterschieden. Carter konzentrierte sich in der Außenpolitik auf Menschenrechtsfragen und den Aufbau demokratischer Regime. Bush unterstützte in erheblichem Maße die soziomoralische Agenda konservativer Evangelikaler. Beide nahmen sie so entscheidend Einfluss auf die amerikanische Politik. Und Evangelikale, die sich in ihrem Wahlkampf engagiert hatten, konnten ihrerseits das Gefühl haben, dass sich ihr Einsatz gelohnt hatte.

Ausblick

Obwohl viele Sozialwissenschaftler noch immer von einem unvermeidbaren Säkularisierungstrend in modernen Gesellschaften ausgehen (Norris/Inglehart 2004), nimmt die Zahl der strenggläubigen Evangelikalen unter den amerikanischen Christen zu. Evangelikale bekommen in jüngeren Jahren Kinder, haben größere Familien als „mainline“-Protestanten und es gelingt ihnen besser, den Nachwuchs in ihre Religionsgemeinschaften zu integrieren. Nicht zuletzt aufgrund ihrer zahlenmäßigen Stärke kann man davon ausgehen, dass Evangelikale ein wichtiger Teil der amerikanischen Politik bleiben werden.

In den letzten beiden Dekaden lässt sich in den USA in soziomoralischen Fragen eine wachsende Polarisierung konstatieren. Liberal eingestellte Amerikaner, darunter insbesondere Säkulare, Juden und viele „mainline“-Protestanten, stehen einem entschlossenen Block vor allem weißer evangelikaler Kultur-Konservativer gegenüber. In diesem „Kulturkampf“ waren Evangelikale bislang bemerkenswert erfolgreich bei der personellen Infiltration der Republikanischen Partei und der Beeinflussung ihrer Parteiprogramme. Haben sie darüber hinaus aber auch die staatliche Politik verändert?

Bislang ist im Bereich der Familienpolitik allenfalls ein marginaler Wandel festzustellen: Das Abtreibungsrecht wird etwas restriktiver gehandhabt als vor 20 Jahren. Parallel zur Fertilitätsrate der Baby-Boom-Generation und zu Veränderungen im Sexualverhalten Jugendlicher ist die Zahl der Abtreibungen zurückgegangen. Tiefgreifende Revisionen wären allerdings dann denkbar, wenn George W. Bush nach seiner Wiederwahl neue Richter für das Oberste Bundesgericht nominieren könnte. In der Frage der rechtlichen Gleichstellung Homosexueller haben Liberale große Fortschritte erzielt. Im Jahr 2003 entschied der Supreme Court, dass Landesgesetze, die homosexuelle Handlungen unter Strafe stellten, gegen die Verfassung verstoßen. Viele Firmen und Kommunen behandeln Ehen und homosexuelle Partnerschaften bei der Gewährung von Vergünstigungen und Sonderzahlungen inzwischen gleich, und in vielen Städten wurden Verordnungen zum Schutz von Homosexuellen vor Diskriminierung erlassen. Was die Gleichstellung der Geschlechter angeht, so bilden Frauen heute die Mehrheit der Absolventen vieler Spitzenuniversitäten, auch an den juristischen und medizinischen Fakultäten, und viele junge Mütter sind in den Arbeitsmarkt integriert. Die Einstellung der Bevölkerung zur Rolle der Frau und zu den Rechten Homosexueller ist derzeit – wie Umfragen zeigen – etwas liberaler als 1990, dem Jahr, in dem die „Christian Coalition" ihre politische Lobby-Tätigkeit aufnahm; die Zustimmung zum Abtreibungsrecht blieb unverändert.

In der Frage der Bedeutung der Religion im öffentlichen Raum haben die Christlich-Konservativen dagegen einige Fortschritte erzielt. Da, wo es eine Diskriminierung von Evangelikalen an öffentlichen Schulen gab, wurde diese in vielen Fällen beseitigt. Politiker und andere Personen des öffentlichen Lebens sprechen heute offener und häufiger über ihren Glauben als vielleicht jemals zuvor. In vielen Staaten wurde der Sexualkundeunterricht im Sinne der Christlichen Rechten verändert, auch wenn deren Proteste gegen andere Unterrichtsinhalte bislang wenig fruchteten.

Während jedoch auf der einen Seite die Zahl der Evangelikalen zunimmt, wird Amerika auf der anderen Seite religiös immer pluralistischer. In den Parks von Nordvirginia kann man Moslem-, Hindu-, Sikh- oder Buddhisten-Familien schon an ihrem Äußeren erkennen. In den Straßen der Vorstädte sieht man immer häufiger nichtchristliche Gotteshäuser. Und obwohl Amerika in naher Zukunft wohl keine säkulare Nation sein wird, hat die Zahl der Glaubenslosen in den letzten 20 Jahren zugenommen.

Ob der „Kulturkampf" in den USA weitergehen wird? Statt zu „kämpfen" folgen viele Evangelikale inzwischen dem oft gehörten Ratschlag, sich zurückzuziehen und eine kulturelle Parallelwelt aufzubauen. Schon jetzt haben Evangelikale einen speziellen Wortschatz ausgebildet, an dem sie sich leicht erkennen. Sie verfügen über eigene Fernsehsender, Filme, Bücher, Musik, Comics und Kreditkarten. Einige von ihnen, die diese Kommerzialisierung ablehnen, arbeiten an einer konfessionellen Reformation, die den Evangelikalismus an seine im 16. Jahrhundert liegenden Wurzeln zurückführen soll. Sie suchen einen direkten Anschluss an das Evangelium, unabhängig von zeitgenössischen politischen oder soziokulturellen Debatten. Es ist also möglich, dass der „Kulturkampf“ weitergeht. Aber ebenso denkbar ist es, dass zumindest ein Teil der Kombattanten das Feuer einstellt und sich ganz zurückzieht – auf ein fernab vom Schlachtfeld abgestecktes eigenes Territorium.

Anmerkungen

[1] Vgl. Glenmary Research Center/Association of Statisticians of American Religious Bodies, Religious Congregations Membership Study, 2000.

Literatur

Bates, Stephen: Battleground. One Mother's Crusade, the Religious Right, and the Struggle for our Schools. New York 1994.
Bivens, Jason C.: The Fracture of Good Order: Christian Antiliberalism and the Challenge to American Politics. Chapel Hill, N.C. 2003.
Cook, Elizabeth A./Jelen, Ted G./Wilcox, Clyde: Between Two Absolutes. Public Opinion and the Politics of Abortion. Boulder, Colo. 1992.
Cook, Elizabeth A./Wilcox, Clyde: Evangelical Women and Feminism. Some Further Evidence. In: Women & Politics 9, 1989, S. 27–50.
Emerson, Michael D./Smith, Christian: Divided by Faith. Evangelical Religion and the Problem of Race in America. New York/Oxford 2000.
Fineman, Howard/Lipper, Tamara: The Gospel According to George. In: Newsweek, 26. April 2004, S. 18–20.
Green, John C./Guth, James L.: The Christian Right in the Republican Party. The Case of Pat Robertson's Contributors. In: Journal of Politics 50, 1988, S. 150–165.
Harris, Frederick: Something Within. Religion in African-American Activism. New York/Oxford 1999.
Jelen, Ted G.: To Serve God and Mammon. Church-State Relations in the United States. Boulder, Colo. 2000.
Hertzke, Allen: Echoes of Discontent. Jesse Jackson, Pat Robertson, and the Resurgence of Populism. Washington D.C. 1993.
Kellstedt, Lyman: The Meaning and Measurement of Evangelicalism: Problems and Prospects. In: Ted G. Jelen (Hrsg.), Religion and Political Behavior in the United States. New York 1989, S. 3–21.

Kohut, Andrew/Green, John C./Keeter, Scott/Toth, Robert C.: The Diminishing Divide. Religion's Changing Role in American Politics. Washington D.C. 2000.
Mansfeld, Stephen: The Faith of George Bush. Lake Mary, Fl. 2003.
Mayer, Jeremy: Christian Fundamentalists and Public Opinion Toward the Middle East. Israel's New Best Friends? In: Social Science Quarterly 2005 (i. E.).
Moen, Matthew: The Christian Right and Congress. Tuscaloosa, Ala. 1992.
Norris, Pippa/Inglehart, Ronald: Sacred and Secular. Religion and Politics Worldwide. New York 2004.
Reed, Ralph: Politically Incorrect: The Emerging Faith Factor in American Politics. New York 1996.
Rozell, Mark J./Wilcox, Clyde: Second Coming. The Christian Right in Virginia Politics. Baltimore, Md. 1996.
Shafer, Byron: The Two Majorities. The Puzzle of Modern American Politics. Lawrence, Kans. 2003.
Sigelman, Lee/Wilcox, Clyde: Political Mobilization in the Pews. Religious Contacting and Electoral Turnout. In: Social Science Quarterly 82, 2001, S. 524–535.
Wilcox, Clyde: Feminism and Anti-Feminism Among White Evangelical Women. In: Western Political Quarterly 42, 1989, S. 147–160.
Wilcox, Clyde: God's Warriors. The Christian Right in 20th Century America. Baltimore, Md. 1991.
Wilcox, Clyde: Onward Christian Soldiers. The Religious Right in American Politics. Boulder, Colo. [2]2000.
Wilcox, Clyde: Evangelicals and Abortion. In: Michael Cromartie (Hrsg.), A Public Faith. Evangelicals and Civic Engagement. Armonk, N.Y. 2003, S. 101–116.

Britta Waldschmidt-Nelson

„When Israel was in Egypt's Land": Zur politischen Dimension der „Black Church"

Von der Gründung der ersten schwarzen Christengemeinden im Süden des vorrevolutionären Amerikas bis heute ist die „Black Church" die wichtigste Säule im Freiheitskampf der Afroamerikaner. Trotz der Unterschiede zwischen einzelnen schwarzen Glaubensgemeinschaften hat sich der Begriff „Black Church" als Sammelbezeichnung für alle unabhängigen schwarzen Kirchen durchgesetzt, die durch eine gemeinsame Geschichte und Tradition, vor allem durch den Kampf gegen Sklaverei und weißen Rassismus, miteinander verbunden sind (DuBois 1903; Frazier 1964; Lincoln/Mamiya 1990). Darüber hinaus hat die „Black Church" nicht nur die religiöse Landschaft, sondern auch viele Aspekte des kulturellen, wirtschaftlichen und politischen Lebens der USA maßgeblich mitbestimmt. Der folgende Text wird sich auf eines der wichtigsten Gebiete der afroamerikanischen Kirchengeschichte konzentrieren: das politische Engagement. Ausgehend von der zentralen Funktion der „Black Church" als Instrument afroamerikanischer Identitätsbildung und als Basis des Widerstandes gegen weiße Herrschaftsstrukturen, soll hier ein Überblick über die politische Rolle schwarzer Kirchen von der Sklavenzeit bis zur Gegenwart gegeben werden. Als größte afroamerikanische Religionsgemeinschaft werden dabei die „Black Baptists" im Mittelpunkt der Untersuchung stehen, aber auch andere schwarze Kirchen (z. B. „Black Methodists" und „Black Pentecostals") und die „Nation of Islam" (als die wichtigste nichtchristliche Religionsgemeinschaft) sollen in die Diskussion einbezogen werden.

Ursprünge und zentrale Motive afroamerikanischer Religion

Grundlegend für eine Analyse des politischen Engagements schwarzer Kirchen in den USA ist ein Verständnis der immensen Bedeutung, welche die Kirche beziehungsweise die Religion im Leben der afroamerikanischen Bevölkerung stets gehabt hat, denn sie geht in vieler Hinsicht deutlich über den Einfluss weißer Kirchen auf deren Angehörige hinaus. Die religiöse Weltsicht schwarzer Amerikaner[1] hat ihre Wurzeln sowohl in ihrem afrikanischen Erbe als auch in der Christianisierung während der Sklavenzeit. Entgegen der lange Zeit üblichen Meinung, dass afrikanische Schwarze durch ihre Verschleppung nach Amerika einen völligen Kulturverlust erlitten hätten (Frazier 1964), hat sich inzwischen die Erkenntnis durchgesetzt, dass es doch eine – je nach Region unterschiedlich vitale – Kontinuität afrikanischer Werte und Traditionen gab (Genovese 1974). Durch die Vermischung dieses afrikanischen Erbes mit europäischen und amerikanischen Elementen entstand so eine neue, afroamerikanische Kultur und Religion, die parallel zu derjenigen der Weißen existierte und diesen weitgehend unbekannt oder unverständlich war. In den stärker afrikanisch geprägten schwarzen Religionen der Karibik und Lateinamerikas – etwa Voodoo in Haiti, Santería in Cuba oder Candomble in Brasilien – standen oder stehen afrikanische Gottheiten oder Geister im Vordergrund der Rituale und Gottesdienste. Afroamerikanische Christen stellten dagegen den christlichen Gott, besonders dessen Inkarnation als Jesus von Nazareth, in den Mittelpunkt ihres Glaubens. Ihre im Vergleich zu weißen Christen besonders lebhaften, emotionalen und von großem Stimm- und Körpereinsatz geprägten Gottesdienstformen weisen jedoch auf ihr afrikanisches Erbteil hin.

Auch die in den Grundprinzipien übereinstimmenden religiösen Doktrinen weißer und schwarzer Christen haben durch die Erfahrungen der Sklaverei unterschiedliche Gewichtungen erhalten. So ist die afroamerikanische Religion vielfach dominiert von der Identifikation der Afroamerikaner mit dem versklavten Volk Israel, das nach langer Leidenszeit letztendlich doch von Gott errettet wird. Der bekannte Spiritual „When Israel was in Egypt's Land" ist nur eins von vielen Beispielen für das Motiv des starken, rächenden Gottes, der sein Volk aus der Gefangenschaft befreit. Diese so genannte Exodus-Sprritualität steht im Zentrum der „slave religion": Gott wird als ein Gott der Unterdrückten, als Helfer der Geknechteten gesehen. Auch die besondere Affinität schwarzer Christen zu Jesus von Nazareth geht auf die Erfahrung der Sklavenzeit zurück. Für ein derart unterdrücktes Volk ist der Glaube an den Mensch gewordenen Sohn Gottes, der ebenfalls leiden musste, dann jedoch durch seine Auferstehung triumphierte, wesentlich ansprechender als das abstraktere Gotteskonzept, welches viele der zeitgenössischen weißen Christen präferierten (vgl. den Deismus vieler Sklavenhalter der Gründerzeit). Die ganz persönliche Beziehung zu Jesus und die Hoffnung auf Erlösung vom Leid durch Gottes Hilfe ist deshalb in der afroamerikanischen Religionstradition ebenso fest verwurzelt wie die Überzeugung, dass alle Menschen „Brüder und Schwestern Jesu" und „Kinder des einen Gottes" sind.

Für Schwarze, die in der Verfassung der USA nur als „Drei-Fünftel-Menschen" definiert wurden, war und ist die Betonung der Verbundenheit aller als gleichwertige Kinder Gottes ein wichtiges Element der Bestätigung und zugleich Einforderung ihrer Menschenwürde (vgl. Cone 1984; Paris 1985; West

1982; Wilmore 1983). Das afroamerikanische Verständnis von Christentum – aufgrund seiner entschiedenen Opposition gegen alle Konzepte von Rassendiskriminierung und Unterdrückung – kann somit im Grunde als authentischer gelten als das Christentum der meisten weißen Kirchen (die Quäker waren die einzige weiße Religionsgemeinschaft, die von Anfang an Sklaverei ablehnte). Deshalb und wegen ihres unverdienten Leidens, so glauben manche, habe die schwarze Christenheit ein erlösendes oder messianisches Potenzial. Die Überzeugung, dass unverdientes Leiden eine heilsbringende Funktion haben kann („undeserved suffering is redemptive“) und dass somit die Afroamerikaner zur Rettung der von den Weißen durch Sklaverei und Rassismus befleckten Seele Amerikas entscheidend beitragen könnten, ist ein wichtiges Motiv schwarzer Religion. Es findet sich bei vielen Führungspersönlichkeiten seit David Walker und hat eine Schlüsselfunktion im Denken und Wirken von Martin Luther King, Jr. (vgl. Cone 1984, 1991; Fitts 1985; Williams/Dixie 2003).[2]

So konnte sich das politische Engagement der schwarzen Kirchen immer auf die Gewissheit stützen, in der wahren Nachfolge Jesu zu stehen. Von besonderer Bedeutung war hierbei auch die symbolische Bedeutung des Begriffes „freedom“. Der Glaube an die Erreichbarkeit dieser Freiheit – und zwar nicht erst im Jenseits, sondern soweit möglich hier auf Erden – zieht sich wie ein roter Faden durch die afroamerikanische Geschichte beziehungsweise den „Black Freedom Struggle“. Dabei gibt es zwei Bedeutungskomponenten: Die eine ist konstant und bezieht sich auf die Freiheit, die Gott für alle Menschen intendiert hat; nur wer wirklich frei ist, kann seine Spiritualität ungehindert entfalten. Die andere Bedeutungskomponente ist flexibel. Bis zum Bürgerkrieg bedeutete „Freiheit“ für Schwarze das Ende der Sklaverei; danach bedeutete es das Recht auf Freizügigkeit, Bildung und bezahlte Arbeit. In der ersten Hälfte des 20. Jahrhunderts forderte man „Freiheit von Rassendiskriminierung“, und seit Mitte des letzten Jahrhunderts weitete sich der Begriff auf soziale, politische und wirtschaftliche Gerechtigkeit aus. Von Nat Turner über Martin Luther King, Jr. zu Al Sharpton findet sich immer wieder dieser laute Ruf nach „freedom“ und zeigt deutlich, dass für schwarze Führungspersönlichkeiten Politik und Glaube immer miteinander verbunden gewesen sind.

Von der Sklavenzeit bis zur Moderne: Die „Black Church“ als Anker der Hoffnung und Basis des schwarzen Widerstands

Für afrikanische Sklaven, die nach Nordamerika verschleppt wurden, bot die Religion einen wichtigen Halt, für viele wurde sie sogar zur Überlebensstrategie. Der Glaube half den Afroamerikanern, ihre Menschenwürde in einem inhumanen System zu bewahren, das gerade darauf abzielte, ihnen diese zu nehmen. Die „Black Church“ stellte einen „Anker der Hoffnung“ dar, denn sie versprach ihnen nicht nur göttliche Erlösung und Gerechtigkeit, sondern versicherte den Sklaven, dass sie in den Augen Gottes mindestens genauso viel wert waren wie ihre Herren. Viele schwarze Christen spürten zudem, dass Jesus ihnen wohl sogar näher stand als den weißen Unterdrückern. Allein die Tatsache, dass ihre religiöse Überzeugung und Gemeinschaft den Sklaven dabei half, trotz aller Repressionen und Demütigungen als Menschen mit einem gewissen Selbstwertgefühl zu überleben, kann man als politischen Akt verstehen (Lincoln/Mamiya 1990, S. 201). Einige Kritiker behaupten zwar, die „Black Church“ sei zu hierarchisch, zu unbeweglich, zu korrupt und vor allem zu jenseitsorientiert, um politisch effektiv zu sein. Es mag unter den schwarzen Kirchen einzelne geben, gegen die einige dieser Vorwürfe zu Recht erhoben werden können (vgl. Savage 2000), aber das macht die „Black Church“ insgesamt noch lange nicht zu einer „intrinsically anti-political agency“ (Reed 1986, S. 60). Für eine historische Analyse der politischen Rolle schwarzer Kirchen ist es zudem wichtig, den Begriff „politisches Engagement“ nicht nur als direkte Teilnahme an politischen Institutionen zu definieren (von der viele Afroamerikaner bis in die 1960er Jahren ausgeschlossen waren), sondern auch „community building and empowering activities“ mit einzubeziehen, also die Entwicklung einer eigenen Identität und gemeinsamer Zielvorstellungen sowie den Widerstand gegen weiße Machtstrukturen (Paris 1985, S. 22f., Lincoln/Mamiya 1990, S. 197–199). Setzt man diese erweiterten Kriterien ein, so lässt sich das politische Engagement schwarzer Kirchen von Anfang an bezeugen.

Die ersten schwarzen Baptistengemeinden entstanden im Zuge der religiösen Erweckungsbewegungen des so genannten „First Great Awakening“ um 1750 in Virginia und Georgia. Während der folgenden Jahre breiteten sie sich im Süden aus und wurden zunehmend unabhängig von ihren weißen „Muttergemeinden“. 1772 wurde in der „Buckhead Creek Baptist Church“ in South Carolina zum ersten Mal offiziell ein Afroamerikaner, George Liele, zum Priester geweiht. Liele, ein Sklave, der später freigelassen wurde, gründete im folgenden Jahr zusammen mit dem ehemaligen Sklaven David George die „Silver Bluff Black Baptist Congregation“ in South Carolina. Diese schwarze Baptistengemeinde gilt allgemein als der offizielle Beginn der „Black Baptist“-Gemeinschaft, die heute mit über 50000 Gemeinden und rund 12 Millionen Mitgliedern die größte und wohl einflussreichste aller schwarzen Religionsgemeinschaften in den USA ist.[3] Da die frühen Gemeinden der „Black Baptists“ alle im Süden Amerikas gegründet wurden, spielten sie von Anfang an eine große Rolle im Hinblick auf die oben erläuterte Identitätsbildung und Überlebensstrategie der Sklaven.[4] Gottesdienste und religiöse Versammlungen waren oft die einzige Möglichkeit der Schwarzen, unbeaufsichtigt zusammenzukommen und über die Grenzen der Plantagen hinweg miteinander zu kommunizieren. Die umherziehenden Prediger fungierten zugleich als Nachrichtenübermittler. Sie hatten große soziale Autorität und rechtfertigten die Ablehnung der Sklaverei aus dem Glauben. So betonten die „Black Baptists“ stets die oben genannten Elemente der Befreiungstheologie und verkündeten, Gott werde seine „schwarzen Kinder“ genauso aus der Gefangenschaft führen, wie er das Volk Israel aus Ägypten befreit habe. Die Sklaverei wurde als Sünde gegen den Willen Gottes angesehen und somit jeder Widerstand gegen die weiße Herrschaft als dem Geiste Jesu gemäß legitimiert. Natürlich wurde die Weitergabe solcher Inhalte möglichst vor den Weißen verborgen, entweder bei geheimen religiösen Versammlungen oder durch kodierte Kommunikationsformen wie Geschichten, Fabeln („Trickster Tales“) und Lieder. So hat wohl kaum ein Sklavenhalter, der sich am melodiösen Gesang seiner Schwarzen erfreute, realisiert, dass er selbst der grausame „Pharao“ war, dessen Entmachtung in Liedern wie „When Israel Was in Egypt's Land“ herbeigewünscht wurde. Beachtenswert ist in diesem Zusammenhang auch die ambivalente Haltung der Weißen zur Religiosität ihrer Sklaven. Einerseits förderten viele dieselbe, weil sie glaubten, dass ein christlicher Sklave „zivilisierter“, vor allem fleißiger, ehrlicher und gehorsamer sei als ein heidnischer. Auf der anderen Seite empfanden die Weißen jedoch jede Art von schwarzer Unabhängigkeit oder etwa Kritik an den bestehenden Verhältnissen als Bedrohung, die sie mit größter Härte unterdrückten. Das wahre Ausmaß des politischen Engagements schwarzer Kirchen blieb den Weißen jedoch meist verborgen – zumal diese aus Vorsicht zunehmend im Geheimen operierten. Deshalb wurde die „Black Church“ in der Zeit vor dem Bürgerkrieg auch die „Invisible Church“ genannt.

Bis zum Ende des 18. Jahrhunderts hatten sich schwarze Pfarrer meist damit begnügt, mehr oder weniger versteckt die Sklaverei zu verurteilen und den Gläubigen Mut zu machen. Viele von ihnen hofften, dass die Südstaaten dem Beispiel der Nordstaaten folgend nach der Revolution auch allmählich die Sklaverei abschaffen würden. Stattdessen breitete diese sich jedoch mit der aufblühenden Baumwollindustrie im 19. Jahrhundert im Süden ganz massiv aus. Daraufhin verschärfte sich auch der schwarze Widerstand. So wurden die drei größten Sklavenaufstände beziehungsweise Verschwörungen der amerikanischen Geschichte unter dem Deckmantel religiöser Zusammenkünfte geplant, von schwarzen Predigern initiiert und angeführt: die Gabriel-Prosser-Rebellion 1800 in Richmond, Virginia, die Verschwörung des Denmark Vesey 1822 in Charleston, South Carolina sowie der blutige Aufstand von Nat Turner 1830 in Southampton County, Virginia. Obwohl alle drei Rebellionen letztendlich scheiterten, so entlarvten sie zumindest die beliebte Darstellung weißer Südstaatler, ihre Sklaven seien doch glücklich und zufrieden, als verlogenen Mythos. Der Aufstand des ehemaligen Baptistenpredigers und Mystikers Turner ist zugleich ein Beispiel dafür, dass selbst mystische und scheinbar jenseitsorientierte Formen der Religion durchaus zu revolutionären Taten auf Erden inspirieren können. Denn Turners apokalyptische Visionen hatten ihn überzeugt, dass die Sklaverei nur mit Gewalt abgeschafft werden könne (dies galt übrigens auch für John Brown).

Die „Black Church" war auch maßgeblich an der so genannten „Underground Railroad" beteiligt – einer Untergrundorganisation, die Sklaven bei der Flucht in den Norden unterstützte. Kirchen dienten als „Bahnhöfe" dieser Untergrundbahn, Pfarrer und Gemeindemitglieder versteckten und versorgten die Flüchtigen und halfen ihnen weiter. Allein Harriet Tubman führte als „Schaffner" auf diesem Weg über 300 Sklaven in die Freiheit und benutze dabei Spirituals wie „Steal Away to Jesus" als geheime Kommunikationsmittel. Obwohl Südstaatler ein Kopfgeld von 40 000 Dollar auf sie aussetzten, wurde Tubman (auch „Moses of her people" genannt) nie gefasst und diente während des Bürgerkriegs den Unionstruppen als Spionin und Beraterin. Insgesamt sollen Schätzungen zufolge etwa 90 000 Afroamerikaner mit Hilfe der „Underground Railroad" der Sklaverei entkommen sein (Jones 1980, S. 31; Horton/Horton 2001, S. 139–146).

Bei diesen und anderen Aktionen gegen die Sklaverei arbeiteten die „Black Baptists" mit anderen schwarzen Kirchen Hand in Hand, vor allem mit der 1794 in Philadelphia von Richard Allan und Absalom Jones gegründeten „African Methodist Episcopal Church" oder der von Peter Williams 1801 in New York ins Leben gerufenen „African Methodist Episcopal Zion Church". Letztere wurde allgemein als „Freedom Church" bekannt, denn ihr entstammten viele der großen Führungspersönlichkeiten der Abolitionistenbewegung, die sich die Abschaffung der Sklaverei zum Ziel gesetzt hatte, wie etwa Frederick Douglass, Harriet Tubman, Sojourner Truth und Thomas James (vgl. Wilmore 1983, S. 121). Wie zahlreiche andere Reformbewegungen auch, wurde die neue, radikale Abolitionistenbewegung des 19. Jahrhunderts durch den moralischen Impetus des „Second Great Awakening" inspiriert. Es ist daher kein Zufall, dass auch bei der offiziellen Organisation der Antisklavenbewegung schwarze Kirchen eine Vorreiterrolle hatten. So wurde 1832 die „New England Anti-Slavery-Society" im Keller eines Gemeindehauses der „Black Baptists" in Boston gegründet. 1837 wurde in New York die „Roger Williams Baptist Anti-Slavery Society" von schwarzen Baptistinnen ins Leben gerufen, und 1848 entstand mit der „Union Anti-Slavery Baptist Association" in Ohio die erste rein afroamerikanische Abolitionistenvereinigung der USA.

Schwarze Kirchen waren zudem oft an der Organisation von Versammlungen, Protestmärschen und Petitionen gegen die Sklaverei beteiligt; sie verteilten Flugblätter, warben für Abraham Lincoln als Präsidentschaftskandidaten und viele ihrer Mitglieder unterstützten während des Bürgerkrieges aktiv die Unionstruppen.

Nach dem Ende der Sklaverei (1865) erfolgte durch die Verabschiedung des 14. und des 15. Verfassungszusatzes, die offiziell allen schwarzen Amerikanern die Bürgerrechte (1869) und das Wahlrecht (1870) verliehen, ein weiterer maßgeblicher Schritt zur Befreiung und Gleichberechtigung der Schwarzen, der ihnen erstmals auch eine direkte politische Partizipation ermöglichte. So kam es während der so genannten „Reconstruction“ (1865–1876), in der die Anwesenheit von Unionstruppen in den Südstaaten für die Einhaltung der neuen Gesetze sorgte, zu einer ersten Blütezeit afroamerikanischer Politik: Zwischen 1870 und 1890 wurden zwei schwarze Senatoren und 18 Abgeordnete in den U.S.-Kongress gewählt – alle aus den Südstaaten. Dazu kam eine beachtliche Anzahl schwarzer Amtsinhaber auf Einzelstaats- und Lokalebene. Dass sich unter diesen afroamerikanischen Politikern zahlreiche Pfarrer und Prediger befanden (z. B. der U.S.-Senator Reverend Hiram Revels, der U.S.-Abgeordnete Reverend Richard Cain oder der Georgia-Abgeordnete Bischof Henry McNeal Turner), überrascht kaum. Zum einen kam der „Black Church“ als der wichtigsten, unabhängigen Organisation der Schwarzen, die aus der Zeit der Sklaverei stammte, auch nach dem Bürgerkrieg eine gesellschaftliche Führungsfunktion zu (so wurden die ersten schwarzen Schulen, Universitäten und wirtschaftlichen Kooperationseinrichtungen von Kirchen gegründet und geleitet). Zum anderen war die Kirche lange Zeit der einzige Bereich gewesen, in dem Afroamerikaner Eigeninitiative und organisatorische Fähigkeiten entwickeln konnten. Und die Kanzel als das einzige Forum, in dem Schwarze öffentliche Reden halten durften, stellte eine hervorragende Übungsmöglichkeit für angehende Politiker dar. Da es zudem, wie erwähnt, bei Afroamerikanern eine traditionelle Verbundenheit von geistlicher und weltlicher Autorität gab, fielen den Pfarrern neben den spirituellen auch soziale und politische Führungsfunktionen zu.

Das Ende der „Reconstruction“ bedeutete im Süden der USA neben erneuter wirtschaftlicher Ausbeutung und legaler Rassentrennung auch die politische Entmachtung der schwarzen Amerikaner. Durch raffinierte Wahlzugangsbeschränkungen, wirtschaftlichen Druck und brutalen Terror gelang es weißen Rassisten im Süden, ihre afroamerikanischen Mitbürger vollkommen vom politischen System auszuschließen. Der letzte schwarze Kongressabgeordnete der „Reconstruction“-Ära, George White, verlor sein Amt mit der Jahrhundertwende. Danach gab es fast dreißig Jahre lang überhaupt kein schwarzes Mitglied des Kongresses mehr, und erst 1973 zog erstmals wieder ein Afroamerikaner aus den Südstaaten in das Abgeordnetenhaus auf dem „Capitol Hill“ ein. Gerade wegen dieses erneuten Ausschlusses der Schwarzen von allen offiziellen Zugängen zum politischen System im Süden der USA diente die „Black Church“ weiterhin als wichtigstes Instrument der afroamerikanischen Interessenvertretung. Mit Beginn des 20. Jahrhunderts entwickelten sich aggressivere Formen des Protests, die sowohl von stärkerer Öffentlichkeitsarbeit als auch von der Gründung neuer Bürgerrechtsorganisationen geprägt war. Das Zeitalter des so genannten „New Negro“ brach an und damit auch eine neue Ära des schwarzen Widerstandes.

Von der „Great Migration“ zum „Voting Rights Act“: Schwarze Kirchen und die Bürgerrechtsbewegung

Schlechte Lebensbedingungen im Süden gepaart mit der Hoffnung auf mehr Gleichberechtigung und besser bezahlte Arbeitsplätze in den wachsenden Industriestädten des Nordens motivierten zwischen 1914 und 1930 rund zwei Millionen Afroamerikaner dazu, ihre Südstaatenheimat zu verlassen und ihr Glück im Norden der USA zu suchen. Dieses als „Great Migration“ bezeichnete Phänomen führte zu einem sprunghaften Anstieg der schwarzen Bevölkerung in den Städten des Nordens, insbesondere in Chicago, Philadelphia, New York, Cleveland, Pittsburgh und Detroit. Die sozialen Spannungen in den schwarzen Ghettos dieser Städte, Armut und Orientierungslosigkeit vieler Neuankömmlinge führten zu großem Zulauf bei schwarzen Kirchen und anderen Glaubensgemeinschaften, die moralischen Halt sowie praktische und wirtschaftliche Hilfestellung anboten (Billingsley 1999; Jones 1980).[5]

Von den nichtchristlichen Gruppen, die während dieser Zeit entstanden, ist vor allem die „Nation of Islam“ (NOI) erwähnenswert, die durch Marcus Garveys 1916 in New York entstandene „Universal Negro Improvement Association“ sowie den 1913 von Timothy Drew in Newark gegründeten „Moorish Science Temple“ inspiriert wurde. Nach Drews plötzlichem Verschwinden organisierte einer seiner Anhänger, Wallace D. Fard (alias Wali Farrad Mohammad), 1930 im schwarzen Ghetto von Detroit die NOI. Auch Fard verschwand vier Jahre später unter mysteriösen Umständen (in beiden Fällen gab es den Verdacht, aber keinen Beweis für Mord). Daraufhin erklärte sich dessen Stellvertreter Elijah Poole (alias Elijah Muhammad) zu dessen Nachfolger. Wenig später verkündete Elijah, dass Fard in Wahrheit Allah in Menschengestalt gewesen und er selbst dessen mit göttlicher Autorität versehener Prophet sei. Auf die zahlreichen von Muhammad aufgestellten Doktrinen und strengen Verhaltensregeln der NOI kann hier nicht näher eingegangen werden. Wichtig für die politische Bedeutung der Organisation ist jedoch, dass sie großen Wert auf Selbsthilfe und auf kulturelle Identitätsbildung legte. So waren alle Mitglieder dazu verpflichtet, die Organisation finanziell zu unterstützen und sich Kenntnisse der eigenen (schwarzen) Geschichte und Kultur anzueignen. Das Gruppenzugehörigkeitsgefühl wurde zudem durch ein gemeinsames Namenssymbol gestärkt: die Unbekannte „X" ersetzte den bisherigen Nachnamen jedes Mitglieds, da dieser „Sklavenname" meist von den weißen Besitzern seiner Vorfahren stammte, so lange, bis sein ursprünglicher, afrikanischer Familienname ausfindig gemacht werden konnte. Außerdem unterschied sich das Gottes- und Menschenbild der NOI nicht nur von dem des Christentums, sondern auch von dem des klassischen Islam. Die Heilsgeschichte der NOI besagt, dass ein schwarzer Gott, Allah, die ersten Menschen der Erde als Schwarze geschaffen habe. Während der schwarze Mensch ein gutes, göttliches Wesen habe („divine by nature"), sei der wesentlich später von einem niederträchtigen Wissenschaftler (Dr. Yakub) gezüchtete weiße Mensch essentiell schlecht und böse („evil by nature"). Den gierigen „blauäugigen Teufeln" sei es gelungen, die Herrschaft über die durch mangelnden Glauben schwach gewordenen Schwarzen zu erlangen. Aber durch sein Erscheinen in Gestalt Wali Farrads habe Allah sein Volk auf den rechten Weg zurückgeführt. Er werde seinen gläubigen schwarzen Kindern dabei helfen, das Joch der weißen Teufel abzuschütteln und denen, die auf ihn vertrauen, in der finalen Schlacht von Armageddon zum endgültigen Sieg verhelfen (Lee 1988; Lincoln 1973; Evanzz 1999; Scharenberg 1998).

Als unabhängige Organisation, welche die Überlegenheit der schwarzen Rasse predigte und jede Zusammenarbeit mit den Weißen sowie jede Form der Rassenmischung konsequent ablehnte, bildete die NOI während der kommenden Jahrzehnte einen kleinen, aber nicht unbedeutenden Gegenpol zu den Integrationsbestrebungen der Bürgerrechtsbewegung. Sie erfreute sich besonderer Beliebtheit bei den in „weißen" Gefängnissen eingesperrten schwarzen Strafgefangenen, aus denen sich ein Großteil ihrer wachsenden Mitgliederschar rekrutierte. Zu diesen „prison converts" gehörte 1948 auch Malcolm Little bzw. Malcolm X, der zum populärsten Prediger der NOI und zum großen Kontrahenten von Martin Luther King, Jr. werden sollte.

Die „Great Migration" war jedoch nicht nur Geburtshelferin der NOI und anderer nichtchristlicher Religionsgemeinschaften, sondern sorgte in den schwarzen Ghettos der Großstädte auch für die Neugründung zahlreicher christlicher Gemeinden. Ein Teil dieser neuen afroamerikanischen Stadtkirchen gehörten zu den traditionellen Gemeinschaften (wie die schwarzen Baptisten oder Methodisten), aber es entstanden auch ganz neue Kirchen, die sich vorwiegend in angemieteten Ladenräumen etablierten, die „Storefront Churches". Besonders zahlreich unter diesen waren evangelikale beziehungsweise „Holiness"- oder „Pentecostal Churches". Die einflussreichste dieser schwarzen Pfingstgemeinden war und ist die „Church of God in Christ" (COGIC), die 1897 von dem ehemaligen Baptistenpfarrer Charles Mason bei Lexington, Mississippi, gegründet wurde und sich 1907 als eine neue nationale Glaubensgemeinschaft („Pentecostal General Assembly") organisierte (Williams/Dixie 2003, S. 149–170; Lincoln/Mamiya 1990, S. 76–91). Zunächst von vielen etablierten Kirchen als „Sekte" bezeichnet und kaum beachtet, erfreute sich die COGIC seit den 1920er Jahren wachsender Beliebtheit und zählt heute mit über fünf Millionen Mitgliedern ohne Zweifel zu den bedeutenden Religionsgemeinschaften der USA.

Beachtenswert ist hierbei, dass die „Black Pentecostals" offensichtlich weniger „jenseitsorientiert" und deutlich mehr an sozialem und politischem Aktivismus interessiert waren und sind, als man es von diesen tiefreligiösen und im moralischen Bereich oft sehr konservativen Kirchen erwarten würde. So befürworten immerhin 78% der COGIC-Pfarrer (im Vergleich zu 91,6% aller schwarzen Geistlichen) ein aktives soziales und politisches Engagement ihrer Kirchen, insbesondere für schwarze Bürgerrechte bzw. gegen jede Form der Ausgrenzung und Diskriminierung von Minderheiten. Neuere Studien haben zudem gezeigt, dass trotz aller Gemeinsamkeiten in der Form ihrer Spiritualität und in vielen der so genannten „moral issues" (z. B. Abtreibung, Bedeutung des Schulgebets, Hochhaltung der traditionellen Familienwerte), schwarze Evangelikale in politischer Hinsicht wesentlich links-liberaler sind als die größtenteils rechts-konservativen weißen Evangelikalen. Deshalb kam es bisher auch noch zu keiner Allianz zwischen der so genannten „Christian Right", die sich seit den 1970er Jahren politisch zu organisieren begann (vgl. Wilcox/Larson in diesem Band), und den „Black Evangelicals", die sich schon seit ihrer Gründungszeit gemeinsam mit anderen schwarzen Kirchen für die sozialen und politischen Interessen der Afroamerikaner engagiert haben (Calhoun-Brown 1998, S. 80–103; Lincoln/Mamiya 1990, S. 221–227).

Die sich seit Beginn des 20. Jahrhunderts graduell verstärkende „Abwanderung" von Mitgliedern der traditionellen schwarzen Religionsgemeinschaften zu den Pfingstgemeinden stellte darum kein Hindernis für das politische Engagement der „Black Church" dar. Im Gegenteil, das entschiedene Engagement aller schwarzen Kirchen gegen Rassismus und Diskriminierung wurde zum wichtigsten Träger der modernen schwarzen Bürgerrechtsbewegung. Die dezentralisierte Struktur der „Black Baptists" räumte diesen hierbei einen größeren Spielraum für politisches Engagement ein, als ihn die eher hierarchisch gegliederten Denominationen hatten (z. B. AME, AMEZ). Da es bei den „Black

Baptists" keinen Bischof und keine Obrigkeit gibt, deren Anweisungen für die Ortsgemeinden bindend ist, konnten die Gemeinden sich auch an politischen Aktionen und Bürgerrechtsprotesten beteiligen, die der Leitung der „National Baptist Convention, USA Inc." (NBC) zu radikal erschienen. Diese Unabhängigkeit in Verbindung mit ihrer Mitgliedsstärke und der bereits erwähnten besonderen Betonung der Befreiungstheologie bei den „Black Baptists" ist die Ursache dafür, dass unter den bedeutenden Führungspersönlichkeiten der Bürgerrechtsbewegung überdurchschnittlich viele schwarze Baptisten zu finden sind.

Die essentielle Bedeutung der „Black Church" für die Erfolge des schwarzen Freiheitskampfes vom frühen 20. Jahrhundert bis zu den 1960er Jahren soll im folgenden Überblick an einigen Beispielen verdeutlicht werden: So wiesen schwarzer Pfarrer in ihren Predigten und Publikationen immer wieder auf die Diskriminierung von Afroamerikanern hin und appellierten an das Gewissen ihrer weißen Mitchristen, sich am Kampf gegen den Rassismus zu beteiligen. Dabei scheuten sie sich auch nicht vor direkter Kritik an der amerikanischen Regierung. Der Baptistenpfarrer William B. Reed griff beispielsweise 1909 in einem öffentlichen Protestschreiben Präsident William Howard Taft für dessen Politik der stillschweigenden Duldung an, ohne die Reeds Ansicht nach die unmenschliche Behandlung von Afroamerikanern im Süden längst ein Ende gefunden hätte.

Reverend Reed und zahlreiche andere schwarze Pfarrer – wie Reverend Reverdy Ransom und J. Milton Waldron – gehörten auch zu den Gründungsmitgliedern der ebenfalls 1909 in New York gegründeten „National Association for the Advancement of Colored People" (NAACP). Diese älteste und bis heute größte Bürgerrechtsorganisation der USA versuchte vor allem auf dem Gerichtsweg, die Durchsetzung schwarzer Rechte zu erreichen. Dabei stellte der Kampf gegen den Entzug des Wahlrechts zunächst die erste Priorität dar. Zu den wichtigsten frühen Erfolgen der NAACP gehörte dann auch das Verbot der „grandfather clause" (1915)[6] und die Abschaffung der behördlichen Pflichtsegregation von Wohn- und Wahlbezirken (1925). Die NAACP organisierte aber auch eine Reihe von Protestmärschen, Demonstrationen und Boykotte. Schwarze Kirchenmitglieder waren hierbei stets die verlässlichsten Teilnehmer und nicht selten Anführer der Proteste. In vielen Gemeinden trafen sich die NAACP-Mitglieder direkt nach dem Segen im Kirchenraum, und ein allgemein bekanntes Sprichwort lautete: „the black church is the NAACP on its knees" (Wilmore 1983, S. 142; Lincoln/Mamiya 1990, S. 208 f.).

Neben ihrer Arbeit für die NAACP engagierten sich viele schwarze Kirchen auch im „Anti-Lynching Movement" (zwischen 1890 und 1920 wurden im Süden mehr als 3400 Afroamerikaner von weißen Rassisten „gelyncht", also grausam ermordet). Angeführt von Ida Wells-Barnett, einer tiefgläubigen Kämpferin für die Rechte von Schwarzen und Frauen, organisierten schwarze Christen zahlreiche Demonstrationen gegen diese Barbarei. Sie richteten Appelle an die Regierungen der betroffenen Staaten, an die Bundesregierung, an die Gerichtshöfe und an den Kongress. Außerdem machten sie durch zahlreiche Publikationen eine breite Öffentlichkeit auf die Gräueltaten im amerikanischen Süden aufmerksam und sie leisteten den Familien von Lynchopfern geistlichen und finanziellen Beistand. Zwar scheiterte 1921 ein von ihnen unterstützter Gesetzentwurf gegen das Lynchen im Kongress, aber der durch ihre Aktionen herbeigeführte Umschwung in der öffentlichen Meinung trug gewiss dazu bei, dass die Zahl der Lynchmorde in den folgenden Jahren beständig zurückging.[7]

Eine wichtige Rolle spielte die „Black Church" natürlich auch im Bereich der „electoral politics". So war sie im Norden seit dem Bürgerkrieg eine der wichtigsten Institutionen, die schwarze Wähler mobilisierten und Kandidaten für politische Ämter in ihren Kirchen ein Forum boten, um sich und ihre Ideen der schwarzen Öffentlichkeit vorzustellen. Der Erfolg von Oscar DePriest, der als erster schwarzer Abgeordneter aus den Nordstaaten 1929 in den Kongress gewählt wurde, ging nicht zuletzt auf seine Unterstützung durch schwarze Kirchen zurück. Auch im Süden gab es immer wieder Versuche schwarzer Christen, Zugang zum politischen System zu bekommen, die allerdings noch vergeblich blieben. Der politisch erfolgreichste schwarze Pfarrer dieser Zeit war Adam Clayton Powell von der „Abyssinian Baptist Church" in Harlem. Powell, der schon im Alter von 22 Jahren Protestmärsche gegen Rassendiskriminierung durch die Straßen von New York anführte und während der Depressionszeit ein großes Kirchenhilfsprogramm für Bedürftige ins Leben rief, erlangte durch den Erfolg seiner Aktionen große Popularität. 1941 wurde Powell Mitglied des Stadtrats von New York und 1944 als erster Afroamerikaner aus Harlem in den Kongress gewählt, wo er bis 1967 als unermüdlicher Fürsprecher schwarzer Interessen tätig war (Smock 1990, S. 113–115; Lincoln/Mamiya 1990, S. 210 f.).

Zu den weniger bekannten Aktivitäten der „Black Church" gehörte die Unterstützung schwarzer Gewerkschaften. Obwohl die meisten Kirchenleitungen offiziell der Gewerkschaftsbewegung – die ja als sozialistisch und damit unchristlich galt – eher kritisch gegenüberstanden, unterstützten einzelne Priester und Gemeinden sehr wohl die schwarzen Gewerkschaften als ein wichtiges Instrument gegen die wirtschaftliche Ausbeutung schwarzer Amerikaner. A. Philip Randolphs „Brotherhood of Sleeping Car Porters" beispielsweise wäre ohne die Hilfe schwarzer Gemeinden kaum so erfolgreich gewesen. Versammlungen der „Pullman Porters" fanden oft in Kirchen statt und waren stets gut besucht. Randolph selbst lobte das Engagement schwarzer Pfarrer und Kirchenmitglieder als „crucial to his movement's strength". Das Engagement der Gewerkschaften kam zudem auch der Bürgerrechtsbewegung zugute. So war es beispielsweise Randolphs Androhung eines „March on Washington", die Präsident Roosevelt 1941 dazu bewegte, durch eine „Executive Order" die Rassendiskriminierung in der Rüstungsindustrie, in Regierungsbetrieben und öffentlichen Trainingsprogrammen zu verbieten.[8]

Durch den Zweiten Weltkrieg erhielten die über eine Million Afroamerikaner, die von 1941 bis 1945 in den amerikanischen Streitkräften dienten, ein größeres Selbstwertgefühl. Viele waren nicht mehr dazu bereit, sich nach ihrer Rückkehr weiterhin als Menschen zweiter Klasse behandeln zu lassen. Außerdem brachte der Kampf gegen das Hitler-Regime auch die moralische Heuchelei Amerikas besonders deutlich zutage. Schwarze Pfarrer wurden nicht müde, die Doppelmoral der U.S.-Regierung zu verurteilen, die zwar den Rassismus der Nazis bekämpfte, ihn jedoch im eigenen Land duldete. Auch die bekannte Baptistin Nannie Helen Burroughs warnte gegen Ende des Krieges ihre Mitbürger, vor der Rassenfrage in Amerika die Augen zu verschließen: „Let nobody fool you – we are in for a long, hard uphill battle on the American front (...). The home front battle will have to be fought by civilians – Negro and White – who want to free America of her home-made Hitlers" (zit. Fitts 1985, S. 269).

Burroughs Prophezeiung sollte sich erfüllen, denn bis auf die von Präsident Truman 1948 angeordnete Desegregation der Streitkräfte blieb die Regierung im Hinblick auf die Diskriminierung schwarzer Bürger im Süden weiterhin untätig. So ging der „home front battle" weiter, und in den 1950er und 1960er Jahren kam es zu einer Flut von neuen, massiven Protesten schwarzer Amerikaner, die schließlich zur größten Bürgerrechtsrevolution der amerikanischen Geschichte wurde. Es ist unmöglich, hier auch nur ansatzweise auf die vielen verschiedenen Ereignisse dieser Zeit einzugehen (vgl. hierzu Williams 1987; Garrow 1989; Sitkoff 1993). Beachtenswert ist jedoch sicherlich, dass nahezu alle bedeutenden Führungspersönlichkeiten der Bürgerrechtsbewegung schwarze Pfarrer oder kirchliche Laien waren, die meisten von ihnen „Black Baptists": so Reverend Martin Luther King, Jr., Reverend Ralph Abernathy, Reverend Fred Shuttlesworth, Reverend C. T. Vivian, Reverend Theodore Jamison, Reverend Wyatt Walker, John Lewis, Ella Baker, Fannie Lou Hamer, Diane Nash, Marian Wright Edelman und Bernice Reagon Johnson. Die Kirchen waren die Tagungsstätten der Massenversammlungen und die Hauptträger des organisierten Widerstands, und es waren vor allem ihre Mitglieder, insbesondere Frauen, die unermüdliche Basisarbeit für die Bürgerrechtsbewegung leisteten, an den Demonstrationen und Protestmärschen teilnahmen,

Boykotte durchführten, Spenden und Unterschriften sammelten. Die von Ella Baker und Martin Luther King 1957 in Atlanta gegründete „Southern Christian Leadership Conference“ (SCLC) wurde zum politischen Arm der „Black Church“ und koordinierte die Protestmaßnahmen im ganzen Süden mit großem Erfolg. Aber auch die anderen, nichtkirchengebundenen und oft radikaleren Bürgerrechtsorganisationen wie beispielsweise das „Student Non-Violent Coordinating Committee“ (SNCC) oder der „Congress of Racial Equality“ (CORE) wurden von schwarzen Gemeinden unterstützt.

Der Preis für dieses Engagement war hoch: Neben den nahezu alltäglichen Repressalien, mit denen Segregationisten schwarze Bürgerrechtler und ihre Sympathisanten einzuschüchtern suchten, äußerte sich der Hass weißer Rassisten vor allem in den 1960er Jahren immer häufiger in brutalen Terrormaßnahmen. So wurden zwischen 1962 und 1965 im Süden 93 Kirchen von weißen Rassisten bombardiert oder verbrannt, davon 33 allein während des so genannten „Mississippi Freedom Summer“ von 1964. Im gleichen Sommer wurden in Mississippi neun schwarze Bürgerrechtler umgebracht, 35 angeschossen und 31 Häuser bombardiert (Waldschmidt-Nelson 1998, S. 71–77; Williams 1987, S. 207–249). Sogar Kinder verloren ihr Leben, beispielsweise starben am 15. September 1963 vier kleine Mädchen während des Sonntagsgottesdienstes durch eine Bombenexplosion in Birmingham, Alabama – ein Verbrechen, das die ganze Nation erschütterte (vgl. Anm. 2).

Für die schwarzen Separatisten, insbesondere die „Nation of Islam“, war dieser brutale „white backlash“ nur ein Beweis dafür, dass jeder Versuch, sich mit den „blauäugigen Teufeln“ zu versöhnen und ein gleichberechtigtes Miteinander anzustreben, vollkommene Zeitverschwendung war. Als offizieller Sprecher der NOI und Stellvertreter Elijah Muhammads verlieh der charismatische Malcolm X mit brillanter Rhetorik der afroamerikanischen Wut und Frustration eine Stimme, die in ganz Amerika – später weltweit – gehört wurde. Rassenintegration sei das falsche Ziel und Gewaltlosigkeit eine lächerliche Idee, die im Umgang mit inhärent bösen Menschen, wie es die Weißen nun einmal seien, nicht funktionieren könne. Nur mit Mut und gegebenenfalls bewaffneter Selbstverteidigung könne man den „weißen Teufel“ zur Räson bringen, predigte Malcolm. Schwarze sollten stolz auf ihr afrikanisches Erbe sein und endlich das Joch der weißen Ausbeuter abwerfen. Wenn diese den Afroamerikanern die ihnen zustehenden Rechte nicht freiwillig gäben, müsse man sie sich eben mit Gewalt nehmen. Erfolgreiche Revolutionen kosteten immer Blut (vgl. Breitman 1965). Malcolm änderte zwar 1964 nach einer Reise nach Mekka seine Ansichten über das „teuflische Wesen“ der Weißen, wandte sich dem klassischen Islam zu und nahm den Namen El Hajj Malik El-Shabbaz an. Dann verließ er die NOI und gründete eine eigene Organisation (die

„Organization of Afro-American Unity"), woraufhin er 1965 von Anhängern Elijah Muhammads ermordet wurde. Aber Malcolm sollte als Ikone des schwarzen Widerstands und eines neuen afroamerikanischen Selbstwertgefühls in die Geschichte eingehen. Sein Einfluss war von entscheidender Bedeutung für die Radikalisierung des schwarzen Protests, vor allem unter den jüngeren Aktivisten. Viele sehen Malcolm X als den geistigen Vater der „Black Power"-Bewegung, und sein Vermächtnis ist, besonders unter schwarzen Jugendlichen und in der afroamerikanischen Kunst- und Musikszene, bis heute allgegenwärtig (Scharenberg 1998; Waldschmidt-Nelson 2004). Malcolm trug aber nicht nur zur Radikalisierung der Bewegung bei, weswegen er allgemein als großer Gegenspieler von Martin Luther King gesehen wurde, sondern er förderte indirekt auch dessen Erfolg. Denn dadurch, dass die Weißen das Horrorszenario einer blutigen Revolution hasserfüllter Schwarzer vor Augen hatten, welches Malcolm in seinen Reden beschwor, erschienen die im Grunde ebenfalls revolutionären Forderungen Kings vergleichsweise harmlos und in jedem Fall die bessere Alternative zu sein.[9]

Angesichts des brutalen Widerstands weißer Rassisten wären sicherlich wesentlich mehr Schwarze den Aufrufen zur Gegengewalt gefolgt, hätte es nicht das starke, pazifistische Fundament der „Black Church" gegeben, die bei aller entschiedenen Einforderung von Freiheit und Gerechtigkeit gleichzeitig immer für eine Versöhnung mit den Weißen und ein friedliches Miteinander aller „Kinder Gottes" eintrat. Ohne den festen Glauben der schwarzen Kirchen an das Gebot der christlichen Nächstenliebe wäre die Bürgerrechtsbewegung den Idealen der Gewaltlosigkeit kaum in dem hohen Maße verpflichtet geblieben, wie sie es bis zur Mitte der 1960er Jahre war. Gerade in dem gewaltlosen Protest und seiner moralischen Stoßkraft lag jedoch das Geheimnis des Erfolgs der Bewegung. Die Bereitschaft, nicht nur in der Theorie, sondern in der Praxis – wie Jesus – seine Unterdrücker zu lieben statt zu hassen, für Verständnis zu werben statt zurückzuschlagen, sanftmütig, aber unnachgiebig in der Sache zu sein, diese Strategie hob die Bürgerrechtsaktivisten auf eine moralisch höhere Ebene als ihre Gegner. Das durchs Fernsehen weltweit sichtbare Leiden standhafter schwarzer Bürgerrechtler, die von Segregationisten brutal misshandelt wurden, appellierte direkt an die religiösen Werte, die offiziell auch die des „christlichen Amerikas" waren. Dies sorgte für einen allmählichen Stimmungsumschwung im Land und zwang schließlich die Bundesregierung zum Handeln. Als Präsident Johnson 1965 seine große Rede zur Befürwortung des „Voting Rights Act" hielt, mahnte er, Amerika müsse endlich seinen Rassismus überwinden und die Gerechtigkeit siegen lassen. Er schloss mit den Refrain-Worten der schwarzen Bürgerrechtshymne: „We Shall Overcome".

Für Martin Luther King, Jr., der 1964 den Friedensnobelpreis erhielt, war der Weg der Gewaltlosigkeit und Liebe jedoch nicht nur eine Frage des Pragmatismus, sondern Ausdruck seiner tiefsten religiösen Überzeugung. Er wurde zur Symbolfigur der Bürgerrechtsbewegung, gerade weil sein Glaube eine vollkommene Synthese aller Leitelemente afroamerikanischer Religion darstellte. Kings Predigten und Reden waren tief in der jahrhundertealten Tradition der „Black Church" verwurzelt, und seine berühmte „I Have a Dream"-Rede vom 28. August 1963 kann als Credo der Bürgerrechtsbewegung gelten. Deren folgender Auszug zeigt deutlich die Verschmelzung von Politik und Glaube, die den schwarzen Freiheitskampf immer geprägt hat:

„Now is the time to rise from the dark and desolate valley of segregation to the sunlit path of racial justice (...) I still have a dream. It is a dream deeply rooted in the American dream that one day this nation will rise up and live out the true meaning of its creed – we hold these truths to be self-evident, that all men are created equal (...) This will be the day (...) when all of God's children – black men and white men; Jews and Gentiles, Catholics and Protestants – will be able to join hands and to sing in the words of the old Negro spiritual, 'Free at last, free at last; thank God Almighty, we are free at last'" (zit. Washington 1992, S. 102–106).

Die Geschichte der Bürgerrechtsbewegung ist deshalb zugleich afroamerikanische Kirchengeschichte, auch wenn nicht alle schwarzen Kirchen King und seinem Ansatz uneingeschränkt folgten. Es gab zum Teil erhebliche innerkirchliche Auseinandersetzungen zwischen dem in Hinblick auf Bürgerrechtsaktivismus eher konservativen Flügel der „Black Church" (beispielsweise Reverend J. H. Jackson und der NBC), der engagierten, aber gemäßigten Mitte (beispielsweise Reverend King und der „Progressive National Baptist Convention", die 1961 von politisch engagierten Baptisten gegründet worden war) und dem radikalen Flügel (beispielsweise Reverend Albert Cleage und der 1966 gegründeten „National Conference of Black Churchmen", die der „Black Power"-Bewegung nahe stand). Diese Konflikte spiegelten allerdings im Grunde nur die ebenfalls vorhandenen Spannungen zwischen den verschiedenen Lagern innerhalb der Bürgerrechtsbewegung, so zwischen der eher konservativen NAACP, der gemäßigten SCLC und den radikaleren SNCC und CORE (Cone 1991; Williams/Dixie 2003, S. 267–281). Aber bis zur Mitte der 1960er Jahre hielt die Koalition all dieser Gruppen noch an, und die großen Erfolge der Bürgerrechtler sind Meilensteine in den Annalen der „Black Church" (insbesondere der „Civil Rights Act" von 1964, der jede Form der Segregation und Diskriminierung im öffentlichen Leben verbot, und der „Voting Rights Act" von 1965, der alle noch vorhandenen Wahlhindernisse für Afroamerikaner abschaffte).

Erfolge und bleibende Herausforderungen: Die politische Bedeutung der „Black Church“ seit den 1960er Jahren

Als das gemeinsame Ziel – die Abschaffung der legalen Rassentrennung und der politischen Entmündigung schwarzer Bürger – endlich erreicht war, brach angesichts des fortgesetzten „white backlash“ auf der einen und der aufsteigenden „Black Power“-Bewegung auf der anderen Seite die Bürgerrechtskoalition auseinander. In der zweiten Hälfte der 1960er Jahre kam es zu schlimmen Rassenunruhen in zahlreichen Städten des Nordens. Präsident Johnson verbrauchte die Gelder, die ursprünglich für sein „Great Society“-Programm vorgesehen waren, für den Vietnamkrieg, und Martin Luther King, der diesen Krieg beziehungsweise die Verbindung von Militarismus, Rassismus und Armut in Amerika öffentlich verurteilte, wurde 1968 ermordet. Die Erkenntnis, dass legale Gleichberechtigung allein weder den Rassismus abschaffen noch die wirtschaftliche Notlage eines Großteils der schwarzen Bevölkerung beenden konnte, sorgte für eine neue Prioritätensetzung der Bürgerrechtler und damit auch der „Black Church“.[10] Einige der radikaleren schwarzen Geistlichen sahen in einer neuen Form des schwarznationalistischen Christentums den richtigen Weg für die Zukunft. So gründete Reverend Albert Cleage 1967 den „Shrine of the Black Madonna“ und sein 1968 publiziertes Werk „The Black Messiah“ gilt als grundlegend für den Beginn einer neuen afroamerikanischen Theologie. Aufmerksamkeit erregte auch Reverend Leon Sullivan, der in den 1970er Jahren in Philadelphia das Konzept des „Black Capitalism“ ins Leben rief und zahlreiche, nur Afroamerikanern zugängliche „Opportunities Industrialization Centers“, gründete, die vor allem gegen Ende des Jahrzehnts großen Zulauf hatten (Fitts 1985; Williams/Dixie 2003). Die Mehrzahl der schwarzen Kirchen hielt jedoch weiter am Ideal der Integration und Kooperation mit weißen Amerikanern fest. Für sie ging es in den folgenden Jahrzehnten vor allem darum, den neuen Zugang zum politischen System für die Durchsetzung von Maßnahmen zu nutzen, von denen man sich eine nachhaltige Verbesserung der sozioökonomischen Lage schwarzer Amerikaner erhoffte. Auf kommunaler Ebene blieb die „Black Church“ zudem weiterhin ein wesentlicher Faktor für soziale und wirtschaftliche Hilfsprogramme, insbesondere in den Ghettos der Großstädte (vgl. Lincoln/Mamiya 1990, S. 236–273).

Reverend Ralph Abernathy, Kings Stellvertreter, der nach dessen Tod die Führung der SCLC übernommen hatte, setzte sich in den 1970er Jahren sehr dafür ein, die politische Effektivität seiner Organisation wieder zu reaktivieren. Gemeinsam mit anderen Bürgerrechtsorganisationen – vor allem der NAACP – gelang es der „Black Church“ in den folgenden Jahren durch gezielte

Unterstützung von schwarzen Kandidaten sowie durch große „voter mobilization drives" wesentlich zu den politischen Erfolgen der „Black Community" beizutragen. So stieg etwa die Anzahl der gewählten afroamerikanischen Amtsinhaber im Süden zwischen 1965 und 2004 von 72 auf rund 5000 und im gesamten Bundesgebiet der USA von weniger als 300 auf über 9000. Zudem gelang es in mehreren Großstädten, afroamerikanische Bürgermeister ins Amt zu wählen (z.B. in New York, Atlanta, Chicago und Los Angeles), und die Wähler im Staat West Virginia machten Douglas Wilder in den 1990er Jahren zum ersten – und bislang einzigen – schwarzen Gouverneur der USA. Auch die Zahl der schwarzen Kongressabgeordneten (von denen wie erwähnt viele Pfarrer oder aktive kirchliche Laien sind) stieg seit der Verabschiedung des „Voting Rights Act" von 7 auf 39 an. Der beeindruckende Erfolg von Reverend Jesse Jackson, der sich in den 1980er Jahren zweimal um das Amt des Präsidenten bewarb und dabei über 80% aller schwarzen Stimmen erhielt, wäre ohne die massive finanzielle und organisatorische Unterstützung schwarzer Kirchen undenkbar gewesen (sogar die relativ konservative NBC förderte den linksliberalen Jackson). Zwar hatte Jackson keine wirkliche Chance auf einen Wahlsieg, aber seine nationale Popularität erreichte ein Niveau, dass keinem Schwarzen seit Martin Luther King mehr zuteil geworden ist. Er mobilisierte eine neue Welle politischen Engagements innerhalb der afroamerikanischen Bevölkerung und schloss in der „Rainbow Coalition" eine erfolgreiche Koalition mit anderen Minderheiten (Cavanaugh/Foster 1984; Fitts 1985). Schwarze Kirchen unterstützten jedoch nicht nur Kandidaten wie Jackson, sondern auch weiße Politiker, die sie als potentielle Förderer afroamerikanischer Interessen ansehen. So luden Martin Luther King, Sr., und Andrew Young den wiedergeborenen Christen Jimmy Carter dazu ein, sich in schwarzen Kirchen im ganzen Süden den afroamerikanischen Wählern vorzustellen. Die Stimmen dieser Wähler gaben 1976 den entscheidenden Ausschlag für Carters Wahlsieg – ebenso wie 1992 für den Erfolg Bill Clintons bei den Vorwahlen der Demokratischen Partei und für den Sieg Al Gores bei der „popular vote" im November 2000.

Auch im Wahlkampf von 2004 spielte die „black vote" eine wichtige Rolle für die Demokratische Partei. Obwohl George W. Bush als wiedergeborener Christ der politische Liebling der „Christian Right" ist, hat er aus den oben genannten Gründen keine nennenswerte Gefolgschaft unter schwarzen Christen – auch nicht unter den Evangelikalen. Bei den letzten Wahlen erhielt Bush nur 8% der schwarzen Wählerstimmen. Wie im Zusammenhang mit der politisch progressiven Ausrichtung der „Black Pentecostals" bereits erläutert, macht die negative Haltung der Republikanischen Partei zu vielen sozialpolitischen Anliegen der schwarzen Bevölkerung (z.B. zu „Affirmative Action", Verbesserung der öffentlichen Gesundheitsfürsorge oder des sozialen Ausgleichs) sie für einen Großteil afroamerikanischer Wähler unattraktiv, obwohl viele von ihnen durchaus als „wertkonservativ" bezeichnet werden können. Seit der Neuformierung der Parteien in den 1960er Jahren, welche die Schwarzen zu treuen Stammwählern der Demokraten machte, steht auch die große Mehrzahl schwarzer Kirchen fest im Demokratischen Lager (vgl. Schreyer in diesem Band). Allerdings ist diese Situation nicht immer ideal. Denn während die Führungsspitze der Republikanischen Partei die Afroamerikaner als potentielle Wähler quasi abgeschrieben hat und deshalb deren Interessen kaum noch berücksichtigt, nehmen viele Demokraten die „black vote" als selbstverständlich hin. Konservative Demokraten, wie Bill Clinton, sind darum im Zweifelsfall immer dazu bereit, die Anliegen der „Black Community" zurückzustellen, wenn es um ihren eigenen politischen Vorteil geht (Waldschmidt-Nelson 1998, S. 376f.). Darum liegt eine der wichtigsten politischen Herausforderungen der „Black Church" darin, durch klare Stellungnahmen einerseits und geschicktes politisches Taktieren andererseits die parteipolitischen Strukturen Amerikas so gut wie möglich für die Interessen der Schwarzen zu nutzen. Die Präsidentschaftskandidatur des progressiven schwarzen „Pentecostal"-Pfarrers Alfred („Al") Sharpton aus New York im Wahlkampf 2004 kann als Versuch in diese Richtung gesehen werden.

In jedem Fall bleibt die Kanzel für schwarze Kirchen – nicht nur während des Wahlkampfes – ein wichtiges Forum politischer Meinungsäußerung. Immer wieder haben während der letzten Jahre schwarze Pfarrer in ihren Predigten die Entscheidungen der Bush-Regierung angegriffen, die ihrer Ansicht nach den Interessen der „Black Community" schadeten. Als weltweit größte afroamerikanische Kirchenorganisation verabschiedete die NBC 2003 auch eine international beachtete Resolution, in der sie den Irak-Krieg, Bushs Opposition zu universitären „Affirmative Action"-Programmen und seine Ernennung ultrakonservativer Bundesrichter scharf kritisierte.[11]

Neben dieser Auseinandersetzung mit der aktuellen Politik liegt eine weitere Herausforderung der „Black Church" darin, sich in einem seit den 1960er Jahren doch stark veränderten Umfeld als sozial und politisch relevante Institution zu behaupten. Seit dem Ende der Segregation haben sich auch im säkularen Bereich viele Möglichkeiten für Afroamerikaner eröffnet, wirtschaftliche Unabhängigkeit, organisatorische und politische Erfahrungen zu erlangen sowie soziale und professionelle Netzwerke aufzubauen, die für ein erfolgreiches politisches Engagement notwendig sind. DuBois sagte bereits 1903 vorher, dass im Rahmen der Säkularisierung der Gesellschaft die schwarzen Pfarrer durch andere „black professionals" als Führungspersönlichkeiten der „Black Community" ersetzt werden und die Kirchen an Einfluss verlieren würden. Doch dank des unermüdlichen Engagements der schwarzen Kirchen und der tief verwurzelten Religiosität der afroamerikanischen Bevölkerung hat sich diese Prognose bisher kaum bewahrheitet. Zwar ist der Anteil der Pfarrer unter den schwarzen Politikern mittlerweile nicht mehr ganz so hoch wie früher, aber die Rolle der Kirchen für den Wahlerfolg der nichtgeistlichen Amtsinhaber ist immer noch sehr groß, ebenso wie die Bereitschaft zum gegenseitigen Austausch und zur Kooperation (Lincoln/Mamiya 1990, S. 229–233).

Im Gegensatz zu vielen großen weißen Glaubensgemeinschaften, die zum Teil unter dramatischem Mitgliederschwund leiden (30–40%) haben schwarze Kirchen immer noch eine geradezu erstaunlich stabile Basis. 78% der Afroamerikaner sind aktive Kirchenmitglieder und sie gehen öfter zur Kirche (nicht nur sonntags) als jede andere Bevölkerungsgruppe der USA. Die unter Schwarzen in jüngster Zeit leicht zunehmende Popularität von östlichen Religionen (z. B. Buddhismus) und dem Islam stellt sicher eine spirituelle Herausforderung für die „Black Church" dar, hat aber bisher nur geringfügige Auswirkungen auf ihre Mitgliederzahlen und ihre politische Rolle gehabt.[12]

Eine weitere wichtige Herausforderung für die schwarzen Kirchen – besonders für diejenigen in den Großstädten Amerikas – liegt darin, den Kontakt zur allgemein kirchenskeptischen, oft desillusionierten und aggressiven schwarzen Ghettojugend nicht zu verlieren. Viele dieser Jugendlichen kommen aus zerbrochenen Familien und sind in einem Teufelskreis aus Arbeitslosigkeit, Armut, Drogensucht und Kriminalität gefangen, aus dem sie ohne Hilfe kaum herauskommen können.[13] Deshalb bemühen sich die schwarzen Kirchen, besondere Projekte und „Outreach Programs" ins Leben zu rufen, um diesen jungen Afroamerikanern neue Hoffnung zu geben und ihnen auch praktische Lebenshilfe zu leisten (die Unterstützung christlicher Rockbands, z. B. Kirk Franklins „Christian R&B", ist ebenfalls Teil dieses Engagements). Die Argumente der „Black Church" sind hierbei heute noch fast die gleichen wie zu Martin Luther Kings Zeiten: christliche Nächstenliebe und politische Organisation als Alternative zu Gewalt und Rassenhass sowie das so genannte „educational and economic empowerment" (eine gute Ausbildung gilt als Schlüssel für wirtschaftlichen Erfolg, soziale und politische Freiheit).

Ebenso wie vor einem halben Jahrhundert wird dieser Ansatz auch heute noch von militanten Kirchenkritikern heftig angegriffen. Der bei vielen schwarzen Ghettojugendlichen sehr beliebte Louis Farrakhan von der „Nation of Islam" predigt nach wie vor, dass man den Weißen nicht trauen könne, und dass sowohl die christliche Religion als auch das politische System der USA nur unbewegliche Bollwerke zur Erhaltung des Status quo seien. Politisches Engagement und jede Kooperation mit den Weißen gelten daher als sinnlose Zeitverschwendung – auch wenn Farrakhan seit Mitte der 1990er Jahre diese

Haltung nicht mehr ganz so streng verfolgt wie früher (Gardell 1996; Kelleter 2000). Es lässt sich auch nicht abstreiten, dass trotz all der seit den 1960er Jahren gemachten Fortschritte weiterhin eine große Kluft zwischen der Lebenssituation schwarzer und weißer Amerikaner besteht: So ist die Rate der schwarzen Kindersterblichkeit und Arbeitslosigkeit immer noch doppelt so hoch wie die der Weißen; nur 15% der schwarzen (im Gegensatz zu 35% der weißen) Jugendlichen erlangen einen Hochschulabschluss, rund ein Viertel aller Afroamerikaner lebt immer noch unterhalb der Armutsgrenze (im Vergleich zu nur 8% der „non-hispanic whites“), und bei einem Bevölkerungsanteil von 12,7% beträgt der Anteil der „Black Elected Officials“ weniger als 2% aller gewählten Amtsinhaber (vgl. www.census.gov).

Angesichts dieser Tatsachen empfinden einige Afroamerikaner ihre Situation in den USA auch im 21. Jahrhundert noch als die eines „Volkes in Gefangenschaft“. Aber trotz – oder gerade wegen – dieser weiterhin existierenden Benachteiligung und Ungleichheit ist die Religion für schwarze Amerikaner nach wie vor ein „Anker der Hoffnung“: Gott ist auf Seiten der Armen und Unterdrückten, er verlässt sie nie und wird ihnen in ihrem Freiheitskampf weiter beistehen – dieser Glaube ist noch immer die bedeutendste Grundlage des „Black Struggle for Freedom and Equality“. King schloss die letzte Predigt vor seiner Ermordung mit den Worten:

> „I don’t know what will happen now. We’ve got some difficult days ahead. But (...) I’ve seen the promised land. I may not get there with you. But I want you to know tonight, that we, as a people, will get to the promised land (...). I’m not fearing any man. Mine eyes have seen the glory of the coming of the Lord“ (zit. Washington 1992, S. 203).

Ob sich ein Teil der afroamerikanischen Bevölkerung noch in „Egypt’s Land“ befindet, oder nicht, darüber lässt sich streiten. Aber sicher ist, dass schwarze Amerikaner das „Promised Land“ noch nicht erreicht haben – und dass die „Black Church“ weiterhin die spirituell und politisch wichtigste Institution ist, die sie auf diesem Weg begleitet.

Anmerkungen

1 Es sei darauf hingewiesen, dass trotz der Verwendung der männlichen Form „Amerikaner“ hier und bei allen folgenden personenbezogenen Ausdrücken (z. B. Sklaven, Bürgerrechtler) auch Frauen gemeint sind.

2 So predigte King bei der Beerdigung der kleinen Mädchen, die 1963 durch ein Attentat weißer Rassisten in Birmingham ums Leben kamen: „They did not die in vain [...] unmerited suffering is redemptive. The innocent blood of these little girls may well serve as the redemptive force that will bring new light to this dark city“ (zit. Washington 1992, S. 116).

[3] Offiziell konnten sich schwarze Kirchen erst nach dem Bürgerkrieg als Verbände zusammenschließen. Die 1895 gegründete „National Baptist Convention, USA, Inc." (NBC) ist die bis heute älteste und mit über 7 Millionen mitgliederstärkste aller nationalen schwarzen Kirchenverbände.

[4] Zur Bedeutung der schwarzen Religion für die gesamte afroamerikanische Kultur vgl. u.a. DuBois 1903; Blassingame 1972; Genovese 1974.

[5] Zu den kleineren, meist kurzlebigen schwarzen Sekten, die während dieser Zeit entstanden (z.B. die von Father Divine, Sweet Daddy Grace oder Elder Solomon), vgl. Lincoln/Mamiya 1990; zu den schwarzen Juden vgl. Wynia 1994, zu den afroamerikanischen Katholiken vgl. Davis 1990.

[6] Mit diesem Gesetz, das nur den Bürgern zu wählen erlaubte, deren Großväter bereits gewählt hatten, umgingen viele Südstaaten den 15. Verfassungszusatz. Es wurde 1915 aufgrund einer Klage der NAACP durch das Oberste Bundesgericht der USA verboten (zunächst nur in Oklahoma und Maryland, 1939 in den gesamten USA).

[7] Auf andere Laienchristinnen, die politische Führungsfunktionen innehatten, z.B. Mary McLeod Bethune, Nannie Helen Burroughs, Ella Baker oder Fannie Lou Hamer, bzw. auf die von der Forschung lange vernachlässigte Rolle schwarzer Frauen in Kirche und Politik kann hier nicht näher eingegangen werden; es sei auf die Studien von Hanson 2003, Schechter 2001 und Waldschmidt-Nelson 1998 hingewiesen.

[8] Vgl. Savage 2000, S. 242; es gibt bis heute Gewerkschaften, die von schwarzen Kirchen unterstützt werden, z.B. Caesar Chavez' „United Farm Workers"; vgl. Lincoln/Mamiya 1990, S. 210–215.

[9] Im letzten Jahr seines Lebens unterstützte Malcolm X die Arbeit der Bürgerrechtsbewegung; im Februar 1965 vertraute er Coretta King an, dass er durch seine radikalen Worte ganz bewusst die Akzeptanz Kings für Weiße stärken wolle; vgl. Waldschmidt-Nelson 2004, S. 123.

[10] Aus diesem Grund hatte King kurz vor seinem Tod eine „Economic Bill of Rights" gefordert, die allen Amerikanern einen Arbeitsplatz bzw. ein festes Mindesteinkommen garantiert hätte, und die „Poor People's Campaign" von 1968 mitorganisiert. Zu Kings Radikalisierung und der Annäherung seiner politischen Position an die von Malcolm X vgl. Waldschmidt-Nelson 2004, S. 99–146.

[11] Vgl. www.nationalbaptist.com (10. Mai 2004). Da für viele Afroamerikaner aus finanziellen Gründen der Militärdienst die einzige Möglichkeit ist, einen Hochschulabschluss zu erwerben, ist ihr Anteil an den U.S.-Streitkräften seit den 1960er Jahren mehr als doppelt so hoch wie ihr Bevölkerungsanteil. Aus diesem Grunde verlieren bei Militäraktionen der USA auch überproportional viele schwarze Soldaten ihr Leben.

[12] Trotz mancher Skandale (1998 wurde z.B. NBC-Präsident Rev. Henry Lyons wegen Veruntreuung von Kirchengeldern zu einer Gefängnisstrafe verurteilt) haben die „Black Baptists" insgesamt kaum Mitglieder verloren. Zur Bedeutung von Buddhismus und Islam für Afroamerikaner sowie zur Rolle von Louis Farrakhan, der 1978 die Führung der NOI übernahm, vgl. Williams/Dixie 2003, S. 284–286, Lincoln/Mamiya 1990, S. 388–391, Gardell 1996, Kelleter 2000.

[13] 65% aller schwarzen Kinder wachsen bei allein erziehenden Eltern oder Großeltern auf; die Arbeitslosigkeit in den Ghettos liegt oft über 50%; 25% aller afroamerikanischen Männer zwischen 18 und 28 Jahren sind im Gefängnis, in Untersuchungshaft

oder auf Bewährung entlassen, und Mord ist die Haupttodesursache für Schwarze zwischen 15 und 34 Jahren. Vgl. National Urban League, The State of Black America 2004. Washington D.C. 2004.

Literatur

Billingsley, Andrew: Mighty Like a River. The Black Church and Social Reform. New York/Oxford 1999.
Blassingame, John: The Slave Community. Plantation Life in the Antebellum South. New York/Oxford 1972.
Breitman, George (Hrsg.): Malcolm X Speaks. New York 1965.
Calhoun-Brown, Allison: The Politics of Black Evangelicals. What Hinders Diversity in the Christian Right? In: American Politics Quarterly 26/1, 1998, S. 81–108.
Cavanaugh, Thomas/Foster, Lorn: Jesse Jackson's Campaign. The Primaries and Caucuses, Election '84. Washington D.C. 1984.
Cone, James: For My People. Black Theology and the Black Church. New York 1984.
Cone, James: Martin and Malcolm and America. A Dream or a Nightmare? New York 1991.
Davis, Cyprian: The History of Black Catholics in the United States. New York 1990.
DuBois, W. E. B. (Hrsg.): The Negro Church. Atlanta 1903.
DuBois, W. E. B.: The Souls of Black Folks. New York 1965 (zuerst 1903).
Evanzz, Karl: The Messenger: The Rise and Fall of Elijah Muhammad. New York 1999.
Fitts, Leroy: A History of Black Baptists. Nashville 1985.
Frazier, E. Franklin: The Negro Church in America. New York 1964.
Gardell, Mattias: In the Name of Elijah Muhammad. Louis Farrakhan and the Nation of Islam. Durham 1996.
Garrow, David: We Shall Overcome. The Civil Rights Movement in the United States in the 1950s and 1960s. 3 Bde. New York 1989.
Genovese, Eugene: Roll, Jordan, Roll. The World the Slaves Made. New York 1974.
Hanson, Joyce A.: Mary McLeod Bethune and Black Women's Political Activism. Columbia, Mo. 2003.
Horton, James/Horton, Lois: Hard Road to Freedom. The Story of African America. New Brunswick, N.J./London 2001.
Jones, Marcus E.: Black Migration in the United States with Emphasis on Selected Central Cities. Saratoga, Cal. 1980.
Kelleter, Frank: Louis Farrakhan, the Million Man March, and American Civil Religion. Heidelberg 2000.
King Jr., Martin Luther: The Trumpet of Conscience. New York/London 1968.
Lee, Martha F.: The Nation of Islam. An American Millenarian Movement. Lewiston 1988.
Lincoln, C. Eric: The Black Muslims in America. Boston 1973 (zuerst 1961).
Lincoln, C. Eric/Mamiya, Lawrence H.: The Black Church in the African American Experience. Durham/London 1990.
Paris, Peter: The Social Teaching of the Black Churches. Philadelphia 1985.
Reed Jr., Adolph: The Jesse Jackson Phenomenon. New Haven, Ct. 1986.

Scharenberg, Albert: Schwarzer Nationalismus in den USA. Das Malcolm X-Revival. Münster 1998.

Savage, Barbara D.: W. E. B. DuBois and the Negro Church. In: Annals, AAPSS, 568, 2000, S. 235–249.

Schechter, Patricia: Ida B. Wells-Barnett and American Reform, 1880–1930. Chapel Hill, N.C. 2001.

Sitkoff, Harvard: The Struggle for Black Equality, 1954–1992. Toronto 1993.

Smock, Raymond: Black Americans in Congress, 1870–1989. Washington D.C. 1990.

Waldschmidt-Nelson, Britta: From Protest to Politics. Schwarze Frauen in der Bürgerrechtsbewegung und im Kongreß der Vereinigten Staaten. Frankfurt a. M. 1998.

Waldschmidt-Nelson, Britta: Gegenspieler: Martin Luther King und Malcolm X. Frankfurt a. M. [4]2004.

Washington, James (Hrsg.): Martin Luther King, Jr. – I Have A Dream. Writings and Speeches that Changed the World. Glenview, Ill. 1992.

West, Cornel: Prophesy Deliverance! An Afro-American Revolutionary Christianity. Philadelphia 1982.

Williams, Juan: Eyes on the Prize: America's Civil Rights Years, 1954–1965. New York 1987.

Williams, Juan/Dixie, Quinton: This Far By Faith. New York 2003.

Wilmore, Gayraud: Black Religion and Black Radicalism. An Interpretation of the Religious History of Afro-American People. Maryknoll, N.Y. 1983.

Wynia, Elly: The Church of God and Saint of Christ. The Rise of Black Jews. New York/London 1994.

Ferdinand Oertel

Die katholische Kirche: Zwischen Rom und Washington

Eine der vielen Paradoxien in der Geschichte der katholischen Kirche ist ihre gegenläufige Entwicklung auf dem amerikanischen Doppelkontinent. Anders als in Lateinamerika, wo der Katholizismus im Gefolge der portugiesischen und spanischen Konquistadoren von Anfang an Fuß fassen konnte und die Kirche bis ins 20. Jahrhundert hinein eine feste Größe in der Staatenvielfalt südlich des Rio Grande darstellte, spielten die Katholiken und ihre Kirche in Nordamerika bis in die Mitte des vorigen Jahrhunderts nur eine geduldete Rolle neben den vorherrschenden protestantischen Kirchen. Seither verläuft die Entwicklung umgekehrt: Während die katholische Kirche in Lateinamerika ihre Dominanz verloren hat, entwickelte sich die U.S.-Kirche nach dem Zweiten Vatikanischen Konzil nicht nur zu einem relevanten gesellschaftspolitischen Faktor im eigenen Land, sondern auch zu einem Eckpfeiler in der Weltkirche.

Grob skizziert, lässt sich die Entwicklung des Katholizismus und der katholischen Kirche – in den USA bis heute charakteristischerweise „*Roman* Catholic Church“ genannt – in drei Zeitperioden einteilen: Erstens die Frühzeit bis zur Verfassungsgebung 1787, die durch Missionierungsversuche und in den neuenglischen Kolonien durch eine rigorose antikatholische Haltung der Puritaner gekennzeichnet war; zweitens die Gründung des ersten Bistums in Baltimore 1789 und die im 19. Jahrhundert folgenden Etablierung einer katholischen Subkultur und Bestrebungen der Amerikanisierung; und drittens das 20. Jahrhundert mit dem Erwachen eigenen Selbstbewusstseins, der Profilierung im Zweiten Vatikanischen Konzil und dem Hineinwachsen in den Mainstream der Gesellschaft. Dabei war die Kirche von Anfang an einer doppelten Spannung ausgesetzt zwischen ihrer Treue zu Rom und dem Primatsanspruch des Papstes einerseits sowie der Verpflichtung zu den amerikanischen Verfassungsgrundsätzen der Religionsfreiheit und der Trennung von Staat und Kirche andererseits.

Der kurze Traum der „Schwarzröcke"

Die katholische Missionsgeschichte Nordamerikas stand ganz unter dem Aspekt der Heidenbekehrung, wie sie von Europa aus bis ins 20. Jahrhundert hinein auch in Asien und Afrika betrieben wurde. Spanische Missionare versuchten im Zuge der Eroberung der Neuen Welt für die spanische Krone Kirchengemeinden in Florida und im Südwesten aufzubauen, während französische Missionare im Norden entlang der Handelswege von den Großen Seen den Mississippi hinunter bis nach New Orleans ihre Missionsstationen errichteten. Beide Missionierungen scheiterten, teils weil die Indianer nicht sesshaft waren, teils weil sie in den „blackrobes", den „Schwarzröcken", feindliche Unterdrücker sahen, die ihnen ihre Seele rauben wollten.

Auch die Kette von 21 Missionsstationen, die von Franziskanern in der zweiten Hälfte des 18. Jahrhunderts entlang der kalifornischen Küste von San Diego bis San Francisco im Stil von Reduktionen mit Kirchen, Wohnsiedlungen, Schulen und Landwirtschaftsbetrieben errichtet wurden, blühten nur wenige Jahrzehnte. Ebenso erging es auch der Ohio-Mission des aus Belgien stammenden Jesuiten Pierre Jean De Smet. Er hatte sogar von einem „Reich christlicher Indianer" im Mittleren Westen geträumt und an eine gemeinsame Spiritualität im Glauben von Christen und „Rothäuten" geglaubt. Für die „flatheads" war er sogar „the best friend the Indians ever had" (Nevins 1972, 151 ff.). Doch mit der staatlichen Enteignung der Indianer und ihrer Ausrottung zerbrachen alle Träume der Errichtung eines katholischen nordamerikanischen Kontinents.

Die Frühzeit katholischer Vorstöße nach Nordamerika hinterließ außer den alten Missionsstationen in Kalifornien und Orten mit französischen Namen von Missionaren im Gebiet der Großen Seen keine Spuren. Die Geschichte der katholischen Kirche in Nordamerika beginnt erst, als im Zuge der Kolonialisierung Neuenglands auch katholische Einwanderer Fuß fassen konnten und seelsorgerische Betreuung brauchten. Im Übrigen ließ die Kirche ihre Indianermission in den USA bis in die zweite Hälfte des vorigen Jahrhunderts verkümmern, ebenso wie auch die Seelsorge an den Schwarzen. Zwar wurde 1884 ein Büro für „Black and Indian Mission" eingerichtet, aber erst seit den siebziger und achtziger Jahren des letzten Jahrhunderts gehören dem heutigen über dreihundertköpfigen amerikanischen Episkopat schwarze und indianischstämmige Bischöfe an. Nach dem offiziellen U.S.-Zensus leben heute wieder zwei Millionen „Natives" in Amerika, von denen 500000 katholisch getauft sind (Catholic Almanac 2000, S. 460).

Der katholische Graf von Baltimore

In den jungen Kolonien Neuenglands waren Katholiken nicht willkommen, mehr noch: sie waren unerwünscht. Für die puritanischen „Pilgrim Fathers" war Amerika das neue „gelobte Land", in dem sie als die „Auserwählten" endlich ihre Vorstellungen von einem gottgefälligen Leben in Freiheit und unabhängig von staatlicher Bevormundung verwirklichen wollten. Bei den langjährigen Auseinandersetzungen um Verfassungen für die einzelnen Kolonien kam es zwar zu grundsätzlich verschiedenen Auffassungen über die staatliche Organisierung, aber gemeinsam war allen, dass sie keine Staatskirche mehr wollten und es die alleinige Aufgabe politischer Strukturen sei, der Entwicklung ihrer religiösen Gemeinschaften zu dienen. Und die waren puritanisch geprägt, Katholiken wurden erst gar nicht geduldet, weil sie papsthörig waren. In den englischen Kolonien herrschte also alles andere als Religionsfreiheit. Im Gegenteil: Ihren Hass auf die Katholiken brachten die Immigranten aus England mit, wo er in der Regierungszeit der Königin Mary aufgelodert war und seinen Höhepunkt erreicht hatte, als 1605 fanatische Katholiken in London das Parlament sprengen wollten. Am Tag des „Gun Powder Plots", dem 5. November, feierten die puritanischen Siedler in Amerika von Anfang an den „Guy Fawkes Day" mit der Verbrennung einer Papstpuppe.

Es kann wiederum als Ironie der Geschichte angesehen werden, dass es dann ausgerechnet ein englischer Lord war, der den Katholiken in Amerika zu einem ersten Stützpunkt verhalf: Lord Cecil Calvert. Sein Vater Georg war unter König Jakob I. Staatssekretär, musste aber sein Amt bei der englischen Krone aufgeben, als er zum Katholizismus übertrat und den Eid auf den König verweigerte. Der König fand ihn daraufhin mit der Baronie von Baltimore in Irland ab. Sein Sohn Cecil erhielt als zweiter Lord von Baltimore einen Freibrief zur Gründung einer Kolonie in Amerika und erreichte mit zwei Korvetten 1634 die Chesapeake-Bay und den Potomac. Er nannte das Gebiet zu Ehren der damaligen englischen Königin Henrietta Maria „St. Mary's County" und ließ sich an einem Ort nieder, der nach ihm selbst benannt wurde: Baltimore. Der nur 50 Kilometer nordwestlich von der späteren Hauptstadt Washington D.C. gelegene Ort wurde zur Wiege des Katholizismus und der Kirche in Amerika. Er war Sitz des ersten Bischofs Ende des 18. Jahrhunderts und Schauplatz der ersten Plenarkonzile der jungen amerikanischen Kirche Mitte des 19. Jahrhunderts mit ihren Profilierungskämpfen gegenüber Rom und Washington.

Graf Baltimore hatte an Bord seiner Korvetten gleich zwei Jesuiten mitgebracht und verkündete in der Kolonie Religionsfreiheit, wie es sie zu dieser Zeit auch schon im angrenzenden Pennsylvania gab. Die Jesuiten widmeten sich neben neuen Versuchen der Indianermission besonders der seelsorgerischen Betreuung der irischen Einwanderer, doch sie erlitten auch dabei Rückschläge, vor allem vom benachbarten Virginia aus. Dort hatte sich die Kirche von England etabliert, und deren Mitglieder verfolgten als strenge Anti-Papisten das Wirken der katholischen Patres – der „Popish recusants" – mit Misstrauen. Trotz Religionsfreiheit in diesen Kolonien wurden Katholiken von öffentlichen Ämtern ausgeschlossen.

Nach solchen Ämtern strebten die Einwanderer sowieso nicht, ihnen ging es zunächst nur um die Existenzsicherung für ihre Familien, um Unterkunft, Arbeit, Erziehung. Und dabei halfen ihnen die aus England und Frankreich gerufenen Patres und Ordensfrauen. Das erste Erziehungsinternat richteten die Jesuiten schon 1741 ein, auch um Priesternachwuchs heranzubilden. Aus dieser Schule gingen dann tatsächlich sowohl der erste Bischof von Baltimore, John Carroll, als auch sein Nachfolger, Erzbischof Neale, hervor. Die Carrolls gehörten zu den reichsten katholischen Grundbesitzern der Kolonie, und Charles Carroll, ein Bruder des späteren Bischofs, sollte sogar der einzige Katholik sein, der zu den 56 Unterzeichnern der amerikanischen Unabhängigkeitserklärung gehört. Er hatte sich in jenen patriotischen Komitees profiliert, die in den 70er Jahren des 18. Jahrhunderts für die Unabhängigkeit der Kolonien kämpften.

Die Diskussionen um die Unabhängigkeit der englischen Kolonien hatten sich zu dieser Zeit aus den Neuengland-Staaten nach Virginia verlagert. Auf dem dortigen ersten Kontinentalkongress wurde auch über die verfassungsmäßige Position der Religion diskutiert, wobei erstmals der von Rousseau geprägte Begriff der „religion civile" ins Spiel kam. Danach soll die Politik nicht mehr, wie es die Puritaner Neuenglands gedacht hatten, ihren religiösen Vorstellungen dienen, sondern die frei wählbare zivile Religion soll ihrerseits Basis für Gesellschaft und Republik sein. Freie Religionsausübung und „non-establishment" staatlicher Religionen wurde jedoch noch nicht in der Bundesverfassung von 1787 dekretiert, sondern erst 1791 mit dem berühmten Ersten Verfassungszusatz: „ Congress shall make no law respecting an establishment of religion, or prohibiting the free exercise thereof." Allerdings war den Katholiken klar, dass dieser Zusatz zunächst nur eine Festlegung für den Staat bedeutete und keineswegs eine Anerkennung des Katholizismus und der römischen Kirche. Ohnehin betrug der Anteil der Katholiken zur Zeit der Gründung der Vereinigten Staaten bei einer geschätzten Gesamtbevölkerung von 4 Millionen nur knapp ein Prozent, und die Kirche besaß noch keine institutionalisierte Struktur.

Die wenigen Katholiken in den Neuengland-Staaten waren nominell einem Apostolischen Administrator aus England unterstellt. Für die Katholiken in den Seengebieten und im Ohio- und Mississippi-Gebiet war der französische Bischof von Quebec zuständig. Für den Bereich westlich der Appalachen, in Pennsylvania, Virginia und Maryland, gab es nach dem Verbot der Jesuiten 1773 für John Carroll und seine wenigen verbliebenen ehemaligen Jesuitenkollegen keine hierarchische Struktur. Kirchenrechtlich unterstanden alle Katholiken in Amerika der römischen Kongregation De Propaganda Fidei, die für alle Missionsgebiete zuständig war. Diese war es auch, die zum Ende der Kolonialzeit in Nordamerika Regelungen für eine Kirchenstruktur in Gang zu bringen versuchte und eine amerikanische Mission gründen wollte. Die Kongregation fragte beim amerikanischen Gesandten Benjamin Franklin in Paris an, ob die neue U.S.-Regierung der Entsendung eines Apostolischen Administrators zustimmen würde, musste sich aber sagen lassen, dass Washington sich in keine kirchlichen Angelegenheiten einmische. Inoffiziell legte Franklin jedoch ein Wort für John Carroll ein, so dass dieser 1784 von Rom zum Superior der amerikanischen Missionen „zur Bewahrung und Verteidigung der katholischen Kirche in den 13 Vereinigten Staaten" (zit. Zöller 1995, S. 49) ernannt wurde. Von einer Bischofsernennung hatte Rom vorsichtigerweise abgesehen, denn selbst die Anglikanische Kirche hatte keine Bischöfe, weil diese sozusagen als Kirchenregenten eine Gefahr für die bürgerliche Freiheit darstellen könnten.

Diese Haltung änderte sich nach der Verabschiedung des Verfassungszusatzes über die Trennung von Staat und Kirche, aber um die Ernennung eines katholischen Bischofs für Amerika kam es zu einer ersten innerkirchlichen Kontroverse mit Rom. Carroll wollte keinen Bischof vom Papst vorgesetzt bekommen, sondern die Wahl eines „normalen nationalen Bischofs" nach früherer Kirchentradition vom Orts-Klerus durchführen lassen. In einem Schreiben an einen ehemaligen Ordensbruder kamen zum ersten Mal jene Gedanken zum Ausdruck, die fast hundert Jahre später zur römischen Verurteilung des „Amerikanismus" führten. „Die einzig nötige Verbindung mit Rom", so schrieb Carroll, bestehe für den Klerus und die Laien in Amerika „nur in der Anerkennung des Papstes als geistliches Oberhaupt der Kirche"(zit. Fogarty 2004, S. 1). Rom gewährte tatsächlich die Bischofswahl durch den Klerus, „zumindest vorläufig", und dieser wählte 1789 John Carroll. Papst Pius VI. bestätigte die Wahl und ernannte Carroll zum ersten Bischof in Amerika. Das Bistum Baltimore umfasste um die Wende vom 18. zum 19. Jahrhundert das gesamte Gebiet der damaligen Vereinten Staaten.

Nationale Einwandererkirchen und nationale Bischofswahlen

Die ständig wachsenden Einwandererströme in der ersten Hälfte des 19. Jahrhunderts hatten Auswirkungen in zwei Richtungen: Einerseits stieg die Zahl der Katholiken rasch an, so dass die Notwendigkeit immer dringender wurde, eine Struktur der Kirche aufzubauen; andererseits riefen die vor allem aus Irland kommenden „Papisten“ starke antikatholische Kräfte wach.

Das Bistum Baltimore wurde bereits 20 Jahre nach seiner Gründung unterteilt und erhielt vier so genannte Suffraganbistümer, darunter Philadelphia, New York und Boston. Baltimore selbst wurde Metropolitanbistum, sein Bischof zum Erzbischof erhoben. Neben der Wanderseelsorge der Missionspriester entwickelte sich eine ortsansässige Seelsorge, die von der nationalen Herkunft der Einwanderer bestimmt war. Da man glaubte, dass derjenige seinen Glauben verliert, der seine Muttersprache verliert, entstanden neben den Englisch sprechenden irischen Gemeinden deutsche und französische Pfarrgemeinden, später auch italienische, polnische und slawische. Ende des Jahrhunderts gab es trotz eines längeren heftigen Sprachenstreites über die Beibehaltung ethnischer Gottesdienste und Pastoralbetreuung oder die Verpflichtung aller Einwanderer und Priester zur Liturgie und Seelsorge in Englisch immer noch rund 6000 Kirchengemeinden europäischer Nationalitäten.

In diesen nationalen kirchlichen Gemeinden entstand jene ausgeprägte katholische Subkultur, die den Einwanderern ihre Heimat gab. Die Gottesdienste und Feste des Kirchenjahres blieben in der jeweiligen Tradition der Herkunftsländer verschieden und entsprechend vielfältig. Gemeinsam war ihnen die Totalversorgung „rund um den Kirchturm“ mit der Errichtung eigener Schulen, Hospitäler, sozialer und karitativer Dienste. Und dies alles auf freiwilliger Basis finanziert, ohne jegliche staatliche Unterstützung. Wie rasch die Kirche sich als Institution etablierte, geht aus der Statistik der Bistumsgründungen hervor. Waren es 1808 fünf, so gab es 1840 bereits 17, davon neun im Süden. Bis 1860 kamen weitere 29 hinzu, und Ende des 19. Jahrhunderts erreichte ihre Zahl bereits 100. Für das Verhältnis zu Rom ist kennzeichnend, dass der Vatikan diese große junge Kirche trotzdem bis 1908 als Missionsland betrachtete und sie erst dann aus der Obhut der Kongregation De Propaganda Fidei in die Eigenständigkeit überführte.

Innerkirchlich gab es von Anfang an über die Gründung neuer Bistümer und die Ernennung der Bischöfe Auseinandersetzungen zwischen dem amerikanischen Episkopat und Rom. War der erste Bischof Carroll noch vom eigenen Klerus gewählt worden, so hatte Carroll es Rom überlassen, bei der Teilung des Bistums Baltimore die vier neuen Bischöfe zu ernennen, weil er im eigenen Klerus keine geeigneten Kandidaten gefunden hatte. Als der Papst bei der folgenden Gründung zweier Bistümer wiederum deren Bischöfe ohne Rücksprache mit den Amerikanern ernannte, war es ausgerechnet einer von diesen, Bischof John England von Charleston, der Carrolls Vorstellungen über das Selbstverständnis der amerikanischen Bischöfe als zuständige Oberhirten ihrer Gläubigen aufgriff und auf ein Provinzialkonzil drängte, um ihre Zuständigkeiten zu klären. Obwohl untereinander verschiedener Ansicht, begannen die amerikanischen Bischöfe sich als Bischofskollegium mit nationaler Vollmacht zu verstehen und führten regelmäßige Provinzialkonzile ein. Einig waren sie sich in ihrer Bitte an Rom, fortan selbst Vorschläge sowohl für die Neuerrichtung von Bistümern machen zu können als auch für die Bischöfe, die zudem wieder vom eigenen Klerus gewählt werden sollten.

Während Rom dieser Bitte entsprach (das Bischofswahlrecht wurde dem amerikanischen Klerus erst 1916 entzogen und wird seither vom Papst allein wahrgenommen), griff Propaganda Fidei jedoch bald in die Themenfestlegung der Provinzialkonzile ein und lehnte 1849 einen entscheidenden Wunsch der Bischöfe ab: dem Gründungsbistum Baltimore angesichts der wachsenden Zahl von Metropolitanbistümern „die Ehre des Primates" zu verleihen. Das hätte dem Erzbischof das Recht gegeben, Plenarkonzile für ganz Amerika einzuberufen und zu präsidieren. Hinter der römischen Ablehnung stand die Sorge, dass „die unbegrenzte Freiheit" in den Vereinigten Staaten die Kirche zu „unabhängigen Entwicklungen" verleiten und in ein Schisma führen könnte (zit. Fogarty 2004, S. 5), wie es der von Rom entsandte Erzbischof Bedini nach einer längeren Visitationsreise durch die amerikanische Kirche in seinem Bericht festhielt.

Nativisten- und „Know Nothing"-Kampf gegen irische Katholiken

Zur gleichen Zeit, in der die Kirche mit Rom um ihre Zuständigkeiten in Amerika kämpfte, sah sie sich im Lande selbst einem wachsenden Anti-Katholizismus gegenüber. Aufgeschreckt durch die große Zahl von katholischen Einwanderern formierte sich um die 1842 gegründete Zeitschrift „The Native American" die Bewegung der Nativisten, die unter dem Motto „Amerika den Amerikanern" gegen die Einbürgerung der vielen Immigranten kämpfte und politisch als „American Party" viele Anhänger fand. Sie schickte 1856 sogar einen eigenen Präsidentschaftskandidaten ins Rennen. Worum es den Nativisten wirklich ging, brandmarkte der wohl größte katholische Laienprediger des 19. Jahrhunderts, der Konvertit Orestes Brownson, mit der Feststellung: Die Partei habe nichts dagegen, „wenn protestantische Deutsche einwandern oder protestantische Engländer und Schotten, nicht einmal gegen protestantische

Irländer. Die ganze Opposition richtet sich gegen die katholischen Einwanderer" (zit. Hertling 1954, S. 128).

Auf Veranstaltungen der Nativisten kam es zu blutigen Auseinandersetzungen mit Katholiken, und die von Nativisten gegründete Freimaurerloge „Supreme Order of the Star Spangled Banner" – im Volksmund „Know Nothing" genannt, weil ihre Mitglieder bei Befragungen stereotyp antworteten, dass sie von Nichts etwas wissen – verschärfte die antikatholischen Kampagnen so, dass es in vielen Teilen des Landes zu Stürmen auf katholische Kirchen, Bischofshäuser, Klöster und sogar Wohngebiete irischer Katholiken kam. Die Nativisten-Partei verlor schlagartig ihren Einfluss, als sich im Präsidentschaftswahlkampf 1856 nicht nur die Demokraten, die sich von Anfang an für alle sozial Schwachen, insbesondere die katholischen und jüdischen Einwanderer eingesetzt hatten, sondern auch die Republikaner als Partei der arrivierten weißen Protestanten gegen sie wandten.

Die Katholiken konnten in der Auseinandersetzung mit den Nativisten sogar einen Rechtsstreit für sich entscheiden, der nicht ohne Auswirkungen auf ihr Verhältnis zu Rom blieb. Bei einer Klage der Kirche auf Wiedergutmachung des Schadens, den nativistische Fanatiker bei einem Angriff auf ein Ursulinen-Kloster in Texas verübt hatten, wollten Mitglieder der staatlichen Behörde ihr das Klagerecht absprechen, weil sie nur gegenüber dem Papst loyal seien. In einer Stellungnahme konnten die Bischöfe sich erfolgreich mit der Feststellung durchsetzen, dass weder ein Unionsstaat noch die Zentralregierung die Oberhoheit über kirchliche Belange ausübten, alle Mitbürger aber die zivile und politische Oberhoheit des Staates anerkennen, in dem sie leben. Wenn Katholiken deshalb dem Oberhaupt ihrer Weltkirche Loyalität erwiesen, sei dies legitim und verwirke nicht ihren „Anspruch auf zivilen und politischen Schutz des Commonwealth" (zit. Fogarty 2004, S. 6). Die amerikanischen Bischöfe hatten also die Vorteile der Religionsfreiheit erkannt.

Amerikanismus-Debatte und römische Verurteilung

Staatliche Religionsfreiheit war zur Zeit der Revolutionen in Europa jedoch zu einer Schreckensvorstellung des Vatikans geworden. Papst Gregor XIV. hatte schon 1832 in dem Rundschreiben „Mirari vos" mit Blick auf die französischen Liberalen Religionsfreiheit als „religiöse Indifferenz" verurteilt. Das hatten die amerikanischen Bischöfe als nicht auf die Situation in Amerika zutreffend bezeichnet. Und als Pius IX. 1864 in seiner Enzyklika „Syllabus of Errors" die Trennung von Staat und Kirche grundsätzlich verurteilte, interpretierte Erzbischof Spalding von Baltimore dies dahingehend, dass der Papst damit nur die Laisierungsbestrebungen in Europa gemeint habe. Spalding trieb die Frage der römischen Zuständigkeit auf die Spitze, als er sich auf dem Ersten Vatikanischen Konzil gegen die Dogmatisierung der Unfehlbarkeit des Papstes aussprach und der Abstimmung darüber fernblieb. Erst ein Jahr später beugte er sich dem römischen Druck auf „gehorsame Anerkennung“ dieses Konzilsbeschlusses.

Die amerikanischen Bischöfe traten nicht nur gegenüber Rom mit selbstbewusster Autorität auf, sondern auch gegenüber dem eigenen Klerus. Sie versetzten oder entließen Priester nach jeweiligem Gutdünken. Als sich darüber Beschwerden in Rom mehrten, beauftragte der Vatikan einen irischen Bischof mit einer erneuten Visitationsreise, und dieser kritisierte den autoritären Umgang der Bischöfe mit ihren Priestern so stark, dass der Vatikan erstmals von sich aus ein Plenarkonzil in Amerika ansetzte, die amerikanischen Erzbischöfe vorher nach Rom bestellte und ihnen Beschlusstexte zur Verabschiedung vorlegte, die den Priestern Mitspracherechte im Domkapitel, Unversetzbarkeit vom Pfarramt und Mitsprache bei der Aufstellung der Bischofskandidaten zugestanden. Insgesamt, so forderte der Vatikan, müsste der amerikanische Klerus eine stärkere römische Ausbildung und Disziplin erhalten. Die amerikanischen Bischöfe konnten mit Mühe die Bestellung eines Apostolischen Delegaten zum Konzil verhindern und erreichen, dass der Erzbischof von Baltimore, James Gibbons, traditionsgemäß den Vorsitz übernahm.

Gibbons wird zusammen mit den Bischöfen John Ireland von St. Paul und John Keane von Richmond, zugleich Präsidenten der Catholic University of Washington D.C., und dem Rektor des American College in Rom, Dennis O'Connell, zu denjenigen Hierarchen gezählt, die den harten Kern der so genannten „Amerikanisten“ bildeten. Nach seiner Kardinalsernennung lobte Gibbons bei der Übernahme seiner Titelkirche in Rom das amerikanische System der Religionsfreiheit und der Trennung von Staat und Kirche. Die Kirche verdanke ihre Blüte der „fördernden Wachsamkeit des Heiligen Stuhls in Rom und der zivilen Freiheit unserer aufgeklärten Republik“. Während aufgeklärte europäische Staatsregierungen die Kirche einengten und bekämpften, halte die amerikanische Regierung „ihr Schutzschild über uns, ohne sich in die legitime Aufgabe der Glaubensverkündigung einzumischen“ (zit. Fogarty 2004, S. 10).

Der „Wachsamkeit des Heiligen Stuhls“ entging allerdings nicht, dass es im amerikanischen Episkopat bei Fragen der „Amerikanisierung“ der Kirche zu großen Meinungsverschiedenheiten kam, etwa im Sprachenstreit über getrennte oder gemeinsame ethnische Pastoral oder heftiger noch im Schulstreit über die Frage, ob die katholischen Schulen unabhängige freie Schulen bleiben müssen, um ihren religiösen Erziehungsauftrag erfüllen zu können, oder – wie es bereits in Chicago und New York geregelt war – als „public schools“ auch für nichtkatholische Schüler geöffnet werden sollen, die mit den staatlichen Behörden kooperieren und öffentliche Mittel erhalten. Wiederum entsandte Rom einen Apostolischen Delegaten, Erzbischof Satolli, der 1893 sogar zum ständigen Vertreter des Vatikans in Amerika ernannt wurde, nachdem er besorgt berichtet hatte, dass Gibbons und Ireland intensiv am „Weltparlament der Religionen“ auf der Weltausstellung in Chicago mitgewirkt hätten, das in Wirklichkeit ein „Forum für die Verbreitung aller denkbaren religiösen Irrlehren“ gewesen sei (zit. Fogarty 2004, S. 12). Rom konnte durch den Legaten jetzt selbst in der amerikanischen Kirche wirksam werden.

Den Ausschlag dafür, dass Papst Leo XIII. in seinem Apostolischen Schreiben „Testem benevolentiae“ 1899 dann das, was „mit einem Sammelnamen Amerikanismus genannt wird“, verurteilte, gaben schließlich Lehren, die der Gründer des Paulisten-Ordens, P. Isaak Thomas Hecker, verkündet hatte: dass der Heilige Geist in jedem Menschen wirksam sei und ihm seinen individuellen Glaubensweg weise, für den die Amerikaner mit einer besonderen „natürlichen Tugend“ ausgestattet seien. Hecker hatte deshalb von seinen Ordensbrüdern nicht mehr die üblichen drei Gelübde gefordert. Er vertrat außerdem die Ansicht, dass es zwischen Episkopalen, Baptisten und Christen viel Gemeinsames gäbe und man sich einander annähern müsse. Als eine Biografie über Hecker ins Französische übersetzt wurde und dessen Thesen sich auch in Europa verbreiteten, klingelten in Rom die Alarmglocken. Der zuvor schon vom Papst zum Rücktritt gezwungene Rektor des American College, O'Connell, versuchte zwar, in Europa die Vorteile der amerikanischen Religionsfreiheit verständlich zu machen, aber traditionalistische Kräfte in Frankreich und Rom klagten ihn und die „Amerikanisten“ um Gibbons der Häresie an. Leo XIII. setzte 1898 eine Kommission ein, die kennzeichnenderweise nicht nur den Amerikanismus, sondern auch die neue Bibelexegese und die Evolutionslehre untersuchen sollte. Alle diese Entwicklungen sah Rom damals als schädlich für den katholischen Glauben an.

In Wirklichkeit hat es viele Missverständnisse und Missinterpretationen dessen gegeben, was in Europa als „Amerikanismus“ verstanden wurde. Gibbons und seine Mitstreiter können nicht zu den Modernisten der damaligen Zeit gerechnet werden, sie waren schon gar keine Häretiker. Theologische Positionen, die Hecker vertreten hatte und die der Papst in „Testem benevolentiae“ verurteilte, lehnten sie ebenso ab. Im Grunde ging es Gibbons um die Frage, inwieweit Katholiken in Amerika sich in den demokratisch-freiheitlichen Staat integrieren und gleichzeitig unabhängig ihrer Religion folgen können, die den Papst als oberste Autorität hat. Theologisch ungelöst war – und blieb bis zum Zweiten Vatikanum und sogar noch darüber hinaus – die

Frage der Bischofskollegialität und der Rolle der Ortskirchen. „Testem benevolentiae“ sorgte überraschenderweise in der Amerikanismus-Debatte für Klarheit und beendete die damaligen Differenzen zwischen Rom und den Amerikanern sehr rasch – „ohne eine vergiftete Atmosphäre zu hinterlassen“ (Hertling 1954, S. 241).

Vom „*War* Council" zum „*Welfare* Council"

Kardinal Gibbons stabilisierte die amerikanische Kirche und führte sie gestärkt ins 20. Jahrhundert, in dem sie sich gleich zu Beginn vor zwei neue Aufgaben gestellt sah: die Integration der neuen Immigranten aus Ost- und Südeuropa sowie erste Missionsaufgaben außerhalb des nordamerikanischen Kontinents.

Die großen Einwanderungswellen zwischen 1900 und 1910 veränderten nicht nur die amerikanische Gesellschaft und Kultur, sondern brachten auch neue Akzente für die Kirche. Unter den fast neun Millionen Neuankömmlingen in Amerika befanden sich viele Katholiken aus Polen, dem Balkan und Italien, die sich vorwiegend in den Großstädten an der Ostküste und den neuen Industriezentren um Pittsburgh, Detroit und Chicago ansiedelten. Zur gleichen Zeit wurden die Vereinigten Staaten zum ersten Mal außenpolitisch aktiv: in Mittelamerika im Unabhängigkeitskampf Kubas und Panamas sowie in Asien durch den Kauf der Philippinen und die Annexion Hawaiis.

Das politische Auftreten der USA auf globaler Ebene führte auch bei den Katholiken zu einem neuen Selbstwert- und Verantwortungsgefühl gegenüber der eigenen Nation und in der Weltkirche. Da die Philippinen vorwiegend katholisch waren, die U.S.-Regierung jedoch ihre spanische Kirchenstruktur zerschlug, engagierte die amerikanische Kirche sich für ihre asiatischen Glaubensbrüder. Bei Verhandlungen darüber in Rom kam es zum ersten Mal zu direkten Kontakten mit der amerikanischen Regierung. Nachdem durch die Hilfe für die Katholiken auf den Philippinen der Missionsgedanke wach geworden war, wurde bald eine Amerikanische Gesellschaft für auswärtige Mission gegründet, die unter dem Namen ihres Sitzes in Maryknoll bis in die Gegenwart weltweit tätig ist.

Der Eintritt Amerikas in den Ersten Weltkrieg führte zu einer weiteren Integration der Katholiken in die amerikanische Gesellschaft und zu einer neuen zentralen Institutionalisierung in Washington D.C. Zur Betreuung der katholischen Soldaten und Versorgung ihrer Angehörigen in der Heimat gründeten die Bischöfe im Krieg den „National Catholic *War* Council“ (NCWC) mit Sitz in der Hauptstadt. Nach dem Krieg wurde diese Stelle unter Beibehaltung der

Initialen NCWC zum „National Catholic *Welfare* Council" erweitert, nachdem Papst Benedikt XV. die amerikanischen Bischöfe um konkrete Mitwirkung bei den Bemühungen um die Behebung der Kriegsfolgen und im Einsatz um einen dauerhaften Völkerfrieden gebeten hatte. Dieser Vorläufer der späteren ständigen Bischofskonferenz führte jährliche Treffen aller Bischöfe ein, wählte einen Verwaltungsrat der Erzbischöfe und richtete ein Sekretariat mit Unterabteilungen ein. Das bedeutete eine Verlagerung der Führungsrolle von Baltimore nach Washington D.C. in die neue Bischofszentrale und stieß deshalb nicht nur bei Kardinal Gibbons auf Widerstand, sondern auch bei anderen Metropoliten, die Anspruch auf die Leitung der Kirche in Amerika erhoben. Wiederum musste Rom eingreifen, und nicht zuletzt deshalb, weil der Vatikan selbst die neue kirchliche Machtzentrale in Washington fürchtete, verfügte er, dass die Mitgliedschaft der Bischöfe im NCWC freiwillig sei und deren Beschlüsse nicht bindend für alle seien.

Unerwartet erlitt die Kirche nach dem Ende des Ersten Weltkrieges einen Rückschlag in der Gesellschaft, als die Ku-Klux-Klan-Bewegung, die nach dem Sezessionskrieg im amerikanischen Süden bereits gegen die Schwarzen, gegen Katholiken und Juden gewütet hatte, ihren Kampf gegen alles „Unamerikanische" wieder aufgriff. Unter dem Deckmantel der Notwendigkeit, die protestantisch-puritanische Ausrichtung der Nation rein erhalten zu müssen, forderte der Ku-Klux-Klan die Entziehung des Stimmrechtes für alle Katholiken und Juden sowie die Abschiebung aller Schwarzen nach Afrika. Typisch für die Hetze gegen die Katholiken hieß es in einem Artikel des „American Standard" 1925: „Wisst ihr, dass Rom Washington als den zukünftigen Sitz seiner Macht betrachtet und unsere Ministerien mit Papisten füllt?" (zit. Hertling 1954, S. 302). Die Folge war, dass der erfolgreiche und populäre Gouverneur des Staates New York, Alfred E. Smith, der von den Demokraten 1928 als Präsidentschaftskandidat aufgestellt worden war, gegenüber dem Republikaner Hoover unterlag, weil er Katholik war. Selbst der traditionell demokratische Süden stimmte aus den hochgespielten antikatholischen Motiven heraus nicht für seinen eigenen Kandidaten.

Erster katholischer Präsident und Folgen des Konzils

Erst nach dem Zweiten Weltkrieg gelang es den Katholiken, als gleichberechtigte amerikanische Bürger in der Öffentlichkeit voll anerkannt zu werden und gesellschaftspolitische Akzente zu setzen. Sie hatten sich im Krieg zum zweiten Mal als zuverlässige Patrioten erwiesen, und die kostenlosen Bildungsprogramme für die GIs kamen auch Zehntausenden junger Katholiken zugute. Im

Zuge der wachsenden Prosperität stiegen die Katholiken in die Mittelklasse auf, was vielen erlaubte, aus den Innenstädten in die besseren Vororte zu ziehen. Aus der Arbeiterkirche des 19. Jahrhunderts wurde die Kirche der Bürger, wie der englische Schriftsteller Evelyn Waugh 1949 nach einer längeren Reise durch die USA schrieb (Jones 2000, S. 11). Als Zeichen dafür, dass die Katholiken endgültig ihren Minderheitskomplex abgelegt hatten und die politische Diffamierung weitgehend überwunden war, gilt die 1960 erfolgte Wahl von John F. Kennedy zum ersten katholischen Präsidenten der Vereinigten Staaten. Er überbrückte den Gegensatz zwischen Papst- und Amerikatreue mit der Feststellung, als Präsident sei er der Verfassung verpflichtet, sein Glaube sei Privatsache – eine Auffassung, die Anfang des 21. Jahrhunderts infolge der Infragestellung ethischer Grundwerte zu neuen Konflikten zwischen Bischöfen und katholischen Politikern führen sollte.

Für die neue Position und Rolle der amerikanischen Kirche im eigenen Land und in der Weltkirche wurde schließlich das Zweite Vatikanische Konzil entscheidend, vor allem, als es um Ökumene und Religionsfreiheit ging. Auf diesen Gebieten hatten die amerikanischen Bischöfe ihre größten Erfahrungen gemacht und erreichten im Konzil eine folgenreiche Neuorientierung der Kirche. Im ursprünglichen Konzilstext über Religionsfreiheit war die traditionelle These Roms verankert, wonach der Staat in Ländern mit katholischer Mehrheit nicht nur verpflichtet ist, die Kirche offiziell anzuerkennen und zu schützen, sondern auch in ihrem Erziehungs- und Sozialauftrag aus der öffentlichen Hand zu unterstützen. Eine Trennung von Staat und Kirche in säkularen Staaten wie den USA könne nur geduldet, aber nicht gutgeheißen werden. Auf Grund eines neuen theologischen statt politischen Ansatzes konnten die Konzilsväter dazu bewegt werden, die bisherige Thesenlehre als im europäischen Staatskirchenzeitalter „zeitbedingt" anzusehen und in modernen Verfassungsstaaten mit Religionsfreiheit den getrennten Status der Kirche anzuerkennen.

Auf der Ebene der Weltkirche gestärkt und in der amerikanischen Gesellschaft in den Mainstream integriert, gewann die katholische Kirche nach dem Konzil in Amerika ein starkes Profil. Das erwies sich schlagartig bei den Bürgerrechts- und insbesondere den Anti-Kriegs-Bewegungen in den 1960er und 1970er Jahren. Hatten Bischöfe und Katholiken die Kriegsbeteiligung der USA im Zweiten Weltkrieg noch vorbehaltlos unterstützt, so brachte der Vietnamkrieg einen Wendepunkt in der Haltung zum Krieg. Den großen Anti-Kriegs-Initiativen der bürgerlichen Opposition schlossen sich führende Katholiken an, darunter der Trappist und Schriftsteller Thomas Merton und der Jesuitenpater Daniel Berrigan mit seinem den Josephisten angehörenden Bruder Philip. Beide wurden nach einem Bombenanschlag auf ein Musterungsbüro inhaftiert, jedoch von der oppositionellen Jugend als Helden gefeiert. Nachdem sich zunächst nur einzelne Bischöfe für das Recht auf Wehrdienstverweigerung und freie Gewissensentscheidung eingesetzt hatten, veröffentlichte die Bischofskonferenz 1972 zu diesem Thema ein Pastoralschreiben, in dem sie sich auch für eine Amnestie für Kriegsdienstverweigerer und Deserteure aussprach (Fogarty 2002, S. 125 ff.).

Zu der neuen Haltung hatte das Konzilsdokument über Krieg und Frieden mit der starken Eingrenzung eines „gerechten Krieges“ beigetragen, wonach die kriegerischen Eingriffe Amerikas in Südostasien nicht als gerechtfertigte Verteidigungskriege anzusehen waren. Direkten Einfluss auf die amerikanische Politik nahm der Friedensappell, den Paul VI. vor der UNO erhob. Präsident Johnson bemühte sich 1967 um eine Vermittlung dieses Papstes im Vietnamkrieg, doch ein von Paul VI. in Rom vorgeschlagenes Privattreffen beider Kriegsparteien kam nicht zustande. Auch Johnsons Nachfolger Richard Nixon suchte, als sich die Friedensverhandlungen länger hinzogen, Unterstützung beim Papst und ernannte einen „persönlichen Repräsentanten“ beim Heiligen Stuhl. Das hatte zum ersten Mal Franklin D. Roosevelt getan, und nach Nixon setzten alle weiteren Präsidenten diese Tradition fort. Erst Präsident Ronald B. Reagan konnte schließlich 1984 diplomatische Beziehungen mit dem Vatikan aufnehmen, wogegen seit der Präsidentschaft Roosevelts regelmäßig der „National Council of Churches“ protestiert hatte, der sie diesmal jedoch duldete.

Der Schulterschluss Reagans mag nicht zufällig gewesen sein, denn er erfolgte zur Zeit des atomaren Wettrüstens zwischen der Sowjetunion und den USA. In einem Aufsehen erregenden Hirtenschreiben „Challenge of Peace“ hatten die katholischen Bischöfe Amerikas dieses Wettrüsten scharf verurteilt und atomare Abrüstung als Voraussetzung für Friedensgespräche gefordert. Dieses Hirtenschreiben wird als Beweis dafür gesehen, dass das Wort der katholischen Kirche in der amerikanischen Politik unüberhörbar geworden war. Die Bischöfe bringen seither die katholische Position zu umstrittenen Themen wie Abtreibung, Embryonenforschung, Euthanasie und Todesstrafe in grundsätzlichen Erklärungen und aktuellen Statements in die öffentliche Diskussion ein – mit wechselndem Erfolg. Trotz der Verbündung mit protestantischen Kirchen und den Juden ist weder das 1973 vom Obersten Bundesgericht erlassene Abtreibungsrecht rückgängig gemacht worden noch kommt ein angestrebter Verfassungszusatz zum Schutz der Ehe zustande. Zwar werden die katholischen Experten der Bischofskonferenz zu den Kongressanhörungen über relevante Gesetzesvorhaben eingeladen, doch zur politischen Umsetzung fehlen der Kirche in Amerika institutionelle Vertretungen und verbandsartige Organisationen wie in Deutschland etwa die Katholischen Büros und das Zentralkomitee der Deutschen Katholiken (Liedhegener 2004).

Auch das zweite große Hirtenschreiben der 1980er Jahre, „Economic Justice for all", in dem die Bischöfe auf Maßnahmen der amerikanischen Regierung für soziale Gerechtigkeit im eigenen Land und in der Welt pochten, blieb politisch ohne großes Echo. Es führte hingegen innerkirchlich zu heftigen Kontroversen, weil Puristen darin die auf dem Subsidiaritätsprinzip beruhende katholische Soziallehre verfälscht sahen. Entwürfe für die beiden Hirtenschreiben waren im Übrigen in einem längeren öffentlichen Prozess unter Miteinbeziehung des ganzen Kirchenvolkes entstanden, ein Weg, den Rom misstrauisch verfolgte, während progressive Katholiken ihn im Sinne des Konzils als zukunftsweisenden „American way" für eine Demokratisierung in der Kirche verstanden (Oertel 2004a, S. 146).

Anhaltende Spannungen zwischen Orthodoxen und Liberalen

Das Konzil stieß eine Reihe anderer Kontroversen an, weil es sichtbar gemacht hatte, dass in der katholischen Kirche strukturell und lehrmäßig Veränderungen möglich sind (Greeley 2004, S. 23f., 69f.). Das wirkte sich insbesondere im Zusammenbruch der alten Gehorsamsstrukturen gegenüber der Hierarchie und in der Morallehre aus, wie das Verbot der künstlichen Empfängnisregelung durch die Enzyklika „Humanae vitae" zeigte. Dieses Papstschreiben führte dazu, dass große Teile der Gläubigen in Amerika – wie auch in Europa – dem kirchlichen Lehramt in der Sexualmoral die Nachfolge aufkündigten.

Und wie in westeuropäischen Ländern, so entstanden bald auch in Amerika kritische Gruppierungen wie „Call to Action", die grundlegende Strukturreformen der Kirche forderten, sich für die Mitbestimmung der Laien bis zur Bischofswahl einsetzten und schließlich sogar für das Selbstbestimmungsrecht der Frau auf Abtreibung und für die Anerkennung der Rechte der Homosexuellen. Im Zuge der amerikanischen Frauenemanzipationsbewegung war unter Leitung von Ordensschwestern auch eine starke feministische Bewegung entstanden, die von der Kirche die Priesterweihe für Frauen verlangte. Als die Bischöfe erneut unter Einbeziehung öffentlicher Diskussionen mehrere Entwürfe für ein Hirtenwort über die Rolle der Frau in der Kirche vorbereiteten, wurden sie erstmals wieder seit 1884 nach Rom bestellt. Wie schon ein Jahrhundert zuvor, war man im Vatikan über die liberalen Entwicklungen in der amerikanischen Nachkonzilskirche besorgt. Obwohl einige Bischöfe klarstellen konnten, dass ihr Einsatz für eine gleichwertige Stellung der Frau in der Kirche mit dem Mann nicht durch den Feminismus bestimmt sei und auch nicht von dem Wunsch nach Frauenordination, mussten die Bischöfe das geplante Hirtenwort zurückziehen.

Angesichts der sich oft unversöhnlich gegenüberstehenden konservativen (in Amerika „orthodox" genannten) und progressiven („liberalen") Gruppierungen rief der Erzbischof von Chicago, Kardinal Joseph L. Bernardin, eine „Common Ground"-Bewegung ins Leben, die einerseits den gemeinsamen Glaubensboden aller Gruppierungen erarbeiten und sich andererseits auf ein „seamless garment", ein „saumloses Gewand" ethischer Grundwerte für die umstrittenen Grundfragen des Lebens einigen sollte. Doch diese Bewegung konnte die Spannungen zwischen den „rechten" und „linken" Flügeln nicht beheben, zumal sich sofort mehrere Kardinalskollegen gegen Bernardin wandten, weil es keinen Dialog über Glaubenswahrheiten geben könne.

Diese Spannungen sind bis in die Gegenwart latent, sowohl was Glaubenslehre und Glaubenspraxis betrifft als auch was die gesellschaftspolitischen Aktivitäten angeht. Innerkirchlich kommt es immer wieder zu Differenzen mit Rom, etwa um die „inclusive language" bei Übersetzungen liturgischer Texte oder des Weltkatechismus, bei der Adaption der Enzyklika „Ex code ecclesia" über die Notwendigkeit einer bischöflichen Lehrerlaubnis für Theologieprofessoren an katholischen Universitäten und zuletzt über undifferenzierte Maßnahmen gegen Priester im Pädophilie-Skandal, durch den die U.S.-Kirche in ihre größte Krise seit dem Amerikanismusstreit geraten ist und ihre Glaubwürdigkeit in der Öffentlichkeit weitgehend eingebüßt hat.

Andererseits ist die katholische Kirche in den Vereinigten Staaten auf der Basis der Religionsfreiheit zu einer festen Größe geworden. Das zeigt sich zum Beispiel daran, dass ihre Repräsentanten bei großen nationalen Ereignissen mit den Vertretern der traditionellen protestantischen Denominationen in der ersten Reihe sitzen, dass Politiker aller Richtungen, nicht zuletzt die Präsidenten selbst, ebenso selbstverständlich Kontakt mit Kardinälen und führenden Erzbischöfen haben wie mit den Vertretern der anderen Denominationen. Doch wo es in der Politik um staatliche Gesetzgebung geht, schwelen bei Wertefragen wie dem Schutz des ungeborenen Lebens und der Ehe die Kontroversen weiter und stellen vor allem katholische Politiker vor das Dilemma, der katholischen Lehre verpflichtet zu sein oder der Verfassung ihres Landes.

Das Kirchenvolk selbst ist weithin, wie der amerikanische Politologe David C. Leege bemerkte, dem „egalitären Individualismus" und „moralischen Relativismus" des Mainstream verfallen (zit. Oertel 2004b, S. 405), und bei Wahlen richtet sich höchstens noch ein Drittel der Gläubigen in ihrem Stimmverhalten an der Glaubenslehre aus. Die Worte der Bischöfe erreichen praktisch nur noch den harten Kern der Kirchgänger, die anderen stimmen ab wie der Mainstream. Zudem blieb die amerikanische Kirche nicht verschont von Abwärtstrends im Kirchenbesuch, in Priester- und Ordensberufen sowie von wachsender Distanz der Jugend zur Institution Kirche. Durch den Pädophilie-Skandal ist die Kirche zu Beginn des 21. Jahrhunderts in eine tiefe innere Krise geraten, in der sich alle schon lange bestehenden, von einem verunsicherten, in sich zerstrittenen und führungsschwachen Episkopat nicht entschiedenen Kontroversen bündeln: „Die Kirche steht am Scheideweg eines unaufhaltsamen Niedergangs oder einer tief greifenden Reform" (Steinfels 2003, S. 1).

Die Ambivalenz in der Haltung zum Kirche-Staat-Verhältnis in Amerika drückt sich letztlich in der Haltung Johannes Pauls II. aus. In seinem Schreiben „Ecclesia in America" lobt er einerseits die große Vitalität der amerikanischen Katholiken, die sie dem Freiwilligkeitscharakter der Kirche in Amerika und jener Volksfrömmigkeit verdanken, die sich aus den verschiedensten Nationen speist. Damit spielt er auf den Wandel der Kirche weißer Abstammung zu einer Kirche der Völkervielfalt an, denn heute sind fast ein Drittel der rund 65 Millionen Katholiken hispanischer und fast zehn Prozent asiatischer Herkunft. Andererseits warnt der Papst vor den Gefahren des „American Way" mit seinem unbeschränkten Individualismus und einer rein materiell ausgerichteten Lebensorientierung (Johannes Paul II., 1999a, S. 571, 573). Mehrfach hat der Papst auf seinen vielen Reisen nach Amerika, das er – außer seinem Heimatland – so oft besuchte wie kein anderes Land, die Amerikaner an die von den Gründervätern gelegten religiösen Wurzeln ihres Landes erinnert und die daraus erwachsene Verpflichtung unterstrichen, zuletzt bei der Verkündigung von „Ecclesia in America": An der Jahrhundertwende bringen grundsätzliche Veränderungen in der Weltpolitik für Amerika eine noch größere Verantwortung mit sich, „durch eine Entscheidung für die Kultur des Lebens seinen großen Einfluss auszuüben" und Vorbild für eine wahrhaft freie, demokratische, gerechte und humane Gesellschaft zu sein (Johannes Paul II., 1999b) – eine Herausforderung, die nach seinen Worten umso stärker auch für die katholische Kirche in Amerika gilt.

Literatur

Bernardin, Joseph: A Moral Vision for America. Herausgegeben von John P. Langan. Washington D.C. 1998.

Catholic Almanac 2000. Huntington, Ind. 2000.

Dillon, Michele: Catholic Identity. Balancing Reason, Faith, and Power. Cambridge 2004.

Dougherty, Jude P.: Religion – Gesellschaft – Demokratie. Berlin 2003.

Fogarty, Gerald P.: The Vatican and the American Hierarchy from 1870 to 1965. Stuttgart 1982.

Fogarty, Gerald P.: Die Vereinigten Staaten von Amerika. In: Erwin Gatz (Hrsg.), Kirche und Katholizismus seit 1945. 4 Bde., Bd. 4: Großbritannien, Irland, Kanada, Vereinigte Staaten von Amerika. Paderborn 2002, S. 89–143.

Fogarty, Gerald P.: Amerikanische Religionsfreiheit und Spannungen mit dem Heiligen Stuhl. In: Werner Kremp (Hrsg), Katholizismus im atlantischen Raum. Trier 2004, S. 1–20.
Greeley, Andrew: The Catholic Revolution. New Wine, Old Wineskins, and the Second Vatican Council. Berkeley/Los Angeles 2004.
Hertling, Ludwig: Die katholische Kirche in den Vereinigten Staaten. Berlin 1954.
Hoye, William J.: Demokratie und Christentum. Die christliche Verantwortung für demokratische Prinzipien. Münster 1999.
Johannes Paul II.: Ecclesia in America. In: Origins 33, 1999 (a), S. 566–592.
Johannes Paul II.: Speeches, 26. Januar 1999 (b): Welcome Ceremony at the Airport of St. Louis (http://www.vatican.va/holy_father/john_paulii/speeches/1999/january/).
Jones, Arthur: New Catholics for a New Century. The U.S. Church Today and Where It's Headed. Allan, Tx. 2000.
Kremp, Werner (Hrsg.): Katholizismus im Atlantischen Raum. Trier 2004.
Liedhegener, Antonius: Politischer Katholizismus nach dem Zweiten Vatikanischen Konzil. Strukturen und Entwicklungen in der Bundesrepublik Deutschland und in den USA. In: Werner Kremp (Hrsg), Katholizismus im atlantischen Raum. Trier 2004, S. 87–115.
Lockwood, Robert P. (Hrsg.): Anti-Catholicism in American Culture. Huntington, Ind. 2000.
Morris, Charles R.: American Catholic. New York 1997.
Nevins, Albert J.: Our American Catholic Heritage. Huntington, Ind. 1972.
O'Brien, David J.: Public Catholicism. New York 1996.
Oertel, Ferdinand: Ein „American Way of Catholicism?". In: Werner Kremp (Hrsg), Katholizismus im atlantischen Raum. Trier 2004 (a), S. 143–156.
Oertel, Ferdinand: In der Krise voneinander lernen. In: Herder Korrespondenz 8, 2004 (b), S. 402–406.
Steinfels, Peter: A People Adrift. The Crisis of the Roman Catholic Church in America. New York 2003.
Zöller, Michael: Washington und Rom. Der Katholizismus in der amerikanischen Kultur. Berlin 1995.

Söhnke Schreyer

Religionen, Wählerkoalitionen und politische Parteien

„I think George Bush is going to win in a walk. I really believe I'm hearing from the Lord it's going to be like a blowout election in 2004. … It doesn't make any difference what he does, good or bad, God picks him up because he's a man of prayer and God's blessing him."
(Fernsehprediger Pat Robertson, Januar 2004)

„Maybe Pat got a message from Karl Rove and thought it was from God."
(Rev. Barry W. Lynn, Direktor von „Americans United for Separation of Church and State", Januar 2004)

„Culture Wars" – Religionen, Wahlen und Politik

In den USA ist wie in anderen entwickelten Demokratien der formative Einfluss von konfessionellen Gruppen und Cleavages auf Parteien und Wahlen ein historisch ebenso wenig zu übersehender wie umstrittener Faktor. Doch in den zurückliegenden drei Jahrzehnten haben neue Stimmen aus dem breiten Spektrum von Kirchen, Sekten und religiösen Strömungen eine wachsende Prominenz gefunden, die in den USA selbst Anlass zu heftigen Kontroversen gegeben haben und nicht nur in Europa auf besorgte und befremdete Reaktionen gestoßen sind. Auch ohne Interventionen höherer Instanzen in den Wahlen führen der häufige Gebrauch von Versatzstücken religiöser Rhetorik und die Inanspruchnahme allgewaltigen Beistands zu Irritationen (Dionne/Drogosz 2004, S. 1), die mit dem Hinweis darauf, dass die USA ungeachtet aller Modernität ein Land mit vitalen Glaubensgemeinschaften ist, kaum zu besänftigen sind (Prätorius 2003, S. 7). Im Vordergrund des Interesses steht dabei zumeist eine religiöse Bewegung, die als „New Christian Right" oder „Religious Right" bezeichnet und charakterisiert wird. Die christlich-konservative Anhängerschaft der führenden Vertreter dieser Basisbewegung („grass-roots movement") und ihre politischen Organisationen haben seit den späten 1970er Jahren vor allem in der Republikanischen Partei stark an Gewicht gewonnen und gelten mittlerweile auf Bundesebene wie in den meisten Einzelstaaten als einflussreicher Stimmenblock, der kaum noch zu übergehen ist.

Das Hineindrängen evangelikal-fundamentalistischer Glaubensinhalte in die Politik wirft insbesondere dann ernsthafte Fragen auf, wenn der Bereich der internationalen Beziehungen und die Sicherheitsinteressen anderer Nationen berührt werden. Bushs Rede von einer „Axis of Evil" beispielsweise, wie Fred I. Greenstein kritisch anmerkt, „send out shock waves" und „led critics to worry about whether the president's intense personal commitment to evangelical Christianity was leading him to advance an inappropriately moralistic foreign policy" (Greenstein 2004, S. 204 f.). Gegenüber Präsident Ronald Reagans (1981–1989) Beschwörung eines „Armageddon", eines Endkampfes zwischen den Mächten des Lichts und der Finsternis, mag Bushs Rhetorik – nach dem Ende des nuklearen „Standoffs" zwischen den Supermächten – noch vergleichsweise undramatisch anmuten. Als Bestandteil einer vom politischen Apparat des Weißen Hauses ausgearbeiteten „State of the Union"-Ansprache legt die Formulierung jedoch nahe, dass religiös-manichäische Argumentationsfiguren selbst in sensitiven Politikbereichen keine Ausnahme mehr sind. Es griffe allerdings zu kurz, solche Referenzen schlicht dem wachsenden Einfluss der „Religious Right" zuzuschreiben. So wichtig die Mobilisierung evangelikal-fundamentalistischer Wähler für die Veränderungen des Parteiensystems ist, bleibt der Fokus auf dieses Phänomen einseitig und lässt den weiteren Kontext unterbelichtet. Die Neuausrichtung der Erwartungen und Präferenzen anderer konfessioneller wie nichtkonfessioneller Wählergruppen sind für das Verständnis nicht von geringerer Bedeutung. Zudem sind neben ökonomischen Interessen regionale und ethnisch-rassische Gruppencleavages zu beachten, ohne deren Einbezug vor allem der Exodus weißer Christen aus der Demokratischen Wählerkoalition in den historischen Südstaaten nicht nachvollziehbar ist.

Einen systematischen theoretischen Zugang zur Aufarbeitung der kulturellen, religiösen und sozialmoralischen Konflikte und den Anschluss an die Entwicklungen von Parteien und Wählerkoalitionen bietet das – polemisch zugespitzte – Konzept eines „Cultural Civil War" (oder kurz: „Culture War[s]"). Die Kulturkampf-These greift die anhaltenden Kontroversen um die soziokulturelle Modernisierung und Liberalisierung der USA seit den 1960er Jahren auf (Hunter 1991; Williams 1997). Obwohl zentrale Elemente dieses Modernisierungsschubs, der mit der Bürgerrechts- und Frauenbewegung seinen Höhepunkt erreichte, heute weithin akzeptiert sind, resultierten die Auseinandersetzungen in einer dauerhaften Polarisierung zwischen einem progressiv-reformliberalen und einem traditionalistisch-konservativen Lager. Die Infragestellung überkommener Konventionen und Lebensmuster blieb nicht auf die Rassenintegration und Frauengleichstellung beschränkt, sondern wirkte mit der Antikriegs-, der Umwelt- und Konsumentenschutz-, der Behinderten-

und Senioren- wie der Schwulen- und Lesben-Bewegung und anderen Protestgruppen in nahezu alle Bereiche von Gesellschaft und Politik hinein. Unbeschadet der grundlegenden Revision des gesellschaftlichen Konsenses im Hinblick auf formale Gleichheitsrechte und die Inklusion ausgegrenzter Minderheiten ist das verbleibende Konfliktpotential von kaum geringerer Bedeutung. Das Cluster von Streitfragen, um die sich „progressive" und „traditionalistische" Positionen organisieren, reicht von Abtreibung, Sexualität und alternativen Lebensstilen über Familie, Schulerziehung, Patriotismus und die Rolle von Religion und Kunst im öffentlichen Leben bis hin zu „Affirmative Action", Waffenbesitz und Kriminalitätsbekämpfung.

Die Thematisierung dieser „social issues", die die Lebenswelt und -vorstellungen von religiösen wie säkular orientierten Wählern in einer oft emotional hoch aufgeladenen Weise berühren, bot Parteien (und Interessengruppen) neue Wege der Ressourcenmobilisierung, veränderte sie aber gleichzeitig selbst merklich. Die Vertreter progressiver Positionen fanden im Gefolge der Protest- und Reformgruppen zunehmend in der Demokratischen Partei ihre politische Heimat. Allerdings verloren die Demokraten im Gegenzug nicht nur ihre früher offen rassistische Wählerschaft, sondern auch große Teile ihres gemäßigt konservativen Flügels und dessen Bastion im Süden. Demgegenüber bemühte sich die Republikanische Partei mit Erfolg um die diversen Gruppen, die den Reformforderungen wie begleitenden gesellschaftlichen Entwicklungen skeptisch gegenüberstanden oder sich politisch-ökonomisch an den Rand gedrängt sahen. Kirchlich-religiöse Gruppen spielten zunächst in der Durchsetzung der Bürgerrechte wie sozialer Reformen eine wichtige Rolle auf der „linken" Seite. In Reaktion auf die „Rights Revolution" und die konservative Gegenmobilisierung gewannen jedoch konservative Protestanten und Katholiken auf der „rechten" Seite des Spektrums schnell an Profil. Kritiker der Kulturkampf-These weisen allerdings zu Recht darauf hin, dass die resultierende Ideologisierung der Politik stärker ein Phänomen der politischen Eliten denn der Wählerschaft insgesamt ist (Fiorina 2005). Weder sind säkular-konservative (libertäre) und religiös-reformliberale Gruppen zu übersehen, die quer zur dominanten Konfliktachse stehen, noch sind die Einstellungsnuancierungen und Kompromissvorstellungen vor allem der Teile der Wählerschaft zu vernachlässigen, die sich der politischen Mitte zuordnen.

Traditionelle Wählerkoalitionen: Parteien und ethno-konfessionelle Gruppen

Herkömmliche Studien zu Parteien und Wahlen in den USA gehen von einem vergleichsweise einfachen historischen Schema aus, das Parteien primär als dauerhafte Wählerkoalitionen auffasst, die in den Präferenzen von sozialen Gruppen und Individuen quasihabituell verankert sind (Aldrich/Hershey 2004). Die Stabilität der Gruppenbindungen und individuellen Loyalitäten sichern dabei jeweils einer der in der Regel zwei national agierenden Parteien den Status der Mehrheitspartei („majority party"), während die jeweils andere die Rolle der designierten Opposition („minority party") übernimmt. Anhand dieser charakteristischen Mehrheits-Minderheits-Konstellationen („party alignments"), die über einen Zeitraum von 30 bis 40 Jahren Bestand haben, lässt sich die Geschichte der Parteien (wie korrespondierend der Bundespolitik) in fünf Phasen gliedern, die von der Frühphase der Republik bis zum Ende der 1960er Jahre reichen. Die Bruchstellen oder Übergangsphasen zwischen den verschiedenen „party systems" markieren tiefe gesellschaftliche Einschnitte, zumeist unter dem Eindruck politischer und ökonomischer Krisen, die in einzelnen oder einer kurzen Serie von Wahlen („critical/realigning elections") neuen Wählerkoalitionen zum Durchbruch verhelfen. Wenngleich zentrale Annahmen der Theorie der „party alignments" mittlerweile als problematisch angesehen werden und insbesondere das Konzept der „critical elections" in wichtigen Fällen in Frage gestellt wird (Mayhew 2003), bleibt das Modell als Ordnungsschema wie als Referenzrahmen der Diskussion von hoher Bedeutung.

Das wichtigste Beispiel eines solchen Parteiensystems und der Neuformierung von Wählerkoalitionen ist das „New Deal alignment", dessen strukturelle Vorgaben teilweise bis in die Gegenwart hinein das Wahlgeschehen prägen (Sundquist 1983). Vor dem Hintergrund der Weltwirtschaftkrise von 1929 verlor die Republikanische Partei ihren Status als „majority party" an die Demokraten, die unter Führung von Franklin D. Roosevelt (1933–1945) zur hegemonialen Kraft aufstiegen. Die tragenden Säulen der Demokratischen Koalition waren die – zunehmend gewerkschaftlich – organisierte Arbeiterschaft, katholische Einwanderergruppen insbesondere aus Irland und Süd- und Osteuropa sowie die historischen Südstaaten. Während der Süden und – in weiten Teilen – die katholisch-ethnischen Einwanderergruppen bereits länger zur Demokratischen Koalition gehört hatten, kamen, neben der Arbeiterschaft, mit der schwarzen und der jüdischen Bevölkerungsgruppe in den 1930er und 40er Jahren zwei weitere neue Elemente hinzu. Die Republikanische Wählerkoalition reduzierte sich entsprechend auf, in der Tendenz, die weiße Mittel- und

Oberschicht britischer Herkunft und protestantischer Konfession („White Anglo-Saxon Protestants"/„WASPs") im Norden und Nordosten des Landes. Zwischen 1932 und 1968 gelang es den Republikanern nur unter dem populären, auch von Demokratischer Seite umworbenen General Dwight D. Eisenhower (1953–1961), ihre zusammengeschrumpfte Basis zu einer Mehrheit in den Präsidentschaftswahlen auszubauen; Mehrheiten in den Kongresswahlen blieben noch kürzere Zwischenepisoden.

Das „New Deal alignment" ist in zweifacher Hinsicht instruktiv für die Rolle von Religion in den vorhergehenden Parteiensystemen. Erstens wurde der Faktor Religion selten in den Vordergrund gerückt. Als zentrale Konfliktachsen galten vielmehr sektionale, ökonomische und rassisch-ethnische Cleavages wie die Nord-Süd-Rivalität, agrarische versus gewerblich-industrielle Interessen sowie der Status der schwarzen Bevölkerung (Sklaverei, Segregation), die die Ausrichtung der Bundespolitik und der Parteien bestimmten. Wenngleich aus diesem Blickwinkel die Größe Religion häufig unterbelichtet blieb, strichen eine Reihe von Studien, die sich gegen ökonomisch-deterministische Ansätze wandten, deren mittelbaren Einfluss heraus, der über den soziokulturellen Kontext politische Konflikte vorstrukturierte. Die wichtigsten Beispiele hierfür sind die in Wellen auftretenden protestantischen Erweckungsbewegungen („Great Awakenings", vgl. Ostendorf in diesem Band), in deren Kontinuität auch die gegenwärtige evangelikal-fundamentalistische Mobilisierung gestellt wird (Shafer 2003). Das erste „Great Awakening" Mitte des 18. Jahrhunderts gilt weder als unmittelbarer Auslöser noch als Triebkraft der amerikanischen Revolution, doch in der langfristigen Betrachtung als entscheidender Faktor in der Herausbildung einer republikanisch-demokratischen Kultur, die die Unabhängigkeitsbestrebungen förderte und kanalisierte (Ahlstrom 1972, S. 267 f.; Balmer 2003, S. 143 f.). Das zweite „Great Awakening" im ersten Drittel des 19. Jahrhunderts wird in ähnlicher Weise, mit der Stärkung des religiös motivierten Abolitionismus, als mittelbare Vorbedingung für die Verschärfung des Streits um die Sklaverei und den Bürgerkrieg (1861–1865) gesehen (ebd., S. 248 f.). Die dritte Welle um die Wende zum 20. Jahrhundert wirkte mit der Forderung sozialer Reformen („Social Gospel") schneller und direkter auf die Parteien und beeinflusste über die populistische und die progressive Reformbewegung ihre Kandidaten und Programme nachhaltig.

Der zweite Aspekt ist die enge Verbindung zwischen ethnischer (bzw. regionaler) und konfessioneller Gruppenzugehörigkeit. Virulent wurde diese Kombination von Gruppencleavages vor allem im Gefolge der Masseneinwanderung seit den 1840er Jahren. Während in der Frühphase britisch-protestantische Einwanderer das demographische Profil der Bevölkerung bestimmt hatten, nahm mit den Immigrationsschüben aus Irland und später aus anderen Staaten Süd- und Osteuropas der Anteil der Katholiken rasant zu. Überkommene antikatholische Ressentiments erreichten unter dem Eindruck der Masseneinwanderung einen neuen Höhepunkt. In den 1850er Jahren verzeichnete die nationalistische „American Party" („Know-Nothings"), die aus einer protestantisch-nativistischen Geheimloge hervorging, mit ihrer antikatholischen und xenophoben Propaganda überraschende Erfolge in den Bundes- wie Einzelstaatenwahlen (Ahlstrom 1972, S. 555 f.). Doch ebenso unerwartet zerbrach die „American Party" 1856 an der Zuspitzung der Sklaverei-Debatte und der überwältigenden Konkurrenz der Republikanischen Partei, die sich als Koalition der versprengten Opposition gegen die Demokraten durchsetzte. Während der militante Anti-Katholizismus in der Folgezeit abebbte, blieb diese konfessionelle Spaltung eine konstante Größe. Nach dem Bürgerkrieg agitierten beispielsweise Republikanische Politiker erfolgreich gegen „rum, romanism and rebellion" und katholische Präsidentschaftskandidaten der Demokraten, Al Smith (1928) und selbst noch John F. Kennedy (1960), sahen sich mit tief sitzenden protestantischen Vorbehalten konfrontiert. In der umgekehrten Betrachtung zeigte sich jedoch, dass nicht alle protestantischen Kirchen und Sekten gleichermaßen die Republikanische Partei unterstützten. Als Hauptbruchlinie galt der Unterschied zwischen einer pietistisch-individualistischen und einer liturgisch-hierachischen Ausrichtung der religiösen Doktrinen (Swierenga 1990, S. 146 f.). Während die protestantisch-laizistischen Gemeinden, auch etwa unter deutschen und skandinavischen Einwanderern, den Republikanern zuneigten, orientierten sich klassische „Anstaltskirchen" stärker auf die Demokraten. Doch nicht zu übersehen ist, dass vor allem im Süden – verstärkt durch die Zuspitzung um die Sklavereifrage – die (zunehmend) in eigenen Verbünden organisierten protestantischen Kirchen wie „Southern Baptists", „Methodists" und „Presbytarians" im Gegensatz zu ihren Schwesterverbänden im Norden fest in das Demokratische Lager eingebunden blieben (ebd., S. 147). Zudem ist darauf hinzuweisen, dass der konfessionelle Organisationsgrad der Bevölkerung im 19. Jahrhundert noch deutlich unter dem heutigen Niveau lag.

Mit dem Zerfall der New-Deal-Koalition seit den späten 1960er Jahren haben sich auch der ethno-religiöse Konnex wie die regionale Trennlinie stark abgeschwächt. Den ersten wichtigen Einschnitt markiert der Ausbruch des (weißen) historischen Südens aus der Demokratischen Koalition. Nachdem Barry Goldwater 1964 als Kandidat der Opposition gegen die Bürgerrechtsgesetzgebung fünf Bundesstaaten im „Deep South" gewinnen konnte, gelang es Richard Nixon 1968 und 1972 zunächst auf präsidentieller Ebene die ehemalige Demokratische Hochburg aufzubrechen. Die Reduzierung dieser Entwicklung auf rassistische Ressentiments greift allerdings zu kurz. Die Neuorientierung des weißen Südens hat das Ende der Segregation und die spürbare Verbesserung des Verhältnisses zwischen den Bevölkerungsgruppen nicht nur überlebt, sondern sich in der Folgezeit weiter verstärkt. Nixons und später Reagans Erfolge reflektierten neben dem Protest gegen die Politik der Rassenintegration auch andere soziokulturelle Themen und, mit der Stagflationskrise der 1970er Jahre, die wachsenden ökonomischen Probleme. Das Herausbrechen des (früher) „Solid South" aus der Demokratischen Koalition ermöglichte zunächst die Abwanderung der weißen evangelikalen Protestanten zur Republikanischen Partei (Kellstedt/Noll 1990). Der bekennende Baptist Jimmy Carter (1977–1981) aus Georgia konnte den Trend nur kurzfristig aufhalten.

Unter den Vorzeichen der „social issues" reichte der konservativ-traditionalistische Appeal der Republikaner seit 1972 darüber hinaus weit in die Gruppe ethnisch-katholischer Wähler hinein. Wie die Übersicht zu dem Stimmenvorsprung Demokratischer Präsidentschaftsbewerber unter Katholiken gegenüber Protestanten (Grafik 1) zeigt, schmolz die über weite Strecken beachtliche Differenz bis in die 1980er und 90er Jahre nahezu auf eine Parität zusammen. Die Kandidatur des Katholiken Kennedy 1960 überzeichnet den Effekt, während die Wahlsiege des populären Generals Eisenhower 1952 und 1956 ihn unterschätzen; Vorsprünge von 20 bis 25 Prozent in diesem Segment bilden die historische Norm. Im Gegenzug zur Abwanderung katholischer Wähler öffneten sich allerdings Protestanten der gemäßigten „mainline"-Kirchen im Norden zunehmend für die Demokratische Partei. Dies lässt sich mit einem dritten Einschnitt in die New-Deal-Koalition verbinden, der Einebnung der sozioökonomischen Unterschiede zwischen den beiden Parteien unter weißen Wählern. Die Republikanische Partei ist zwar noch immer die Partei der Einkommensoberschichten, doch in den unteren weißen Einkommensgruppen konnte sie beachtliche Zuwächse verzeichnen und die Demokraten teilweise überflügeln.

Die Präsidentschaftswahlen 2000 bieten hierfür ein paradigmatisches Beispiel. Die Anteile von „white working-class/middle-class protestants and catholics" lagen 2000 generell dicht beieinander und schwankten nur wenig um die 50 Prozent Marke (Abramson 2003, S. 118). Al Gore schnitt dabei noch am besten unter Protestanten ab, die sich nicht als „born again christians" einordneten (48 gegen 49 Prozent für Bush), während er unter Katholiken deutlicher unterlag (45 gegen 54 Prozent). Gleichzeitig erzielte Gore im Durchschnitt in den mittleren und unteren Einkommensgruppen weißer Wähler nur ca. 43 Prozent und lag damit deutlich hinter seinem Konkurrenten (ebd., S. 99).

Grafik 1: Konfessionelle Gruppenloyalitäten und Parteien

Differenz Demokratischer Stimmanteile in Präsidentschaftswahlen zwischen Katholiken und Protestanten, 1944–2000

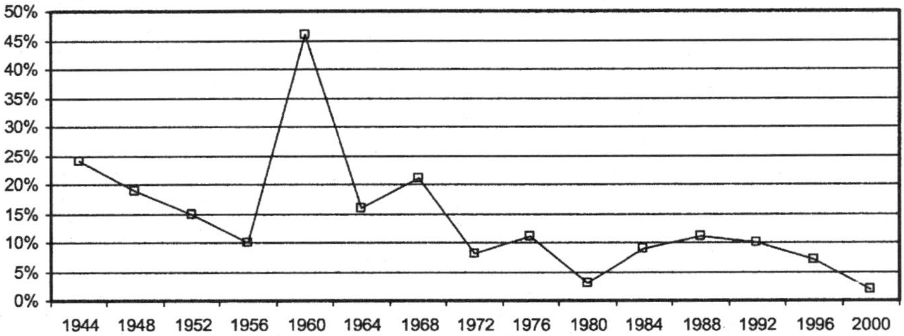

Quelle: Daten der „National Election Study" (NES), zitiert nach Abramson 2003, S. 109.

Neue Konfliktlinien: „Religious Right" versus „Secular Left"

Die Erosion des New-Deal-Parteiensystems und die Abwanderung von Teilen der Demokratischen Wählerschaft hat bisher nicht zu einem „realignment" nach klassischem Muster geführt. Die Herausbildung einer neuen Mehrheits-Minderheits-Konstellation, in der, wie vielfach vermutet worden ist, die Republikanische Partei die Rolle der „majority party" übernimmt, ist bisher ausgeblieben. Vielmehr hat sich seit den 1980er Jahren eine weitgehende Parität der politischen Kräfte eingespielt. Diese Situation eines elektoralen Patts mit vergleichsweise häufigen Wechseln der Mehrheiten kennzeichnet eine hohe Kompetitivität und eine wachsende Polarisierung zwischen den Parteien. Die Positionen des rechten und des linken Außenflügels können mit Blick auf die zentralen Wertorientierungen dabei auf Republikanischer Seite als „religiöse Rechte" und auf Demokratischer Seite als „säkulare Linke" bezeichnet werden. Doch die Charakterisierung der gegenwärtigen Konstellation durch „Parität" und „Polarisierung" ist irreführend, insofern dies eine Spaltung in zwei große stabile Lager nahe legt, die eine tiefe Kluft trennt. Zwar kann im Fall einzelner Wählergruppen eine erstaunlich starke und dauerhafte Bindung an jeweils eine der Parteien diagnostiziert werden. Doch bestimmend bleibt eine Segmentierung der Wählerschaft in verschiedene Gruppen, die in unterschiedlichem Maß für die Werbeappelle beider Seiten offen sind. Das beste Beispiel für eine solche Überzeichnung bietet der Titel der viel beachteten Studie von Stanley B. Greenberg, der unter der Überschrift „The Two Americas" 22 unterschiedliche Wählergruppen und -milieus analysiert, von denen er selbst 9 als

Tabelle 1: Mitgliedschaften in Kirchen/Konfessionsgruppen, 1952–2002*
(in Prozent der Bevölkerung)

	1952	1962	1972	1982	1992	(2002)
Protestant	72	74	69	65	58	(53)
Mainline	–	45	37	32	24	–
Evangelical	–	29	32	33	34	–
Catholic	22	20	24	22	24	(25)
Jewish	3	3	2	2	2	(2)
Other	3	3	5	11	16	(17)
None	–	2	4	9	14	–

* Daten für 2002 nur bedingt vergleichbar. Quelle: Daten der „National Election Study" (NES), zitiert nach Shafer 2003, S. 173, sowie für 2002 Census Bureau 2004, S. 67.

„umkämpft" („contested") einstuft (Greenberg 2004). Der religiös-säkulare Spannungsbogen ist dabei nur eine Dimension, wenngleich – in einem veränderten Sinn – von wachsender Bedeutung.

Grundlegend für die Einschätzung der religiösen Dimension sind zunächst die demographischen Entwicklungen. Die Datenübersicht zu den Bevölkerungsanteilen der verschiedenen Konfessionen und Konfessionsgruppen bietet einen generellen Überblick (Tabelle 1), wenngleich entscheidende Details unterbelichtet bleiben. Neben dem leichten Zuwachs der Katholiken ist vor allem der relative Rückgang des Anteils protestantischer Kirchen und Sekten über die zweite Hälfte des 20. Jahrhunderts markant. Der Rückgang des protestantischen Anteils ergibt sich dabei aus der Kombination eines drastischen Einbruchs unter den so genannten „mainline"-Kirchen und einem deutlichen Anstieg der Mitgliederzahlen evangelikal-fundamentalistischer Gruppen, der den Gesamteffekt jedoch nur abmildern konnte. Demgegenüber ist der nachhaltige Anstieg in der Kategorie „Other" vor allem dem Segment der Befragten zuzurechnen, die keine Religionszugehörigkeit angeben. Nur ein Bruchteil hiervon sind „bekennende" Atheisten oder Agnostiker, sodass kein direkter Schluss auf die individuelle Religiosität möglich ist. Dennoch bildet diese Gruppe den Kern des Wählerpotenzials, das in soziokulturellen Fragen den säkular-progressiven Pol darstellt. Greenbergs Analyse fasst die konfessionslosen mit konfessionell gebundenen Wählern, die angeben, selten oder nie Gottesdienste zu besuchen, in der Kategorie der „secular warriors" zusammen. In der erweiterten Abgrenzung betrug der Anteil an der Gesamtbevölkerung 2000 ca. 29 Prozent. Die „secular warriors" zeigen aufgrund ihrer relativ liberalen

Einstellungen eine eindeutige Präferenz für Demokratische Kandidaten und können, unter weißen Wählern, als Basis des säkular-progressiven Flügels gelten. Kein vergleichbares demographisches Gewicht haben bisher andere Religionen erreicht, zu denen, um nur einige der größten Gruppen zu nennen, Buddhisten, Hindus, „Latter-day Saints" (Mormonen), Orthodoxe und Unitarier gehören (Census Bureau 2004, S. 67). Trotzdem weisen sie zum Teil – bei geringer Ausgangsbasis – ein rasantes Wachstum auf und stärken damit den Trend der Pluralisierung.

Die Vermittlung der erkennbaren Dynamik im religiösen Bereich in die Politik wird zunächst durch die ökonomischen und sozialen Erfahrungen nichtweißer ethnischer Minderheiten moduliert und gedämpft. Die noch immer bestehenden Probleme der Integration von „Black-", „Hispanic-" und „Asian-Americans" resultieren – in unterschiedlichen Abstufungen – in einem deutlich anderen Wahlverhalten (Niemi/Stanley 2003, S. 124 f.). Besonders markant ist dies im Fall der schwarzen Bevölkerung, die heute die loyalste Wählergruppe der Demokraten stellt, obwohl der Anteil von „evangelicals" wie „fundamentalists" noch höher liegt als unter weißen Wählern. In den Präsidentschaftswahlen unterstützen schwarze Wähler Demokratische Kandidaten regelmäßig mit Anteilen von 80 bis 90 Prozent. Unter „Hispanics", mit Ausnahmen wie den „Cuban-Americans", erzielten Demokraten in den zurückliegenden Dekaden immerhin noch Anteile von ca. 65 bis 70 Prozent. Weniger Informationen gibt es zum Wahlverhalten von „Asian-Americans". Sie tendieren mit knapperen Mehrheiten zu den Demokraten. Dem Muster nichtweißer Minoritäten können auch „Jewish-Americans" zugeordnet werden. Unbeschadet der viel beachteten Zugewinne der Republikanischen Partei in diesem Bevölkerungssegment in den 1980er Jahren, gehören sie nach wie vor zu den Gruppen, die regelmäßig die Demokratische Partei mit überwältigenden Mehrheiten unterstützten. Bill Clinton und Al Gore konnten die Demokratischen Stimmanteile mit Werten von 80 Prozent oder mehr gegenüber den 1980er Jahren nochmals steigern. Den Hintergrund der Erfolge bilden zum einen die traditionell hohe Unterstützung für Bürger- und Minderheitenrechte, zum anderen die relativ säkulare Orientierung zumindest im Hinblick auf die Politik (Kellstedt/Noll 1990, S. 364). Obwohl kaum einzelne Faktoren den Gesamttrend erklären können, ist die weitgehende Parallelität zu dem sichtlich wachsenden Einfluss der „Religious Right" auf die Republikanische Partei bemerkenswert.

Mit der genannten Ausnahme bestimmen ganz andere, teilweise genau gegensätzliche Trends die Entwicklungen unter weißen Wählern. Die Auflösung der ethnisch oder regional vermittelten konfessionellen Gruppenloyalitäten ermöglicht im Zusammenspiel mit der Politisierung kultureller und

Grafik 2: Einfluss individueller Religiosität auf Stimmverhalten

Differenz Demokratischer Stimmanteile in Präsidentschaftswahlen
Regular Churchgoers und *Non-Attenders*, 1952–2000

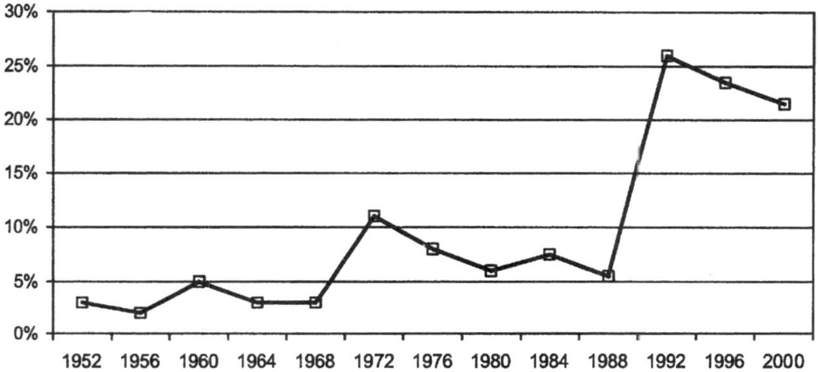

Quelle: Daten der „National Election Study" (NES), zitiert nach Fiorina 2005, S. 101.

sozialmoralischer Fragen einen merklichen Bedeutungsgewinn des Faktors Religion im Sinne individueller Religiosität. Die Grafik zu den Differenzen in den Demokratischen Stimmanteilen zwischen Wählern, die regelmäßig Gottesdienste besuchen („regular churchgoers"), und solchen, die selten oder nie teilnehmen („non-attenders"), zeigt eine sich seit den 1960er Jahren sukzessiv öffnende Schere (Grafik 2). Gegenüber den 1950er und 60er Jahren verdoppelte sich das Niveau dem Trend nach in den 1970er und 80er Jahren und, nochmals, in den 1990er Jahren.

Eine noch differenziertere Betrachtungsweise bietet eine Analyse der Wahlen 2000 von James C. Guth, die nach dem Zusammenhang von individueller Religiosität und Stimmabgabe auf der Basis von Selbsteinordnungen der Wähler in unterschiedlichen Konfessionsgruppen fragt. Der Vergleich zwischen „Traditionalists", „Centrists" und „Modernists" zeigt noch trennschärfere Abgrenzungen. Bemerkenswert ist zunächst, dass weiße Traditionalisten aller Konfessionen mit hohen Anteilen für den Republikanischen Kandidaten, George W. Bush, stimmten (Tabelle 2). Evangelikal-fundamentalistischen Protestanten kam dabei keineswegs eine Rolle als Vor- oder Spitzenreiter zu. Die höchsten Anteile wiesen vielmehr die „Latter-day Saints" (Mormonen) auf, gefolgt von Traditionalisten der „Mainline Protestants", während Katholiken mit geringem Abstand das Schlusslicht bildeten. Allerdings stellten evangelikal-fundamentalistische Protestanten die weitaus größte Gruppe und keine andere Gruppe weist eine vergleichbar hohe Mehrheit von Traditionalisten gegenüber gemäßigt-zentristischen und säkular orientierten Wählern auf.

Tabelle 2: Religiöse Orientierung und Stimmabgabe Präsidentschaftswahlen 2000

Stimmanteil (in Prozent) von George W. Bush (Anteil an Gesamtstimmen in Klammern)

	All	Traditionalist	Centrist	Modernist
Evangelical Protestant	74 (38,7)	80 (33,6)	49 (3,7)	46 (1,4)
Mainline Protestant	61 (22,2)	82 (8,8)	71 (10,0)	29 (3,4)
Catholic	56 (18,2)	70 (9,7)	56 (5,1)	35 (3,4)
Latter-day Saints	91 (2,3)			
Hispanic Catholic	26 (1,0)			
Hispanic Protestant	34 (1,0)			
African American Catholic	23 (0,7)			
African American Protestant	4 (0,8)			
Jewish	29 (1,4)			
Other Religion	22 (1,8)			
Secular	35 (12,1)			

Quelle: Third National Study of Religion (University of Akron, Akron, Ohio), zitiert nach Guth 2004, S. 123.

Aufschlussreich ist allerdings auch der Blick auf das Zusammenspiel der Komponenten der jeweiligen Wählerkoalitionen der Parteien. Während über die Hälfte der Bush-Wähler 2000 sich den religiösen Traditionalisten zurechnete, kann Bush kaum auf den Beitrag der anderen Gruppen verzichten. Mit jeweils etwa 20% Anteil an der Republikanischen Wählerkoalition sind gemäßigt-zentristische und säkular-modernistische Wähler zumindest auf präsidentieller Ebene keine vernachlässigbaren Größen. In der spiegelbildlich verkehrten Betrachtung gilt für die Demokratische Wählerkoalition entsprechend, dass, obwohl sie von zentristischen und progressiven Wählern dominiert wird, eine einfache Absage an religiös-traditionalistische Wähler keine Aussichten auf einen Sieg zulässt. Für beide Parteien ergibt sich damit eine ähnliche strategische Situation. Auf der einen Seite müssen die jeweiligen Kernanhängerschaften mobilisiert werden; auf der anderen Seite benötigen beide Parteien Themen und Positionen, mit deren Hilfe sie wechselbereite zentristische Wähler gewinnen können. Komplex wird das Kalkül durch die in der Regel gegenläufigen Wirkungen von Werbeangeboten auf, vereinfacht formuliert, Parteibasis und Wählermitte. Während das scharfe Herausstreichen von Unterschieden in sozialmoralischen Fragen die Basis aktivieren kann, schreckt es zumeist die Wähler der politischen Mitte ab und umgekehrt. Zu beachten ist zudem, dass die Mobilisierung der jeweils eigenen Parteibasis zudem häufig ebenfalls motivierend auf die Gegenseite wirkt. Damit drohen bei dem Trend nach knappen Wählerentscheiden negative Rückkopplungen auf Werbeappelle in beide Richtungen. Dies erfordert – im Idealfall – eine sorgfältige Kalibrierung der Kampagnen oder führt – in der Praxis – häufig zu schnellen Wechseln in Profilierungsversuchen der Parteien.

Ausblick: Die Politik religiöser Polarisierung

Die Rolle von Religion und konfessionellen Gruppen hat sich in den USA seit den 1960er Jahren in grundlegender Weise gewandelt. Das klassische Muster wechselseitiger Verstärkung von konfessionellen und ethnischen Identitäten, die sich in stabile Parteiloyalitäten oder -präferenzen übersetzen, hat sich zugunsten individueller religiöser Überzeugungen, die die Entscheidung für eine Partei oder einen Kandidaten beeinflussen, aufgelöst. Die politischen Konfliktmuster haben sich parallel hierzu verschoben. Die überkommenen Gruppen-Cleavages, insbesondere der Anti-Katholizismus vieler Protestanten (und Republikaner), sind weitgehend bedeutungslos geworden und bleiben auf Einzelvorkommnisse unter Randgruppen beschränkt (Segers 2002). Nicht mehr (christliche) Konfessionen stehen sich gegenüber, sondern religiös-traditionalistische und säkular-progressive Überzeugungen und Lebensvorstellungen. Damit hat nicht das Bekenntnis zu einer der Konfessionen, sondern zu religiösen Werten und Traditionen wieder höhere Relevanz und Sichtbarkeit in der Tagespolitik erhalten. Das heißt nicht, dass in Wahlen andere Einflussfaktoren wie Parteiloyalitäten, ökonomische Interessen, ideologische Präferenzen oder die Einschätzung von Kandidaten, ihrer Personen und Positionen, als nachrangige Größen zu behandeln sind. Vor allem die nichtweißen ethnisch-rassischen Minderheiten, die mehr als 25 Prozent der Bevölkerung stellen, haben sich den skizzierten Trends bisher entzogen. Für sie bleiben ökonomische Chancengleichheit und soziale Integration der Hauptfokus, unbeschadet der häufig intensiven Bindungen an die jeweiligen Glaubensgemeinschaften. Wirtschafts- und sozialpolitische Fragen stehen gegenwärtig zumeist auch an der Spitze der Prioritätenliste weißer Wähler. Zudem drängen seit den Terroranschlägen vom 11. September 2001 und dem Irakkrieg außen- und sicherheitspolitische Fragen in den Vordergrund der Kampagnen und Wählerinteressen. Doch für erhebliche Teile der (weißen) Wählerschaft hat sich das Set der Faktoren, die die Wahlentscheidungen beeinflussen, und deren Zusammenspiel neu geordnet. Dies greift weit über das Potenzial der religiösen Rechten und evangelikal-fundamentalistischer Wähler hinaus und schließt andere Konfessionen wie konfessionslose Wähler mit ein.

Angesichts der soziostrukturellen Verankerung in Wertorientierungen, die eine langfristig hohe Persistenz aufweisen, und den Schwierigkeiten, moralische Fragen rational aufzulösen oder durch akzeptable Kompromisse zu entschärfen, gibt es kaum Anzeichen für ein schnelles Abflauen des religiös unterlegten Kulturkampfes in den USA. Der fortbestehende Modernisierungsdruck, beispielsweise mit Blick auf die Propagierung und Darstellung (christlich-)religiöser Werte und Symbole im staatlich-öffentlichen Raum oder die rechtliche Gleichstellung von Schwulen und Lesben sorgen zusätzlich für beständige Auffrischungen der Konflikte. Doch selbst wenn soziokulturelle Kontroversen auf absehbare Zeit zentrale Bestandteile des politischen Themenhaushalts bleiben, zeichnet sich seit den 1990er Jahren eine Art Routinisierung und Differenzierung des Umgangs mit der Konfliktdynamik ab. Dies reflektiert die häufig ambivalente Wirkung von Auseinandersetzungen auf die verschiedenen Komponenten der Wählerkoalitionen beider Parteien. Obschon weder Republikaner noch Demokraten gänzlich auf die Mobilisierung durch „social issues" verzichten wollen oder können, haben sie gleichermaßen ein Interesse an der Einhegung der Auseinandersetzungen. Bereits Bill Clinton hat sich während seiner Präsidentschaft demonstrativ bemüht, auf traditionalistisch-religiöse Wähler zuzugehen und ihre Belange ernst zu nehmen. Vom „Religious Freedom Restoration Act" von 1993, der freiwilligen religiösen Aktivitäten unter anderem an Schulen Freiräume sichern soll, über Initiativen zum Jugendschutz bis hin zum „Defense of Marriage Act" von 1995, der gleichgeschlechtliche Ehen untersagt, hat sich Clinton unablässig für ein Aufgreifen wertkonservativer Besorgnisse engagiert (Guth 2000). Dies ist nicht ohne Ironie, insofern Clintons Politik, von persönlichen Affären und Skandalen ganz abgesehen, wesentlich zur Eskalation in den 1990er Jahren beigetragen hat, die in dem von den Republikanischen Kongressfraktionen 1998 angestrengten Amtsenthebungsverfahren gegen den Präsidenten kulminierten. Clintons Insistieren auf der Sicherung gleicher Bürgerrechte für alle Gruppen und des Rechts auf Schwangerschaftsabbruch hat heftige Reaktionen auf konservativ-traditionalistischer Seite hervorgerufen und, aus dieser Sicht, Kompromissangebote von Anfang an unter skeptische Vorbehalte gestellt (Lammert/Schreyer 2004).

Doch Clintons Wiederwahl wie seine ungebrochen hohe Popularität haben die Republikanische Partei ebenso beeindruckt wie ihre Verluste in den Kongresswahlen vor dem Hintergrund des gescheiterten „Impeachments". Präsident Bush wie seine Partei haben daraus in den Wahlen 2000 wie 2004 sichtliche Konsequenzen gezogen. Obwohl sich die Republikaner in Reaktion auf eine Entscheidung des Obersten Gerichtshofs des Staates Massachusetts werbewirksam für ein Verfassungsverbot gleichgeschlechtlicher Ehen einsetzen, die unverändert von breiten Teilen der Bevölkerung abgelehnt werden, sind sie zugleich bemüht, damit nicht gemäßigt-zentristische Wähler zu verprellen. Präsident Bush hat sich zwar öffentlich für eine Verfassungsänderung ausgesprochen. Doch Vizepräsident Cheney hat, nicht zuletzt vor seinem familiären Erfahrungshintergrund, kurz darauf mit seiner Ablehnung einen deutlichen Gegenakzent gesetzt. Zudem hielt der Republikanische Wahlparteitag in New York ostentativ die – kritischen, aber fügsamen – Exponenten der religiösen Rechten im Hintergrund, während populäre, gerade in sozialmoralischen Fragen liberale Republikaner wie Arnold Schwarzenegger, der Gouverneur Kaliforniens, die Szene beherrschten. Darüber hinaus lässt Bushs Position selbst die Option für zivile Partnerschaften („civil unions") von Schwulen und Lesben bewusst offen, die von Demokratischer Seite als Kompromiss favorisiert werden. Solche offensiv-defensiven Wechselmanöver können nicht in jedem Fall scharfe Polarisierungen vermeiden, aber sie sind Anzeichen für Normalisierungsbestrebungen und bieten Ansatzpunkte für eine politische Aufarbeitung offener Fragen.

Literatur

Abramson, Paul R./Aldrich, John H./Rohde, David W.: Change and Continuity in the 2000 and 2002 Elections. Washington D.C. 2003.

Ahlstrom, Sidney: A Religious History of the American People. New Haven/London 1972.

Aldrich, John H./Hershey, Marjorie Randon: Party Politics in America. New York [11]2004.

Balmer, Randall/Butler, Jon/Wacker, Grant: Religion in American Life. A Short History. Oxford/New York [2]2003.

Census Bureau: Statistical Abstract of the United States, 2003. Washington D.C.: The National Data Book, 2004.

Dionne Jr., E. J./Drogosz, Kayla M.: How Would God Vote? An Introduction. In: Dies./Jean Bethke Elstain (Hrsg.), One Electorate under God? A Dialogue on Religion and American Politics. Washington D.C. 2004, S. 1–12.

Fiorina, Morris P.: Culture War? The Myth of a Polarized America. New York 2005.

Greenberg, Stanley B.: The Two Americas. Our Current Political Deadlock and How to Break It. New York 2004.

Greenstein, Fred I.: The Presidential Difference. Leadership Style From FDR to George W. Bush. Princeton, N.J. [2]2004.

Guth, James L.: Clinton, Impeachment, and the Culture Wars. In: Steven E. Schier (Hrsg.), The Postmodern Presidency. Bill Clinton's Legacy in U.S. Politics. Pittsburgh 2000, S. 203–222.

Guth, James L.: George Bush and Religious Politics. In: Steven E. Schier (Hrsg.), Hugh Risk and Big Ambition. The Presidency of George W. Bush. Pittsburgh 2004, S. 117–144.

Hunter, James Davison: Culture Wars: The Struggle to Define America. New York 1991.
Kellstedt, Lyman A./Noll, Mark A.: Religion, Voting for President, and Party Identification, 1948–1984. In: Mark A. Noll (Hrsg.), Religion and American Politics. From the Colonial Period to the 1980s. Oxford/New York 1990, S. 255–279.
Lammert, Christian/Schreyer, Söhnke: „The Culture Wars" – Die Rechts- und Innenpolitik der Clinton-Administration. In: Hans-Jürgen Puhle/Söhnke Schreyer/Jürgen Wilzewski (Hrsg.), Supermacht im Wandel. Die USA von Clinton zu Bush. Frankfurt a. M. 2004, S. 93–128.
Mayhew, David R.: Electoral Realignments. A Critique of an American Genre. New Haven 2003.
Niemi, Richard G./Stanley, Harold W.: Vital Statistics on American Politics. Washington D.C. 2003.
Prätorius, Rainer: In God We Trust. Religion und Politik in den USA. München 2003.
Segers, Mary C.: Catholics and the 2000 Presidential Election. Bob Jones University and the Catholic Vote. In: Dies. (Hrsg.), Piety, Politics, and Pluralism. Religion, the Courts, and the 2000 Election. Lanham, Md. 2002, S. 75–104.
Shafer, Byron: The Two Majorities and the Puzzle of Modern American Politics. Lawrence, Kans. 2003.
Sundquist, James L.: Dynamics of the Party System. Alignment and Realignment of Political Parties in the U.S. Washington D.C. 1983.
Swierenga, Robert P.: Ethnoreligious Political Behavior in the Midnineteenth Century. Voting, Values, Cultures. In: Mark A. Noll (Hrsg.), Religion and American Politics. From the Colonial Period to the 1980s. Oxford/New York 1990, S. 146–171.
Williams, Rhys (Hrsg.): Cultural Wars in American Politics. New York 1997.

Jens Borchert

Alte und neue Wahlverwandtschaften. Religiöse Bindung und politische Repräsentation im amerikanischen Kongress*

Religionszugehörigkeit und Politik in den USA

Die Frage, welcher Religion die politischen Repräsentanten angehören, stellt sich in den meisten westlichen Demokratien nicht. Teilweise wäre sie schlicht unsinnig, weil praktisch alle religiös gebundenen skandinavischen und britischen Abgeordneten der jeweiligen protestantischen Staatskirche angehören. In den romanischen Ländern wiederum würde man fast ausschließlich Katholiken finden und damit doch den entscheidenden Punkt verpassen: nämlich die für die nationale Politik mit entscheidende Konfliktlinie zwischen politischem Katholizismus und antiklerikalem Laizismus. Im religiös gespaltenen Deutschland ist vor allem der Zusammenhang zwischen Konfession und Wahlverhalten ein altes Thema der Politikwissenschaft, und bei den politischen Repräsentanten etwa der bayrischen CSU spielt ein gewisser konfessioneller Proporz neben anderen Kriterien eine Rolle bei der Personalauswahl. Trotzdem käme kaum jemand auf die Idee, die Konfessionszugehörigkeit der Mitglieder des Deutschen Bundestages untersuchen zu wollen.

Wenn wir uns also in diesem Beitrag der Religionsangehörigkeit der Mitglieder des amerikanischen Kongresses zuwenden, so ist das erklärungsbedürftig[1]. Was kann man sich davon versprechen? Die Rolle der Religion im politischen Leben der USA ist – wie die Beiträge dieses Bandes sehr nachdrücklich aufzeigen – eine grundsätzlich andere als in anderen westlichen Demokratien. Die tiefe und auch im öffentlichen Leben zur Schau gestellte Religiosität vieler Amerikaner als ein Bestandteil der amerikanischen Zivilreligion (des „American creed“, vgl. Huntington 1981, Unger 1988) koexistiert mit einer strikten Trennung von Kirche und Staat, die es dem amerikanischen Staat seit den 1930er Jahren beispielsweise nicht einmal mehr gestattet, seine Bürger auch nur nach ihrer Religionszugehörigkeit zu befragen. Ursprünglicher Sinn dieser Trennung von Kirche und Staat war nicht der Schutz der Politik vor religiösem Einfluss, sondern umgekehrt der Schutz der verschiedenen Religionsgemeinschaften vor staatlichem Einfluss (vgl. Prätorius 2003, S. 10–11; allg.: Wald 1997, S. 73–123). Ursache hierfür ist, dass die Bedeutung der Religion in den USA von jeher mit einem starken Pluralismus der Glaubensgemeinschaften korrespondiert hat. Insbesondere das protestantische Lager ist bis heute in eine unübersehbare Vielfalt von größeren und kleineren Glaubensgemeinschaften gespalten.

Amerikanische Religionsforscher haben versucht, diesem organisierten Chaos Herr zu werden, indem sie die protestantischen Kirchen der USA in zwei große Gruppen aufgeteilt haben, deren unterschiedliches Glaubensverständnis zugleich politische Implikationen hat: „mainline protestants“ und „evangelical protestants“. Dabei umfassen die „mainline“-Protestanten vor allem die drei ursprünglich in den amerikanischen Kolonien dominanten Richtungen der Anglikaner („Episcopals“), Presbyterianer (der schottischen Kirche nachgebildet) und der Kongregationalisten (die von den Puritanern begründete Glaubensrichtung, heute Bestandteil der „United Church of Christ“). Zu den Evangelikalen rechnet man dagegen die Pfingstler („Pentecostals“, organisiert etwa in der „Assembly of God“) und andere charismatische Bewegungen sowie viele der Kirchen, die sich allgemein als „christlich“ definieren. Hinzu kommen – was das Bild wesentlich verkompliziert – Teile der Baptisten, der Methodisten, der Lutheraner, der Reformierten und anderer protestantischer Kirchen, die sich in jeweils mindestens einen „mainline“- und einen evangelikalen Kirchenbund aufgespalten haben.[2]

Politisch wirkungsmächtig erscheint diese Zweiteilung der amerikanischen Protestanten insofern, als es eine gewisse Affinität der evangelikalen Kirchen zum radikalen Republikanismus gibt, der spätestens seit Ronald Reagans Zeiten die Republikanische Partei prägt. Sie bilden jene Christliche Rechte, die im politischen Leben der USA zu einer unübersehbaren Kraft geworden ist, ja, wie manche meinen, eine neue Konfliktlinie in die amerikanische Politik eingeführt hat: die zwischen religiösem Radikalismus und einem bei aller persönlichen Religiosität doch politisch säkularem Pragmatismus (vgl. zu dieser „50/50-Teilung“ der amerikanischen Gesellschaft: Guth u.a. 2001).

Natürlich könnte man diese Zweiteilung auf die amerikanischen Abgeordneten anwenden und schauen, ob sich auch hier signifikante Unterschiede zwischen beiden Gruppen finden.[3] Allerdings geben zwar die amerikanischen Abgeordneten in ihren Kurzbiographien in aller Regel ihre Religionszugehörigkeit an; daraus lässt sich jedoch nicht erkennen, welchem Flügel der in dieser Frage gespaltenen Glaubensgemeinschaften jemand angehört. Daher werde ich im Folgenden einen Überblick über die nominelle Religionsangehörigkeit der amerikanischen Abgeordneten geben. Dabei werde ich stets den 92. Kongress (1971–1972, gewählt 1970) mit dem 107. (2001–2002, gewählt im Jahr 2000) vergleichen, um die Entwicklung der letzten dreißig Jahre so zumindest grob nachzeichnen zu können.[4] Besonderes Augenmerk möchte ich in meiner Analyse auf vier Aspekte legen:

- das Verhältnis zwischen dem Anteil der einzelnen Religionsgemeinschaften in der Bevölkerung und bei den Abgeordneten: Welche Glaubensgemeinschaften sind über-, welche unterrepräsentiert?
- die regionale Verteilung der Glaubensrichtungen: Gibt es regionale Hochburgen der einzelnen Religionsgemeinschaften?
- das Verhältnis zwischen Religions- und Parteizugehörigkeit: Gibt es eher Demokratische und eher Republikanische Glaubensrichtungen?
- das Verhältnis zwischen Religionszugehörigkeit und ideologischer Ausrichtung: Kann man sagen, dass es im amerikanischen Kontext Kirchen gibt, die eher liberale, und solche, die eher konservative Politiker hervorbringen?[5]

Bei jeder dieser Fragen wird es mir auch um den historischen Wandel gehen. Das hat nicht zuletzt damit zu tun, dass die Zugehörigkeit zu einer Glaubensgemeinschaft gerade im protestantischen Lager eine höchst individuelle Entscheidung ist und nur bedingt familiäre Traditionen widerspiegelt (zur Häufigkeit von Wechseln der Glaubensrichtung vgl. Wuthnow 2000). Sehr schön lässt sich dies an der Politikerfamilie Bush demonstrieren: George Bush sen. gehört der Episkopalischen Kirche an. Sein Sohn George W., der jetzige amerikanische Präsident und frühere Gouverneur von Texas, ist evangelikaler Methodist, während der zweite Bush-Sohn Jeb, der Gouverneur von Florida, Katholik ist. Die Wahl der Kirche, der man angehört, ist also in starkem Maße Teil der individuellen „Selbsterschaffung". Insofern ist die Repräsentation der verschiedenen Religionsgemeinschaften im Kongress potentiell durch drei Faktoren bestimmt: a) durch die Zusammensetzung der Bevölkerung in den jeweiligen Wahlkreisen und Bundesstaaten, b) durch die strategische Entscheidung von Karrierepolitikern, sich einer bestimmten Glaubensrichtung anzuschließen und c) durch die Neigung, als Mitglied einer bestimmten Konfession/Denomination den Weg in die Politik zu suchen.

Die Repräsentation der Religionsgemeinschaften im amerikanischen Kongress

Sehen wir uns zunächst an, wie stark die verschiedenen Religionsgemeinschaften in der amerikanischen Bevölkerung und im Kongress vertreten sind. Während die Angaben zum amerikanischen Kongress dabei sehr zuverlässig sind, gibt es zur religiösen Ausrichtung der Bevölkerung nur zwei relativ unzuverlässige Quellen: die Angaben der Religionsgemeinschaften über ihre Mitgliederzahlen und verschiedene Repräsentativumfragen.[6] Insofern kann man bezogen auf die Gesamtbevölkerung auch nur eher allgemeine Angaben machen. Den repräsentativen Umfragen zufolge besteht gut die Hälfte der amerikanischen Bevölkerung aus Protestanten verschiedener Provenienz, etwa ein Viertel sind Katholiken.[7] Als keiner Religionsgemeinschaft zugehörig bezeichnen sich etwa 10 Prozent.[8] Der Rest verteilt sich auf zahlreiche weitere Glaubensrichtungen, von denen keine mehr als zwei Prozent der Bevölkerung auf sich vereinigen kann.

Im Kongress sind sowohl Protestanten als auch Katholiken etwas stärker vertreten als in der Bevölkerung. Am deutlichsten unterrepräsentiert sind die Nichtreligiösen. Hier zeigt sich die Bedeutung der Religion im öffentlichen Leben der USA, die es offenbar politischen Repräsentanten entweder erschwert, ohne religiöse Bindung gewählt zu werden, oder es ihnen nicht gestattet, das Fehlen einer solchen Bindung offen einzugestehen. Atheismus ist im gesellschaftlichen Leben der USA in weiten Teilen des Landes immer noch nicht akzeptiert. Innerhalb der protestantischen Gruppen sind Episkopale (Anglikaner) und Presbyterianer deutlich überrepräsentiert. Als im amerikanischen Kontext alte Religionsgemeinschaften sind sie bei den Angehörigen der sozialen und politischen Elite offensichtlich noch deutlich stärker vertreten als in der Bevölkerung insgesamt. Bei den übrigen protestantischen Gruppen sind die Methodisten leicht über-, die Baptisten und Lutheraner leicht unterrepräsentiert. Von den anderen Religionsgemeinschaften ist es allein Mormonen (Selbstbezeichnung: „Heilige der Letzten Tage" – „Latter Day Saints"; vgl. Prätorius 2003, S. 120–123) und Juden gelungen, eine stärkere politische Repräsentation zu erreichen, als es ihrem Bevölkerungsanteil entspricht. Auf die Gründe hierfür wird noch einzugehen sein.

Zwar unterliegt auch die Religionszugehörigkeit der Bevölkerung Schwankungen im Zeitverlauf, der Vergleich der Abgeordneten von 1971 mit jenen von 2001 zeigt jedoch, dass diese Unterschiede bei den Abgeordneten weitaus größer sind. Nur wenige Gruppen (Methodisten, Protestanten und Christen ohne feste Gemeinschaftszugehörigkeit) sind relativ konstant. Ein deutliches Wachstum weisen Katholiken (+ 35%), Baptisten (+ 50%), Juden (+ 160%), Lutheraner (+ 50%) und Mormonen (+ 80%) auf, während Presbyterianer, Episkopale und Kongregationalisten stark dezimiert wurden. Gerade jene drei Gruppen also, die auf die längste Traditionslinie zurückblicken können und historisch den religiösen Kern der WASPs, der „White Anglo-Saxon Protestants", bilden, büßten zwischen 1970 und 2000 über ein Drittel ihrer parlamentarischen Vertreter ein. Nicht zuletzt das hat dazu beigetragen, dass die Protestanten insgesamt von 70 auf 58 Prozent der Abgeordneten reduziert wurden – und damit fast auf das „normale Maß" ihres Bevölkerungsanteils.

Historische Daten über die Vertretung der größeren Religionsgemeinschaften im Kongress liegen seit 1963 (Wahlen von 1962) vor (Ornstein u.a. 1991, S. 32–34). Dabei lässt sich erkennen, dass die Katholiken ihre größten Zuwächse bei den Wahlen 1964, 1974 und 1980 erlangten, also interessanterweise bei

Tabelle 1: Religion im amerikanischen Kongress: Der Anteil der Glaubensrichtungen 1971 und 2001

Religions-gemeinschaft	Abgeordnete 2001	Abgeordnete in Prozent	Abg. 1971 in Prozent	Anteil an der Bevölkerung
Protestanten				
gesamt	312	58,3	69,8	51
Baptisten	73	13,6	9,2	16
Methodisten	68	12,7	15,1	9
Presbyterianer	47	8,8	15,7	3
Episkopale	40	7,5	12,0	2
Protestanten*	32	6,0	5,6	?
Lutheraner	21	3,9	2,6	6
Christen*	12	2,2	1,9	?
Kongrega-tionalisten	8	1,5	4,9	?
Katholiken	150	28,0	20,7	25
Juden	36	6,7	2,6	2
Mormonen	16	3,0	1,7	1
keine	8	1,5	2,2	8
sonstige	24	4,6**	5,8***	?
Gesamt	535	100,0	100,0	****

* Protestanten, die sich keiner Kirche zurechnen; ** aus acht verschiedenen Glaubensrichtungen; *** aus neun Glaubensrichtungen; **** ergibt keine 100 Prozent, da nicht alle Glaubensgemeinschaften berücksichtigt wurden; ? = Angaben liegen nicht vor.

Quelle: Eigene Berechnung auf der Basis der Angaben in Barone u.a. 1972, Barone/Cohen 2002, Nutting/Stern 2001. Für den Anteil an der Bevölkerung: Gallup 2001.

drei Wahlen, die als wichtige Trendwende zu Gunsten der Demokraten (1964, 1974) oder der Republikaner (1980) gelten. Bei den jüdischen Abgeordneten gibt es seit 1974 ein kontinuierliches Wachstum. Bei den protestantischen Kirchen ist die Entwicklung weniger kontinuierlich: Die Baptisten haben sich erst in den letzten Jahren von ihrem Tief in den frühen 80er Jahren wieder erholt. Dagegen befinden sich die Methodisten in einem lang anhaltenden Niedergangsprozess. 1963 waren sie noch vor den Katholiken die stärkste Gruppe und stellten 101 Abgeordnete und Senatoren. Seitdem verlieren sie stetig an politischer Repräsentation, wenngleich sie gegenwärtig mit George W. Bush den Präsidenten der USA stellen. Die Episkopalen waren von den 60er bis zum Ende der 80er Jahre sehr konstant vertreten. Erst in den 1990er Jahren setzte ein rascher Niedergang ein. Dagegen begann der Bedeutungsverlust der Presbyterianer bereits in den 70er Jahren.

Insgesamt lässt sich die Entwicklung der politischen Repräsentation von Religionsgemeinschaften in den USA als Prozess der Normalisierung interpretieren. Die Katholiken als große Bevölkerungsgruppe, die politisch lange Zeit marginalisiert waren, haben aufgeholt und sind mittlerweile gemäß ihrem Anteil an der Bevölkerung vertreten. Die Protestanten dagegen haben ihre übermächtige Dominanz beim politischen Personal des Landes verloren. Innerhalb des protestantischen Lagers haben die eng mit den sozialen und politischen Eliten der frühen amerikanischen Republik verbundenen Gruppen an Einfluss verloren. Aber dieser Prozess des Niedergangs hat mittlerweile auch bereits die Gruppen der ersten Protestwelle gegen das protestantische Establishment (Baptisten, Methodisten) erreicht. Das protestantische Lager ist so in einem ständigen Prozess der organisatorischen Reformation und Diversifizierung begriffen.

Kleinen religiösen Gruppen, die lange Zeit marginalisiert worden sind, ist es mittlerweile gelungen, eine überproportionale politische Vertretung zu erlangen. Dies ist teilweise auf ein größeres kollektives Bewusstsein für die Bedeutung deskriptiver politischer Repräsentation – also Vertretung durch Menschen mit gleichem Hintergrund – zurückzuführen, teilweise spricht es aber auch für eine größere religiöse Toleranz in der Bevölkerung. Jüdische und mormonische Abgeordnete werden heute vielfach in Wahlkreisen und Bundesstaaten gewählt, in denen ihre Religionsgruppe weit von einer Bevölkerungsmehrheit entfernt ist. Die Zeiten, in denen Mormonen aus Utah und Juden aus New York City kamen, sonst jedoch wenig Chancen besaßen, gewählt zu werden, scheinen vorbei zu sein. Indes, man sollte die Entwicklung auch nicht idealisieren. Bis heute war John F. Kennedy der einzige katholische Präsident der USA. Von einem Juden oder Mormonen im Präsidentenamt konnte bislang gar keine Rede sein – selbst unter den 50 Gouverneuren der USA ist kein einziger Jude, und einen Mormonen findet man nur in Utah (www.adherents.com/adh_gov.html). Die Hürden für die Angehörigen religiöser Minderheiten – also für alle Nicht-Protestanten –, um in ein politisches Amt zu gelangen, sind niedriger geworden; verschwunden sind sie indes noch nicht.

Region und Religion: Die Hochburgen einzelner Glaubensrichtungen im Wandel

Die Mitglieder des Kongresses repräsentieren jeweils einen Wahlkreis oder Bundesstaat, in dem sie normalerweise tief verwurzelt sind, weil dies eine wesentliche Voraussetzung ist, sich in den parteiinternen Vorwahlen und dann bei den Hauptwahlen durchzusetzen. Durch diese starke lokale Anbindung ist zu erwarten, dass auch die religiösen Bindungen nicht gleich verteilt sind, sondern regionale Spezifika aufweisen. Dabei kann die starke Vertretung einer Religionsgemeinschaft bei den Abgeordneten einer Region natürlich einerseits darauf hinweisen, dass diese Religionsgemeinschaft in der jeweiligen Region ihre Hochburg hat. Aber auch jenseits deskriptiver Repräsentation ist es durchaus vorstellbar, dass das politische Personal einer Region bevorzugt aus bestimmten Religionsgemeinschaften rekrutiert wird.

Um diesen Fragen nachzugehen, werden die USA im Folgenden in vier Großregionen eingeteilt. Die Einteilung folgt der üblichen Praxis (wenngleich diese nicht immer ganz einheitlich ist):

- Nordosten (Connecticut, Delaware, Maine, Maryland, Massachusetts, New Hampshire, New Jersey, New York, Pennsylvania, Rhode Island, Vermont)
- Mittelwesten (Illinois, Indiana, Iowa, Kansas, Michigan, Minnesota, Missouri, Nebraska, North Dakota, Ohio, South Dakota, Wisconsin)
- Süden (Alabama, Arkansas, Florida, Georgia, Kentucky, Louisiana, Mississippi, North Carolina, Oklahoma, South Carolina, Tennessee, Texas, Virginia, West Virginia)
- Westen (Alaska, Arizona, California, Colorado, Hawaii, Idaho, Montana, Nevada, New Mexico, Oregon, Utah, Washington, Wyoming)

Im Nordosten war die Situation bereits zu Beginn der 70er Jahre durch die Dominanz der Katholiken gekennzeichnet (39 Prozent). Dies ist insofern nicht überraschend, als hier der Anteil der Nachkommen von Einwanderern aus Irland, Italien und Polen besonders hoch ist. Boston ist die katholischste Großstadt der USA, aber auch in New York, Philadelphia, Baltimore, Newark, Buffalo und zahlreichen kleineren Städten stellen die Katholiken die deutlich größte religiöse Gruppe in der Bevölkerung. Da die Katholiken hier wie in anderen Regionen auch zunehmend für politische Ämter kandidiert haben, ist ihr Anteil an den Abgeordneten und Senatoren des Nordostens mittlerweile auf 50 Prozent gestiegen.

Unter den protestantischen Kirchen waren 1971 die Episkopalen mit rund 16 Prozent klar am stärksten repräsentiert vor den Presbyterianern (9 Prozent), Kongregationalisten und Methodisten (jeweils 7 Prozent). Die Stärke der Episkopalen, aber auch jene der übrigen genannten Kirchen, reflektiert die Prägung des Protestantismus im Nordosten durch die frühe angelsächsische Einwanderung. Dreißig Jahre später machen Episkopale, Presbyterianer, Methodisten und ungebundene Protestanten nur noch jeweils 4 bis 7 Prozent der Abgeordneten aus, die Kongregationalisten nicht einmal mehr zwei Prozent. Hinzugewonnen haben unter den protestantischen Gruppen im Nordosten lediglich die Bap-

Tabelle 2: Die politische Repräsentation der Religionsgemeinschaften in den Regionen

Religionsgemeinschaft	Nordosten	Mittelwesten	Süden	Westen
Protestanten gesamt	34	60	81	50
Baptisten	7	12	26	5
Methodisten	6	12	22	8
Presbyterianer	4	6	16	7
Episkopale	7	5	9	8
Protestanten	4	8	2	12
Lutheraner	1	9	2	4
Christen	1	2	2	4
Kongregationalisten	2	2	1	2
Katholiken	50	33	14	22
Juden	12	5	2	10
Mormonen	0	1	1	12
keine	2	1	0	4
sonstige	4	2	2	1
Gesamt*	100	100	100	100

* Aufgrund von Rundungsfehlern ergeben sich nicht immer 100 Prozent.

Quelle: Eigene Berechnung auf der Basis der Angaben in Barone/Cohen 2002, Nutting/Stern 2001, für das Jahr 2001.

tisten (auf 7 Prozent). Insgesamt sind die Protestanten von 48 auf nur noch 33 Prozent der Abgeordneten reduziert worden. Der zweite große Gewinner neben den Katholiken sind im Nordosten die jüdischen Amerikaner. Sie stellen nunmehr 12 Prozent der Abgeordneten (vorher nur 8 Prozent).

Im Mittelwesten dominierten in den frühen 70er Jahren drei Gruppen: Katholiken (22 Prozent), Presbyterianer (18) und Methodisten (13). Die Katholiken hatten ihre Hochburgen auch hier in den Großstädten wie Chicago, Detroit und Cleveland. 2001 hat sich das Bild gewandelt: Die Katholiken allein stellen nun fast ein Drittel der Abgeordneten (33 Prozent). Im protestantischen Lager sind Methodisten, Baptisten (jeweils 12 Prozent) und Lutheraner (9 Prozent) die stärksten Kräfte. Die Presbyterianer haben in ihrer einstigen Hochburg im Mittelwesten besonders stark verloren – rund zwei Drittel ihrer Parlamentarier. Nutznießer dieser Entwicklung sind vor allem die Lutheraner, die ihre starke Position bei der Bevölkerung – sie gehören in neun der zwölf Staaten des Mittelwestens zu den drei mitgliederstärksten Gruppen (vgl. www.adherents.com/rel_USA.html) – nun auch besser in politische Repräsentation umsetzen konnten. Zusammengenommen stellen die Protestanten im Mittelwesten immerhin noch 60 Prozent aller Abgeordneten (1971: 69 Prozent).

Die amerikanischen Südstaaten weisen trotz der beträchtlichen Zuwanderung und des nicht unerheblichen sozialen Wandels, der hier stattgefunden hat, die größte Kontinuität bei der religiösen Zusammensetzung der Parlamentarier auf. 1971 gab es drei etwa gleich große Gruppen: Methodisten (24 Prozent), Baptisten (23) und Presbyterianer (21). 2001 wetteiferten Baptisten (26 Prozent) und Methodisten (22 Prozent) um die Vorherrschaft, während die Presbyterianer (15,5 Prozent) doch etwas abgefallen waren, obwohl sie nicht so stark verloren haben wie in anderen Regionen. Die Katholiken (von 8 auf 14 Prozent) profitieren im Süden vermutlich vor allem von der Einwanderung aus Mexiko und den inneramerikanischen Wanderungsbewegungen in den „Sunbelt" der letzten Jahrzehnte. Anders als in anderen Regionen erweisen sich die Episkopalen im Süden – als traditionelle Religionsgemeinschaft der sozialen Elite in den USA – als stabil (von 8 auf 9 Prozent). Jüdische (2 Prozent) und mormonische Abgeordnete (1 Prozent) spielen im Süden weiterhin keine Rolle und haben hier auch einen schweren Stand. Dies ist weiterhin die Hochburg der amerikanischen Protestanten, die zwar nicht mehr 91 Prozent der Abgeordneten stellen wie noch 1971, aber immer noch mit 81 Prozent die politische Repräsentation prägen.

Der Westen der USA weist schon historisch die größte religiöse Diversität auf. Hier, wo Zuwanderer aus allen Teilen der USA und aus vielen Ursprungsländern zusammenkamen, konnte es nie einer Religionsgemeinschaft gelingen, eine hegemoniale Rolle zu erringen. Dies wird durch eine regionale Kultur unterstützt, die Individualismus noch höher bewertet als in den übrigen Teilen der USA. Wenn wir uns die Verteilung zu Beginn der 1970er Jahre anschauen, finden wir vier Gruppen, die über 10 Prozent der Abgeordneten stellten: Episkopale (18 Prozent), Methodisten (16), Katholiken und Presbyterianer (jeweils 13). Dahinter folgten die nicht an eine Denomination gebundenen Protestanten (9,5) und die Mormonen (8). Dreißig Jahre später sind die Katholiken deutlich stärkste Kraft (22 Prozent). Unter den Protestanten weisen nur die nicht an eine Gemeinschaft gebundenen Abgeordneten über zehn Prozent auf (12). Als neue, stark repräsentierte Gruppen sind Mormonen (12) und Juden (10 Prozent, vor allem aus dem Großraum Los Angeles) hinzugekommen. Episkopale und Methodisten stellen noch jeweils 8 Prozent, die Presbyterianer 7. Insgesamt wurden die Protestanten im Westen am stärksten dezimiert – von 69 auf 50 Prozent der Abgeordneten.

Wenn wir die hier gewonnenen Erkenntnisse zusammenfassen, können wir feststellen, dass der Nordosten der USA die Hochburg der amerikanischen Katholiken ist, während die Protestanten im Süden dominieren. Dass dies mit den parteipolitischen (Demokraten vs. Republikaner) und ideologischen (Liberale vs. Konservative) Hochburgen übereinstimmt, wirft Fragen auf, denen wir uns in den nächsten Teilen dieses Artikels zuwenden werden. Innerhalb der Protestanten sind die Episkopalen relativ gleichmäßig im ganzen Land vertreten, während Methodisten, Baptisten und Presbyterianer schwerpunktmäßig Kirchen der Südstaaten sind. Die Lutheraner haben ihre Hochburg im Mittelwesten, die nicht an eine Religionsgemeinschaft gebundenen Protestanten („Protestants" und „Christians") im Westen. Dort kommt auch das Gros der Mormonen im Kongress her, während die jüdischen Abgeordneten sowohl aus dem Nordosten als auch von der Westküste stammen.

Im Verlauf der hier untersuchten dreißig Jahre ist es dabei teilweise zu deutlichen Verschiebungen gekommen. Die Katholiken konnten mit Ausnahme der Südstaaten überall gleichmäßig hinzugewinnen. Die Protestanten verloren überall, vor allem jedoch im Westen und Nordosten. Folgen einzelne protestantische Kirchen diesem allgemeinen regionalen Muster (Episkopale), so weichen die meisten deutlich davon ab. Bei den Methodisten konzentrieren sich die Verluste auf den Westen der USA, bei den Presbyterianern auf den Mittelwesten, bei den Kongregationalisten auf den Mittelwesten und Nordosten. Unter den innerprotestantischen Gewinnern legten die Baptisten überall gleichmäßig zu, während die Lutheraner hauptsächlich im Mittelwesten anwuchsen. Die Mormonen bleiben weitgehend auf den Westen beschränkt und erzielen dort auch ihren Zugewinn an Abgeordneten. In der gleichen Region vergrößert sich die Zahl der jüdischen Abgeordneten ebenfalls besonders stark. Wie bereits erwähnt, bleibt die Zahl der Abgeordneten ohne religiöse Bindung überall gering. Deutlich am höchsten ist sie im Westen der USA, während im Mittelwesten nicht religiös gebundene Abgeordnete fast aus dem Bild verschwunden sind – sicherlich ein Indikator für die gerade in dieser Region stark gewachsene Religiosität.

Religion und Partei: Gibt es Zusammenhänge?

Katholiken und Juden gehören in den USA seit dem New Deal der 30er Jahre zu den Kerngruppen der Demokratischen Wählerkoalition[9]. Auf der anderen Seite wird dem evangelikalen Protestantismus in Gestalt der Christlichen Rechten ein wesentlicher Anteil am Aufschwung der Republikaner seit Beginn der 80er Jahre zugeschrieben (vgl. Wilcox/Larson in diesem Band). Insofern darf man durchaus davon ausgehen, dass auch unter den Abgeordneten bestimmte Affinitäten zwischen Protestantismus und Republikanischer Partei einerseits sowie zwischen Katholizismus oder Judentum und Demokratischer Partei andererseits vorzufinden sind.

Betrachtet man die Wahlverwandtschaften zwischen Parteien und Religionsgemeinschaften zunächst von Seiten der Parteien, stellt man fest, dass die Demokratischen Abgeordneten 1971 noch zu 61 Prozent aus Protestanten bestanden. Die Republikaner hingegen waren mit einem Anteil von 82 Prozent praktisch eine rein protestantische Partei. Die Katholiken konnten 27 Prozent der Demokratischen, aber nur 12 Prozent der Republikanischen Abgeordneten zu den Ihren zählen. Unter den protestantischen Kirchen waren bei den Demokraten Methodisten, Presbyterianer und Baptisten etwa gleich stark vertreten (jeweils 12 bis 14 Prozent), während bei den Republikanern Presbyterianer (21 Prozent), Methodisten (17) und Episkopale (15) die großen drei waren.

Vergleicht man diese Zahlen mit jenen von 2001, so ist der Anteil der Protestanten in der Demokratischen Fraktion auf nur noch 47 Prozent gesunken gegenüber 35 Prozent Katholiken. Parallel hat auch die Dominanz der Protestanten bei den Republikanern abgenommen, ist mit immer noch 69 Prozent (gegenüber 22 Prozent Katholiken) jedoch zweifellos weiterhin gegeben. Von den nichtchristlichen Religionen spielen vor allem die jüdischen Abgeordneten bei den Demokraten mit einem Anteil von 12 Prozent eine Rolle, womit sie nach Katholiken und Baptisten die drittgrößte Gruppe bilden. Neben den Baptisten stellen bei den Demokraten die Methodisten das zweite größere protestantische Kontingent. Bei den Republikanern entfallen jeweils zwischen 11 und 15 Prozent auf nunmehr vier Kirchen: Methodisten, Baptisten, Episkopale und Presbyterianer.

Recht interessant ist es auch, sich die Zahlen von der Seite der Religionsgemeinschaften aus anzusehen: Wie verteilen sich die Abgeordneten der verschiedenen Kirchen und Gruppen auf die beiden großen Parteien? Die Katholiken gehörten 1971 im Verhältnis 3:1 den Demokraten an, bis 2001 hatte sich das Verhältnis auf 3:2 verschoben. Der Versuch der Republikaner, gezielt katholische Wähler anzusprechen, hat sich offensichtlich auch auf Seiten der parlamentarischen Eliten niedergeschlagen. Unter den protestantischen Kirchen hingegen gibt es einige, die eine große Affinität zur Republikanischen Partei aufweisen. Besonders stark ausgeprägt ist dies bei den Episkopalen (75 Prozent). Dies ist insofern überraschend, als diese Kirche immer eher als gemäßigt gegolten hat. Die gleiche prorepublikanische Tendenz gibt es zu zwei Dritteln bei jenen Abgeordneten, die sich als „Protestanten" oder „Christen" bezeichnen. Eine leichte Neigung (60:40) zugunsten der Republikaner weisen Methodisten und Presbyterianer auf, während Baptisten und Lutheraner sich praktisch gleichmäßig auf beide Parteien verteilen.

Diese parteipolitischen Neigungen sind dabei historisch durchaus variabel: So verteilten sich die Episkopalen 1971 noch fast gleichmäßig auf beide Parteien. Hier könnte man spekulieren, dass die Angehörigen dieser Kirche, die traditionell in der weißen Oberschicht stark vertreten ist, im Zuge der sozialen

Polarisierung in den USA seit den 80er Jahren eine Rechtswende vollzogen haben. Auch bei den Methodisten und Presbyterianern konnten die Republikaner Anteile hinzugewinnen, während sie bei den Lutheranern verloren. Die zweite große Verschiebung jedoch hat sich – außer bei den Episkopalen – bei den Baptisten ergeben: Sie gehörten 1971 noch zu drei Vierteln den Demokraten an und verteilen sich jetzt gleichmäßig auf die beiden Parteien. Hier spiegelt sich das parteipolitische „Realignment" in den amerikanischen Südstaaten wider (wo der Baptismus traditionell stark ist). Der ehemals nahezu rein Demokratische Süden ist heute eine umkämpfte Region mit deutlichen Vorteilen auf Seiten der Republikaner. Klare parteipolitische Affinitäten weisen Juden und Mormonen auf. Während die jüdischen Abgeordneten zu 89 Prozent den Demokraten angehören, finden sich die Mormonen zu 75 Prozent in den Reihen der Republikaner wieder.

Insgesamt lässt sich eine gewisse Affinität zwischen Protestanten und Republikanern sowie zwischen Katholiken und Juden und Demokraten feststellen, ohne dass dies jedoch wirklich prägend ist. Die Republikaner haben gerade unter katholischen Kandidaten erfolgreich rekrutiert, während auch bei den Demokraten die Protestanten immer noch die stärkste Gruppe sind. Dies hat ganz maßgeblich mit der erheblich gewachsenen Bedeutung einer Gruppe zu tun, die sich nicht (primär) religiös definiert: den schwarzen Amerikanern, die heute zweifellos die treueste und wichtigste Wählergruppe der Demokraten sind und vor allem aufgrund der Rechtsprechung zu den Anforderungen an „faire Repräsentation" inzwischen auch einen deutlich höheren Anteil der Abgeordneten ausmachen. Die meisten dieser schwarzen Abgeordneten sind fest in den schwarzen Kirchengemeinden verwurzelt. Diese Kirchengemeinden sind jedoch fast ausnahmslos protestantisch – hauptsächlich baptistisch, aber auch methodistisch. Insofern gilt nach wie vor die Grundkonstruktion jener Demokratischen Wählerkoalition, die einst Franklin Delano Roosevelt um sein „New Deal"-Programm schmiedete: eine Koalition aus Minderheiten, heute vor allem aus Katholiken, Juden und schwarzen Protestanten. Die weißen, ebenfalls protestantischen Südstaatler hat man größtenteils an die Republikaner verloren, gewerkschaftlich organisierte Arbeiter spielen politisch keine Rolle mehr.

Religion und Ideologie:
Liberale versus konservative Religionsgemeinschaften?

Die amerikanischen Parteien sind dem klassischen Bild zufolge große „Zelte", die traditionell einem äußerst breiten ideologischen Spektrum eine Heimstatt bieten. Dies ist nach wie vor der Fall, selbst wenn es in den letzten Jahrzehnten zu einer zunehmenden ideologischen Polarisierung zwischen überwiegend liberalen Demokraten und überwiegend (radikal-)konservativen Republikanern gekommen ist. Lässt sich hier möglicherweise feststellen, dass es Kirchen und Gruppen gibt, die stärker als andere einem der ideologischen Pole zuneigen – oder solche, die in beiden Lagern eher den gemäßigten Kräften angehören?

Ich habe diese Frage untersucht, indem ich einen Konservatismus-Index gebildet habe. Dieser Index entsteht, wenn man die jährliche Bewertung der Abgeordneten durch die wichtigste liberale Organisation (ADA – „Americans for Democratic Action") von jener der wichtigsten konservativen Organisation (1971: ACA – „Americans for Constitutional Action"; 2001: ACU – „American Conservative Union") abzieht[10]. Die Bewertung erfolgt stets in Prozent Übereinstimmung. Dabei wurden jeweils die letzten beiden Jahre gemittelt, um Ausreißer zu vermeiden. Der maximale Wert ist also + 100 (wenn die konservative Organisation einen „Score" von 100 und die liberale einen von 0 vergibt), der niedrigste mögliche Wert ist – 100 bei umgekehrter Bewertung.

Wenn wir uns nun die wichtigsten Werte (Mittelwert, Median und Spannweite) für die einzelnen Glaubensgemeinschaften anschauen, erscheint zunächst der Median recht aussagekräftig. Demnach gibt es Gemeinschaften, die eindeutig dem konservativen Lager zuneigen, wie auch solche, die sich als eindeutig liberal klassifizieren lassen. Zu den konservativen „Hardlinern" gehören demnach vor allem die kleinen charismatischen Kirchen (Adventisten und Pfingstler) mit einem Wert von + 90 sowie die Mormonen (+ 85) und die „Christian Scientists" (+ 78). Nicht weit dahinter finden wir jedoch auch – eng beieinander – die vier wichtigsten protestantischen Kirchen der USA: Presbyterianer (+ 68), Baptisten (+ 67), Episkopale (+ 65) und Methodisten (+ 63). Auch nicht an eine bestimmte Kirchenorganisation gebundene Protestanten (+ 61,5) und Christen (+ 58) bewegen sich in diesem Bereich, sind jedoch überraschenderweise keineswegs konservativer als die alten protestantischen Kirchen. Eine gemäßigt-konservative Position nehmen die Orthodoxen (+ 32) ein, während Lutheraner (– 2,5) und Kongregationalisten (– 12) die – schmale – Mitte bilden. Das liberale Lager wird von den Konfessionslosen (– 87,5) und Juden (– 87) angeführt. Aber auch die Katholiken (– 51) gehören eindeutig hierher. Zumindest im amerikanischen Kongress gilt also, dass im Mittel der Protestantismus rechts steht, während Katholizismus und Judentum die ideologische Linke bilden.

Nun sollte man sich davor hüten, aus diesem Ergebnis Rückschlüsse auf die ideologische Haltung der verschiedenen Kirchen zu ziehen. Was sich hier widerspiegelt, ist eher die erheblich gestiegene ideologische Polarisierung des amerikanischen Parteiensystems und gleichzeitig die Überformung sonstiger

Tabelle 3: Religion und Ideologie im amerikanischen Kongress: Der Konservatismus-Index

Religionsgemeinschaft	Mittelwert	Median	Spannweite
Protestanten			
Baptisten	8,9	67,0	198
Methodisten	26,5	63,0	191
Presbyterianer	22,3	68,0	193
Episkopale	26,6	65,0	192
Protestanten	23,3	61,5	187
Lutheraner	– 5,7	– 2,5	187
Christen	26,1	58,0	184
Katholiken	–19,2	–61,0	198
Juden	–78,5	–87,0	113
Mormonen	54,2	85,0	183
keine	–67,0	–87,5	176

Quelle: Eigene Berechnung auf der Basis der Angaben in Barone/Cohen 2002, Nutting/Stern 2001.

ideologischer Positionen durch eben diese parteipolitische Veränderung. Da die historisch durchaus großen Gruppen der liberalen und gemäßigten Republikaner (vor allem aus dem Nordosten und Westen der USA) und der konservativen Demokraten (überwiegend aus dem Süden) stark dezimiert worden sind, schlägt die parteipolitische Verteilung unmittelbar auf die ideologischen Positionen durch: Konfessionen, die mehrheitlich von Republikanern vertreten werden, landen auf der konservativen Seite des Spektrums, solche, bei denen die Demokraten stärker sind, erscheinen hier unweigerlich als liberal. Bedeutsam sind die Erkenntnisse an den Extremen: Bestimmte Konfessionen bilden ganz offensichtlich den Kern der prononciert konservativen und der ebenso dezidiert liberalen Ideologie, da ihre Angehörigen fast ausnahmslos dem einen oder anderen Pol angehören. Im konservativen Lager spielen die Mormonen diese Rolle, im liberalen die Juden. Es ist sicher kein Zufall, dass diese Impulse nicht aus dem protestantischen Mainstream kommen, sondern gerade von relativ kleinen religiösen Minderheiten.

Einen Sonderfall stellen – wie bereits angesprochen – die Baptisten dar. Bei ihnen fällt auf, dass der Mittelwert relativ weit vom Median abweicht. Das spricht dafür, dass hier einer konservativen Mehrheit eine radikal-liberale Minderheit gegenübersteht. Dies bestätigt sich, wenn wir uns die Spannweite ansehen. Nur bei den Katholiken gibt es eine genauso breite Verteilung der ideologischen Standpunkte. Bei den Baptisten stehen den äußerst konservativen weißen, in der Regel Republikanischen Abgeordneten aus dem Süden die ebenso prononciert liberalen schwarzen Demokraten gegenüber. Umgekehrt ist es bei den Katholiken den Republikanern gelungen, eine konservative Minderheit in den Kongress zu rekrutieren, deren Politisierung häufig über die „sozialen" Themen (vor allem Abtreibung) abgelaufen sein dürfte, die mittlerweile jedoch durchgängig – also auch bei sozioökonomischen Fragen – die Positionen der Neuen Rechten vertreten.

Als aufschlussreich erweist sich einmal mehr der Vergleich mit den Zahlen von 1971. Allgemein war die Spannweite der ideologischen Positionen für alle religiösen Gruppen mit Ausnahme der Juden geringer. Das heißt nicht unbedingt, dass das ideologische Profil der einzelnen Gruppen eindeutiger liberal oder konservativ war. Blickt man auf die Median-Werte, sieht man, dass diese fast durchgängig gemäßigter waren als dreißig Jahre später. Dies reflektiert die Polarisierung und Radikalisierung auf beiden Seiten, die inzwischen stattgefunden hat.

Dabei hat sich die Grundausrichtung der Abgeordneten der einzelnen Religionsgemeinschaften im Allgemeinen nicht verändert. Baptisten, Methodisten und nichtkonfessionelle Christen bildeten den konservativen Pol – gemeinsam allerdings mit den Lutheranern, die sich seither deutlich zur Mitte bewegt haben. Diese Mitte war erheblich breiter als heute. Hierzu gehörten neben den Kongregationalisten, die sich auch heute noch dort positionieren, vor allem die Episkopalen – heute eine der konservativsten Gruppen im Kongress –, die nichtkonfessionellen Protestanten und die „Disciples of Christ". Selbst die Mormonen positionierten sich noch unweit des ideologischen Zentrums. Den liberalen Pol bildeten ähnlich wie heute Juden, Konfessionslose, Unitarier und Katholiken.

Dabei sind die katholischen Abgeordneten heute im *Durchschnitt* konservativer, in ihrer *Mehrheit* (gemessen am Median) jedoch liberaler geworden. Die jüdischen Abgeordneten hingegen sind in jeder Hinsicht liberaler geworden – entgegen einer öffentlichen Wahrnehmung, die häufig das Ende der Bürgerrechtsallianz aus Juden und Schwarzen beschwört. Die größere Anzahl schwarzer Abgeordneter schlägt sich in einem liberaleren Mittelwert für die Baptisten nieder. Methodisten und Presbyterianer bleiben hier nahezu unverändert. Die Episkopalen rutschen deshalb so weit nach rechts, weil die Verluste, die sie in diesen dreißig Jahren erlebt haben, überproportional stark die liberalen und gemäßigten Republikaner betrafen. Dies passt zu der Erklärung, dass die Episkopalen schlicht deshalb so viele Mitglieder in der Bevölkerung verloren haben, weil die Angehörigen der Oberschicht und oberen Mittelschicht später und weniger Kinder bekommen haben (Wuthnow 2000). Hier bedingen also demographische Faktoren eine veränderte soziale Zusammensetzung, die sich dann wiederum in einer veränderten ideologischen Position des durchschnittlichen episkopalischen Abgeordneten niederschlägt.

Insgesamt lässt sich festhalten, dass es einen deutlichen Zusammenhang zwischen Ideologie und Konfessionszugehörigkeit gibt, dass dieser Zusammenhang jedoch so weit parteipolitisch überformt ist, dass die Glaubenszugehörigkeit unabhängig von der Parteizugehörigkeit praktisch nichts mehr über die Ideologie der Abgeordneten aussagt. Dies markiert einen deutlichen Wandel zu vergangenen Zeiten. Es markiert sicherlich auch einen schwindenden Einfluss der nationalen Kirchenführer auf die Abgeordneten ihrer Kirchengemeinschaft. Indem die Parteien ideologisch homogener geworden sind, sind die Politiker einer Glaubensrichtung notwendigerweise unterschiedlicher geworden.

Politische Repräsentation und religiöse Bindung im Wandel

Wer sich an der öffentlich zur Schau gestellten Religiosität amerikanischer Politiker orientiert und zudem die aus europäischer Sicht ebenso faszinierende wie verwirrende religiöse Vielfalt zur Kenntnis nimmt, könnte zu der Auffassung gelangen, die amerikanische Politik sei ganz maßgeblich durch die religiösen Spaltungslinien in der Gesellschaft gekennzeichnet. Dementsprechend meinen selbst manche amerikanische Religionsforscher, dass die vorherrschenden Analysen amerikanischer Politik deshalb mangelhaft seien, weil sie die Bedeutung der Religion als unabhängigem Einflussfaktor unterschätzten (vgl. etwa Fastnow u.a. 1999, S.687–698).

Diese Sichtweise können wir hier nicht bestätigen. Es gibt keine als „Caucus“ (parlamentarische Gruppe, wie es sie für bestimmte ideologische Positionen, ethnische Gruppen, Regionen und für Frauen gibt) organisierten religiösen Gruppen im amerikanischen Kongress, und auch das Abstimmungsverhalten korreliert nur in einigen wenigen besonders aufgeladenen Fragen – allen voran beim Thema Abtreibung – mit der Religionsangehörigkeit. Sonst sind amerikanische Abgeordnete primär Repräsentanten ihrer Wahlkreise und Bundesstaaten und in zweiter Linie Vertreter ihrer Partei. Da sich diese Parteien heute ideologisch deutlicher unterscheiden als jemals zuvor im 20. Jahrhundert, überschattet diese Spaltungslinie bei den Abgeordneten alle weiteren.

Das heißt jedoch nicht, dass Religion irrelevant wäre. Ganz im Gegenteil: Wie wir gesehen haben, ist es für das Verständnis amerikanischer Politik zentral, die religiöse Komponente mit zu berücksichtigen. Dabei präsentiert sich Religion in der Regel allerdings nicht als unabhängiger oder auch nur analytisch isolierbarer Faktor, sondern ist in vielfältiger Weise mit anderen Spaltungslinien verknüpft. Katholiken sind eben nicht nur eine religiöse Gruppe, sondern häufig die Nachkommen irischer, italienischer und polnischer Einwanderer (deutscher auch, aber die existieren nicht mehr als eigene „communities"). Die Frage der ethnischen Herkunft ist daher mit jener der Religion untrennbar verbunden. Zudem schwingen hier auch Fragen des sozialen Status mit. Wer einen italienischen Namen trägt und katholischen Glaubens ist, wird größere Schwierigkeiten haben, seine Vorfahren auf der „Mayflower" oder jedenfalls unter den frühen Einwanderern zu lokalisieren als andere.

Ähnlich und doch ganz anders vermischt sind Ethnizität, Religion und Politik bei den Afro-Amerikanern. Sie sind in ihrer großen Mehrheit Protestanten, und ihre Kirchengemeinden bilden in den meisten Fällen das Herz und auch das politische Zentrum der schwarzen „communities" (vgl. Waldschmidt-Nelson in diesem Band). Aufgrund ihres im Durchschnitt niedrigeren sozialen Status und ihrer historischen Erfahrung, dass Freiheit und Hilfe nur *vom* Staat kommen können (und nicht, wie im Bewusstsein der meisten weißen Amerikaner, *gegen* ihn errungen werden müssen), bewirken gleiche Glaubenszugehörigkeit (vor allem Baptismus) und ähnliche theologische Ansichten bei schwarzen Amerikanern eine völlig andere politische Haltung in nahezu allen wichtigen Fragen als bei ihren weißen Mitbürgern. Das führt bei vielen Untersuchungen zum Zusammenhang von Politik und Religion dazu, dass die Afro-Amerikaner gesondert oder gar nicht betrachtet werden – eine höchst problematische Praxis, die auch ein Ausdruck des tief in der amerikanischen politischen Kultur verwurzelten Denkens in rassischen Kategorien ist.

Zwei kleine religiöse Gruppen – Juden und Mormonen – haben sich zu den Bannerträgern des amerikanischen Liberalismus beziehungsweise Konservatismus entwickelt. Dies ist in beiden Fällen Ausdruck historischer Erfahrungen: Für die Juden ist der prononcierte Liberalismus ihrer politischen Vertreter die Quintessenz einer langen Geschichte von Unterdrückung und Marginalisierung. Insofern hat diese Position wenig mit ihren theologischen Lehren, aber viel mit der Verallgemeinerung jener Erfahrung von Toleranz zu tun, die den amerikanischen Juden eine vergleichsweise gesicherte gesellschaftliche Position ermöglicht hat. Auch bei den Mormonen könnte man zunächst vermuten, dass sie ein großes Interesse an ihrer Tolerierung haben und von daher liberale Positionen einnehmen müssten. Ihr tatsächlicher Konservatismus ist jedoch Ausdruck ihrer theologischen Positionen, die sich unter anderem deshalb relativ ungefiltert auswirken, weil die Mormonen – im Gegensatz etwa zu den amerikanischen Juden – geographisch hochkonzentriert sind. In Utah (und mittlerweile auch in Idaho und in anderen Bundesstaaten des Westens) geht es nicht darum, Minderheitenrechte zu schützen, sondern vielmehr darum, dass die Mehrheit sich ungehindert von Minderheiten und Einmischungen der Bundespolitik durchsetzen kann. Dies ist jedoch die historische „states rights"-Position des amerikanischen Konservatismus.

Wir haben auch gesehen, dass sowohl die Stärke als auch die Position bestimmter Konfessionen und Glaubensgemeinschaften bei aller Kontinuität auch historischen Wandlungen unterworfen sind: „What is clear is that nothing lasts in American religious politics“ (Martin Marty, zit. nach Green/Guth 1991a, S. 221). Die Verluste der traditionellen protestantischen Religionsgemeinschaften (Episkopale, Kongregationalisten, Presbyterianer) in der Bevölkerung haben sich mit einer gewissen zeitlichen Verzögerung auch in der parlamentarischen Repräsentation ausgewirkt. Die Reform-Gemeinschaften des 19. Jahrhunderts (Methodisten, Baptisten) sind – vor allem aufgrund ihrer Stärke in den Südstaaten – zahlenmäßig stabiler geblieben. Aber auch bei ihnen waren Auf- und Abwärtstendenzen zu beobachten. Die nichtprotestantischen Gruppen – Katholiken, Juden, Mormonen – haben ausnahmslos einen deutlichen Aufschwung in ihrer politischen Repräsentation erlebt. Dennoch: Was die parteipolitisch-ideologischen Affinitäten gerade dieser Glaubensgemeinschaften angeht, so ist es bei allem Wandel doch die Kontinuität, die ins Auge fällt. Wandel findet sich primär im Lager der Protestanten – und er ist vor allem ein Reflex auf jenen Verlust der protestantischen Hegemonie in der amerikanischen Politik, der auch im amerikanischen Kongress stattgefunden hat.

Anmerkungen

* Für Unterstützung bei der Kodierung der Daten zu den Kongressabgeordneten danke ich Hanka Brehme und Ilka Zimmermann.

[1] Zu diesem Thema liegen nur relativ wenige empirische Studien vor. Für Ausnahmen vgl. Benson/Williams 1982, Green/Guth 1991b sowie Fastnow u. a. 1999.

[2] Einen detaillierten Überblick bietet Prätorius 2003, S. 66–119.

[3] Für einen solchen Versuch vgl. Kellstedt u. a. 1991 und Fastnow u. a. 1999. Diese Autoren ordnen ganze Denominationen einer der beiden Richtungen zu. Dabei werden allerdings von den (zumindest im Kongress) größeren Kirchengemeinschaften allein die Baptisten den Evangelikalen zugeschlagen, was nicht sinnvoll erscheint, da es keine Spaltungslinie gibt, welche die Baptisten von allen anderen großen protestantischen Kirchen in den USA trennt.

[4] Die Wahl dieses Untersuchungszeitraumes hat zwei Gründe: Zum einen umfasst dieser Zeitraum das Erstarken der Christlichen Rechten, der „moralischen Mehrheit“, wie sie sich selber nannte, was die Frage aufwirft, wie sich das auf die Zusammensetzung der Abgeordneten auswirkte. Der andere Grund ist ein ganz praktischer: Den besten Zugang zu Informationen über die Religionszugehörigkeit, aber auch die ideologische Ausrichtung und das Abstimmungsverhalten der amerikanischen Senatoren und Abgeordneten bietet der „Almanac of American Politics“. Diese Fundgrube für alle, die sich für den Kongress (oder für amerikanische Politik überhaupt) interessieren, erschien 1971 zum ersten Mal und erfasste den 92. Kongress (1971–1972). Die jüngste,

mir zugängliche Ausgabe erschien 2002 und bezieht sich auf den 107. Kongress (2001–2002). Damit lag dieser Zeitraum nahe.

[5] Die Analyse beruht dabei jeweils auf den Angaben in Barone u.a. 1972, Barone/Cohen 2002 sowie Nutting/Stern 2001.

[6] Eine sehr gute Informationssammlung zu diesem Thema findet sich auf der Webseite www.adherents.com.

[7] Die Angaben in den drei zu Rate gezogenen Untersuchungen (American Religious Identification Survey – ARIS 2001, Gallup Poll 2001, Pew Research Council 2002) schwanken sowohl für die Protestanten (zwischen 50 Prozent [ARIS] und 52 Prozent [Pew]) als auch für die Katholiken (zwischen 24 und 25 Prozent) nur geringfügig.

[8] Die Zahlen liegen hier weiter auseinander: zwischen 8 (Gallup) und 14 Prozent (ARIS) der Befragten.

[9] Bei den Katholiken kam es besonders in den 80er Jahren zu massiven Abwanderungsbewegungen. Vor allem kulturelle Themen („social issues") wie die Abtreibungsfrage sorgten hier vielfach für eine Umorientierung katholischer Wähler zugunsten der Republikaner.

[10] Es ist natürlich nicht ganz unproblematisch, die Bewertung zweier unterschiedlicher Organisationen miteinander zu vergleichen, zumal ACA eher traditionell konservativ ist, während ACU der radikalen Rechten zuzuordnen ist. Zahlen für die gleiche Organisation standen jedoch leider nicht zur Verfügung.

Literatur

ARIS: American Religious Identification Survey. In: Census Bureau of the United States, Statistical Abstract of the United States: 2001 (www.census.gov/prod/2004pubs/03statab/pop.pdf; www.adherents.com/rel_USA.html).

Barone, Michael/Ujifusa, Grant/Matthews, Douglas: The Almanac of American Politics 1972. Boston 1972.

Barone, Michael/Cohen, Richard E.: The Almanac of American Politics 2002. Washington D.C. 2002.

Benson, Peter L./Williams, Dorothy L.: Religion on Capitol Hill. Myths and Realities. San Francisco 1982.

Fastnow, Chris/Grant, J. Tobin/Rudolph, Thomas J.: Holy Roll Calls. Religious Tradition and Voting Behavior in the U.S. House. In: Social Science Quarterly 80, 1999, S. 687–701.

Gallup: Easter Season Finds a Religious Nation. 2001 (www.gallup.com/poll/content/login.aspx?ci=1804).

Green, John C./Guth, James L.: The Bible and the Ballot Box. The Shape of Things to Come. In: J. L. Guth/J. C. Green (Hrsg.), The Bible and the Ballot Box. Boulder, Colo. 1991 (a), S. 207–225.

Green, John C./Guth, James L.: Religion, Representatives and Roll Calls. In: Legislative Studies Quarterly 16, 1991 (b), S. 571–584.

Guth, James L./Kellstedt, Lyman A./Green, John C./Smidt, Corwin E.: America Fifty/Fifty. In: First Things 116 (October), 2001, S. 19–26.

Huntington, Samuel P.: American Politics. The Promise of Disharmony. Cambridge, Mass. 1981.
Kellstedt, Lyman A./Smidt, Corwin E./Kellstedt, Paul M.: Religious Tradition, Denomination, and Commitment. White Protestants and the 1988 Election. In: J. L. Guth/J. C. Green (Hrsg.), The Bible and the Ballot Box. Boulder, Colo. 1991, S. 139–158.
Nutting, Brian/Stern, H. Amy (Hrsg.): CQ's Politics in America 2002. Washington D.C. 2001.
Ornstein, Norman J. (Hrsg.): Vital Statistics on Congress 1989/90. Washington D.C. 1990.
Pew Research Council: Americans Struggle with Religion's Role at Home and Abroad. 2002 (http://pewforum.org/publications/reports/poll2002.pdf).
Prätorius, Rainer: In God We Trust. Religion und Politik in den USA. München 2003.
Unger, Frank: Demokratie ohne Optionen. In: Ders. (Hrsg.), Amerikanische Mythen. Frankfurt a. M. 1988, S. 44–80.
Wald, Kenneth D.: Religion and Politics in the United States. Washington D.C. ^{3}1997.
Woodberry, Robert D./Smith, Christian S.: Fundamentalism et al: Conservative Protestants in America. In: Annual Review of Sociology 24, 1998, S. 25–56.
Wuthnow, Robert: The Moral Minority. In: The American Prospect 11/13, 22. Mai 2000 (www.adherents.com).

Kenneth D. Wald

Der Einfluss der Religion auf die amerikanische Politik

Der Zusammenhang von Modernisierung und Säkularisierung hat die Gründer der Sozialwissenschaften intensiv beschäftigt. Einige Theoretiker sahen einen kausalen Zusammenhang: Sie waren davon überzeugt, dass mit der Moderne das Ende der Religion als vitaler gesellschaftlicher Kraft gekommen sei. Auch wenn sie nicht das völlige Verschwinden der Religion als Resultat dieser sozialen Entwicklung prognostizierten, sahen die meisten von ihnen doch eine Beziehung zwischen den beiden Phänomenen. In der Politikwissenschaft definierte man „Modernisierung" als das Ausgreifen spezialisierter staatlicher Einheiten in soziale Bereiche, die zuvor der Amtsgewalt anderer Institutionen unterstanden hatten wie etwa der Kirche (Almond/Powell 1966). Unter „Säkularisierung" verstand man entsprechend die Übertragung öffentlicher Amtsgewalt von religiösen und anderen privaten Institutionen auf den Staat (Chaves 1994). Demnach verband beide Begriffe eine gemeinsame Prämisse: dass der Staat in der Moderne dazu bestimmt sei, die Religion zu verdrängen.

Als Musterbeispiel der Modernisierung und erster säkularer Staat dieses Prozesses erschienen die Vereinigten Staaten. Kenner der amerikanischen Entwicklungsgeschichte haben die USA als erste Nation beschrieben, die allein auf liberalen Prinzipien errichtet wurde, die das Kriterium des Verdienstes an die Stelle ererbter ständischer Privilegien setzte (Hartz 1955). Teil dieser bewussten Absetzung von europäischen, feudalistisch geprägten Normvorstellungen war die Verfassung von 1787, die eine Republik mit säkularer Identität schuf. Die Schlüsselbestimmung formulierte Artikel VI: „no religious test shall ever be required as a qualification to any office or public trust under the United States". Dieser Satz legte das Fundament für einen säkularen Staat, in dem die Regierung bei ihren Amtsgeschäften keine Notiz vom religiösen Status ihrer Bürger zu nehmen hatte.

Die Verbindung von modernen Werten und säkularem Staat hätte insoweit durchaus ein Land hervorbringen können, in dem die Religion marginalisiert und privatisiert wäre und sich nur mehr an das Gewissen des Einzelnen richtete, ohne noch zu öffentlichen Fragen Stellung zu beziehen. Keine Beschreibung der Vereinigten Staaten könnte jedoch unzutreffender sein: So hat James Morone in einem kürzlich erschienenen wichtigen Buch argumentiert, dass

„moralischer Eifer“ bis heute eine Konstante im öffentlichen Leben der USA darstellt. In einer Nation mit lebendigen Volksreligionen und einem permanenten Zustrom bedrohlich erscheinender „Fremder“, so Morone (2003, S. 3), „nothing stirs the people or grows their government like a pulpit-thumping moral crusade against malevolent dastards“. Die Folge ist ein Staat mit einer bemerkenswert großen Fähigkeit und Bereitschaft, das moralische Verhalten seiner Bürger zu regulieren, sei es durch das Verbot von alkoholischen Getränken oder Drogen, das Verbot homosexueller Handlungen oder das Verbot, Ehen mit Angehörigen anderer Rassen einzugehen, insgesamt also ein ganzes Spektrum menschlicher Verhaltensweisen unter Strafe zu stellen, die anderswo hingenommen werden und der staatlichen Kontrolle entzogen sind (Meier 1994). Der moralische Eifer führt zu einem fortgesetzten Staatshandeln mit dem zweifachen Ziel: die einen („us“) zu erlösen, die anderen („them“) zu reformieren.

Vor diesem Hintergrund wird verständlich, warum der Zusammenhang zwischen Religion und staatlicher Politik enger ist als man nach der klassischen sozialwissenschaftlichen Theoriebildung erwarten würde. Zugleich aber ist er weitaus komplexer, als es das quasitheokratische Modell Morones suggeriert, das er seiner ausgreifenden Geschichtsschreibung zugrunde legt. Paradoxerweise sind beide, Säkularismus und Religion, wichtige Bestandteile des politischen Systems. Einerseits bleibt die rechtliche Unterscheidung zwischen Staat und Religion ein Kernelement des amerikanischen Liberalismus. So wird die von der Verfassung gezogene Trennlinie streng überwacht, vielleicht strenger als andernorts. Im Bereich der Bildung etwa, in dem in vielen Gesellschaften Spannungen zwischen Kirche und Staat entstehen, ist dies deutlich zu sehen: Im Unterschied zu vielen anderen entwickelten Demokratien zahlt der Staat in den USA keinerlei Zuschüsse an private Konfessionsschulen, sondern erwartet von solchen und anderen kirchlichen Bildungseinrichtungen den vollständigen Rückgriff auf eigene Ressourcen (Monsma/Soper 1997). Andererseits zeigt sich der starke Einfluss der Religion – neben der Moralgesetzgebung – auf die Politik daran, dass die Unterentwicklung des amerikanischen Wohlfahrtsstaates (erkennbar etwa an der späten Einführung einer Rentenversicherung) oftmals mit der Stärke privater, vor allem kirchlicher Einrichtungen in der amerikanischen Gesellschaft erklärt wird (Salisbury 1983). Offenbar haben die Kirchen ihre Funktion als soziale Wohlfahrtsagenturen keineswegs verloren, wie man es in einer Gesellschaft mit einem säkularen Staat erwarten würde.

Im vorliegenden Aufsatz sollen die mannigfaltigen Wege untersucht werden, auf denen die Religion in den Vereinigten Staaten Einfluss auf die staatliche Politik („public policy“) nimmt (vgl. Wald 2003, Kap. 5). Unter „public policy" verstehe ich ganz allgemein die *outputs* staatlicher Aktivität, das, was David Easton die „autoritative Allokation von Werten" genannt hat, und unter „politischem Prozess" („policy process") alle Faktoren und Kräfte, die auf das Regierungshandeln einwirken. Betrachtet man die verschiedenen Versuche, staatliche Entscheidungen zu beeinflussen, so wird die Bedeutung der Religion schnell ersichtlich. Auch wenn der Fokus der folgenden Ausführungen auf dem *Prozess* der politischen Einflussnahme religiös motivierter Akteure auf die staatliche Politik liegt, bezeugt doch schon die schiere Zahl und Vielfalt der hier diskutierten Gruppen, dass sie den *Inhalten* der staatlichen Politik ihren Stempel aufzudrücken vermögen. Nach einem Überblick über die Optionen der Einflussnahme auf die staatliche Politik, die religiösen Gruppen zur Verfügung stehen, werden anschließend die neu entstehenden Muster der Kooperation von Kirche und Staat bei der Erbringung öffentlicher Leistungen betrachtet. Diese Muster belegen die Vermutung, dass Modernisierung und Säkularisierung in der amerikanischen Politik weitaus weniger stark verschränkt sind, als es die Begründer der Sozialwissenschaft annahmen.

Religiöse Mobilisierung in der Politik

In den Vereinigten Staaten sind religiöse Institutionen jenem Feld der voluntaristischen, nichtstaatlichen Vereinigungen zuzurechnen, das Sozialwissenschaftler „Zivilgesellschaft" („civil society") nennen. Es ist gerade ihre Unabhängigkeit vom Staat – garantiert durch den ersten Zusatzartikel zur Bundesverfassung –, die es ihnen erlaubt, eine öffentliche Rolle zu spielen. Die Bedeutung dieses Status wurde mir klar, als ich vor einigen Jahren Gelegenheit hatte, mit einem Priester der „patriotischen", d.h. der staatlich anerkannten, katholischen Kirche von China zu sprechen. Er wollte mir verständlich machen, welch großes Maß an religiöser Freiheit er in China genoss, und berichtete, dass die staatlichen Autoritäten seine Pfarrkirche in Ruhe ließen und seinen Gemeindemitgliedern noch nie Nachteile aus ihren Kirchenbesuchen erwachsen wären. Ich fragte ihn, ob seine Kirche denn schon einmal versucht habe, ihren jüngsten Gemeindemitgliedern nach Schulschluss eigene Bildungsangebote zu machen. Er verneinte und erklärte, die Erziehung sei eine staatliche Aufgabe. Was geschehen würde, wenn der Bischof sich gegen die staatliche „Ein-Kind"-Politik ausspräche, fragte ich weiter. Das könne nicht geschehen, so erfuhr ich, weil die Familienpolitik Sache der Regierung sei. Für meinen Gesprächspartner war es offenbar unvorstellbar, dass die Kirche unabhängig vom Staat agierte, etwa als Kritiker und moralischer Mahner der Regierung. Genau das aber erwarten Amerikaner von ihren religiösen Institutionen.

Religiöse Gruppen können diese Rolle im Gewand einer Interessengruppe oder einer sozialen Bewegung spielen. Im ersten Fall, den man normalerweise mit Wirtschaftsverbänden oder Gewerkschaften verbindet, unternehmen spezialisierte Einrichtungen mit Hilfe einer Vielzahl unterschiedlicher, formalisierter Aktivitäten den Versuch, Einfluss auf die staatliche Politik zu nehmen. Interessengruppen favorisieren so genannte „Insider-Taktiken“, um wichtige staatliche Entscheidungsträger zu beeinflussen. Das heißt, sie betrachten den direkten Zugang („access“) zu Regierungs- und Kongressmitgliedern als besten Weg, um das Regierungshandeln in ihrem Sinne mitzubestimmen. Dagegen verwenden soziale Bewegungen „Outsider-Taktiken“, also Aktivitäten, die eine große Zahl einfacher Bürger einbeziehen und die eine Änderung der staatlichen Aktivitäten über eine Beeinflussung der öffentlichen Meinung herbeiführen sollen. Die Grenze zwischen diesen beiden Formen des politischen Engagements ist nicht immer deutlich: So bezeichnen sich Interessengruppenvertreter gerne als der Basis verbundene Aktivisten („‘grass-roots’ activists“), und die Mitglieder von sozialen Bewegungen sind harten Verhandlungen mit politischen Insidern der Regierung selten abgeneigt. Gleichwohl ist die Unterscheidung sinnvoll, weil religiöse Kräfte teilweise als Interessengruppen auftreten, in anderen Fällen wiederum die Massenbasis von sozialen Bewegungsorganisationen stellen. Wie ihre Pendants aus der Wirtschaft, den Gewerkschaften und Berufsverbänden, unterhalten religiöse Einrichtungen einerseits Lobby-Büros in Washington D.C., die professionelle Interessenvertreter beschäftigen, welche an der Konzeption von Gesetzentwürfen mitzuwirken, mit politischen Eliten zu verhandeln und auf andere Weise die staatliche Politik zu beeinflussen suchen. Andererseits sind viele soziale Bewegungen – man denke nur an die Bürgerrechts-, die Kirchenasyl- und die Anti-Abtreibungsbewegung – das Ergebnis eines aus Religionsgemeinschaften hervorgegangenen Engagements etwa zugunsten der schwarzen Amerikaner oder illegaler mittelamerikanischer Einwanderer (Morris 1984; Cunningham 1995; Ginsburg 1989).

Durch seine extreme Dezentralisierung und die Schwäche der Parteien eröffnen sich im politischen System der USA für die Vertreter der verschiedenartigsten Anliegen vielfältige politische Einflussmöglichkeiten. Im Folgenden sollen fünf Strategien diskutiert werden, die Vertretern religiös begründeter Anliegen zur Verfügung stehen: direkte Aktionen, Lobbying, rechtliche Verfahren, Wahlkampfaktivitäten und „Infiltration“. Obwohl sich diese Strategien hinsichtlich ihres Risikos und ihrer Erfolgswahrscheinlichkeit voneinander unterscheiden, haben sich religiös motivierte individuelle und kollektive Akteure zu diesem oder jenem Zeitpunkt ihrer schon einmal bedient.

Direkte Aktionen
Direkte Aktionen, worunter so unterschiedliche Formen zu verstehen sind wie friedliche Demonstrationen, Kampagnen in den Medien, ziviler Ungehorsam und gewalttätige Aktivitäten, sind vor allem für soziale Bewegungen attraktiv, die nicht über die für die Anwendung von „Insider-Taktiken“ notwendigen Ressourcen verfügen.

Das altehrwürdige Mittel der öffentlichen Demonstration wird häufig von religiös inspirierten Gruppierungen gewählt, um Amtsinhabern die starke Unterstützung der Öffentlichkeit für ihre Anliegen vor Augen zu führen. Der „March for Life“, zu dem sich jedes Jahr Tausende von Abtreibungsgegnern im Regierungsbezirk von Washington D.C. versammeln, soll Politiker an die große Bedeutung dieses Themas für viele Amerikaner erinnern. Als vor kurzem Gerichte die Frage aufwarfen, ob nicht auch gleichgeschlechtlichen Paaren der Weg zur Ehe offen stehen müsse, wählten die Kritiker dieser Überlegung das Mittel der öffentlichen Protestkundgebung, um dadurch die Aufmerksamkeit der Öffentlichkeit auf das Thema zu lenken. In beiden Fällen waren religiöse Einrichtungen bei der Mobilisierung von Teilnehmern und der organisatorischen Durchführung der Demonstrationen behilflich. Diese Vorgehensweise ist keineswegs auf das rechte politische Spektrum beschränkt: Anfang 2003, als sich die Vereinigten Staaten erkennbar auf einen Krieg mit dem Irak zu bewegten, demonstrierte eine heterogene Gruppe religiöser Führer in Washington D.C. gegen den Krieg. Unter Rückgriff auf die Lehre vom „gerechten Krieg“, die in den unterschiedlichsten theologischen Traditionen vertreten wird, argumentierten sie, dass ein Irak-Feldzug gegen religiöse Prinzipien verstoße, und organisierten Gebetswachen, um ihrer Kritik Nachdruck zu verleihen. Die Proteste gegen den Irak-Krieg zeigten Anklänge an die weit verbreitete Opposition gegen den Vietnamkrieg in den sechziger Jahren. Teilweise waren es dieselben religiösen Gruppen, die damals wesentlich zur Mobilisierung der Öffentlichkeit gegen den Krieg beigetragen hatten, die jetzt gegen den Irak-Krieg Front machten.

Mit einer speziellen Variante der Demonstration, dem Boykott, haben sich religiöse Aktivisten gegen Institutionen gerichtet, die ihre religiösen Gefühle verletzten. Angeregt durch den Erfolg einer interkonfessionellen Kampagne gegen den Export potentiell gesundheitsgefährdender Kindernahrung in Länder der Dritten Welt, setzten religiöse Gruppierungen der Linken wie der Rechten diese Waffe gegen verschiedene Ziele ein. Eine Reihe konservativer religiöser Organisationen etwa versuchte Bürger vom Besuch von Filmen und Vergnügungsparks der Firma Disney abzuhalten, mit der Begründung, diese verhalte sich Schwulen und Lesben gegenüber zu wohlwollend. Auf der anderen Seite des politischen Spektrums initiierten Geistliche Boykotte gegen Fast-

Food-Ketten, Bekleidungs- und Lebensmittelgeschäfte, weil diese ihrer Auffassung nach für die Ausbeutung von Verkäufern, Land- und Textilarbeitern mitverantwortlich seien. Bei all diesen Aktionen werden religiöse Begriffe wie „Tugendhaftigkeit“ und „soziale Gerechtigkeit“ zur Rechtfertigung herangezogen.

Auch diese Taktiken waren nicht wirklich innovativ, sondern Neuauflagen früherer Kampagnen. Es wird oft vergessen, dass die Bürgerrechtsbewegung der fünfziger Jahre mit einem Boykott der öffentlichen Verkehrsmittel in Montgomery, Alabama, begann. Um die Legitimität von gesetzlichen Bestimmungen in Zweifel zu ziehen, die schwarze Bürger auf die hinteren Plätze öffentlicher Busse verbannten, weigerten sich Aktivisten, solche Busse weiterhin zu benutzen oder in den Innenstädten einzukaufen. Sie hofften darauf, dass die daraus resultierenden Umsatzeinbußen zu einem hinreichend großen Druck auf die kommunalpolitischen Entscheidungsträger führen würden, die geltenden Bestimmungen aufzuheben. Unter Führung des jungen Martin Luther King, Pastor einer der größten schwarzen Kirchen der USA, organisierten die schwarzen Kirchen der Gemeinde neben alternativen Transportmöglichkeiten einen ununterbrochenen Strom öffentlicher Protestumzüge und anderer Events, der die Aktivisten in ihrem als nicht ungefährlich eingeschätzten Kampf gegen die Autorität des Staates ermutigen sollte. Die Stadtväter kapitulierten schließlich und hoben die Rassentrennung in den öffentlichen Verkehrsmitteln auf.

Gelegentlich haben religiös motivierte Akteure die Grenzlinie zwischen legalem und illegalem Verhalten überschritten. Als die Bürgerrechtsbewegung ihre Aktivitäten von Montgomery auf das ganze Land ausdehnte, nahm sie neben Demonstrationen und Boykotte auch illegale – wenngleich gewaltlose – Handlungen in ihr Strategienrepertoire auf. In Anlehnung an Gandhis Vorgehen beim indischen Kampf für die Unabhängigkeit von Großbritannien unternahm Martin Luther King wohl kalkulierte Akte des zivilen Ungehorsams, die die Regierungen und staatlichen Behörden der USA in den sechziger Jahren dazu bewegen sollten, die Rassendiskriminierung aufzuheben. King versuchte, den Staat zu einer Über-Reaktion zu provozieren, um das Gewissen der Nation wachzurütteln und öffentliche Unterstützung für seine Ziele zu mobilisieren. Angeregt durch Martin Luther King setzten sich College-Studenten gezielt in die Weißen vorbehaltenen Teile von Restaurants, nahmen an nichtgenehmigten Demonstrationen teil und verstießen gegen andere gesetzliche Bestimmungen, ausschließlich mit dem Ziel, verhaftet zu werden und so für eine Überfüllung der örtlichen Gefängnisse zu sorgen (Morris 1981). Kings Aktionen haben auch unter den Abtreibungsgegnern der Gegenwart Nachahmer gefunden, die mit illegalen Demonstrationen ihren moralisch begründeten Forderungen Nachdruck verleihen wollen.

John Browns mörderische Überfälle auf weiße Sklavenhalter in der Mitte des 19. Jahrhunderts – verewigt in Liedern, die ihn als „Racheengel" porträtieren – erinnern daran, dass religiös inspirierte politische Gewalttaten kein Novum sind und nicht erst mit dem 11. September 2001 auftreten. In der Zeit vor dem amerikanischen Bürgerkrieg führte Brown bewaffnete Gruppen in Bundesstaaten, die an der Sklaverei festhielten, um weiße Anhänger dieser Politik zu terrorisieren und zu ermorden. Nach seiner Hinrichtung wurde Brown in der aufwühlenden „Battle Hymn of the Republic" als das „furchtbar flinke Schwert" des Herrn gefeiert. Ein Jahrhundert später verstanden die hartnäckigsten Verteidiger der Rassentrennung, verschworene Feinde Martin Luther Kings, ihre Aktivitäten als „Kreuzzug gegen Satan" und betrachteten Morde als zulässiges Mittel des politischen Widerstandes: Führer der Bürgerrechtsbewegung wurden fast routinemäßig getötet und ihre Anhänger im Namen eines „rächenden Gottes" terrorisiert (Marsh 1997). John Browns Taktiken sind auch von verschiedenen anderen Gruppierungen in der Gegenwart aufgegriffen worden, um im Namen Gottes Tod und Verwüstung zu verbreiten: Eine düstere Bewegung mit dem Namen „Christian Identity" etwa, die ein merkwürdiges Gemisch rechtsextremer Theorien im Gewand religiöser Lehren vertritt, hat eine große Zahl gewalttätiger Anschläge auf Schwarze, Juden und andere religiöse Minderheiten zu verantworten (Barkun 1994). Ihre „Theologie" inspirierte 1995 offenbar auch Timothy McVeigh zu seinem Bombenanschlag auf ein Gebäude der Bundesverwaltung in Oklahoma City, bei dem mehr als 100 Menschen starben. Der militante Flügel der Anti-Abtreibungsbewegung hat eine Vielzahl von Bombenanschlägen, Brandstiftungen, vorgetäuschter bioterroristischer Anschläge und kaltblütiger Morde sowie Mordversuche gegen das Personal von Abtreibungskliniken durchgeführt (Blanchard 1993). Auch hier beriefen sich die Täter zu ihrer Rechtfertigung neben dem Rückgriff auf die in Amerika stark respektierte Tradition des bürgerlichen Widerstands auf theologische Argumente.

Lobbying

Auch wenn man den mit der Planung und Durchführung von großen Demonstrationen oder effektiver Boykottaktionen verbundenen Aufwand nicht unterschätzen sollte, sind dies eher für Ad-hoc-Gruppierungen mit kurzfristigen Zielen typische Aktionsformen. Für aus Religionsgemeinschaften hervorgehende soziale Bewegungen eignen sie sich besonders, weil diesen nur selten die finanziellen Ressourcen zur Verfügung stehen, die der Aufbau von stabilen Organisationen mit einer langfristigen Zielperspektive erfordert. Gruppierungen, die einen nachhaltigeren und größeren Mittelzufluss aufweisen, bevorzugen dagegen das Lobbying, worunter alle Versuche verstanden werden, Inhaber von öffentlichen Ämtern und Mandaten durch professionelle Interessenvertreter anzusprechen und zu beeinflussen. Lobbyisten unternehmen zu diesem Zweck eine Vielzahl unterschiedlichster, routinemäßiger Aktivitäten, zu denen nicht zuletzt die genaue Beobachtung des politischen Entscheidungsprozesses zählt.

Vor mehr als zehn Jahren konnten Paul Weber und W. Landis Jones (1994) insgesamt 120 religiöse Organisationen nennen, die auf eine Beeinflussung der Politikformulierung zielten. Viele von ihnen unterhielten eine ständige Präsenz in der Bundeshauptstadt Washington D.C. Vergleichbare Lobby-Büros existierten zudem in den Hauptstädten der Einzelstaaten. Ihre Mitarbeiter operierten wie die Lobbyisten säkularer Organisationen, „drafting bill language, offering amendments, forging coalitions behind the scenes, negotiating with opponents over compromise provisions, and providing useful facts and arguments to members during legislative debates“ (Hertzke 1988, S. 70). Abgesehen von Vertretern der Legislative sind auch die Regierung und die Gerichte Adressaten der Aktivitäten religiöser Lobbyisten: Mit so genannten „amicus curiae briefs“, schriftlichen Rechtsgutachten, die zu einem verhandelten Fall aus der Perspektive eines „neutralen“ Dritten Stellung beziehen, versuchen religiöse Gruppierungen auf die Urteilsfindung von Richtern einzuwirken. Als das Oberste Bundesgericht kürzlich über einen Fall zu entscheiden hatte, in dem es um die Verfassungskonformität des amerikanischen Fahneneides ging, der die Worte „under God“ enthält, wurde es von religiösen Organisationen mit solchen „briefs“ geradezu überschüttet, die darin für oder gegen die Zulässigkeit des Passus argumentierten.

Obwohl religiöse Organisationen professionelle Lobbyisten anheuern, die wie die Vertreter säkularer Verbände „Insider-Taktiken“ anwenden, verzichten sie nicht ganz auf die Mobilisierung ihrer mitgliederstarken Basis. Immer wieder setzen sie ihre „grassroots“ ein, fordern sie auf, mittels Brief, Fax oder Telefon Abgeordnete und Amtsinhaber zu kontaktieren oder gleich persönlich in Washington ihre Meinung zu artikulieren. Wenn es um „heiße Eisen“ geht, etwa die Rechte von Schwulen und Lesben, sind religiöse Organisationen besonders geneigt, ihre Basis ins Spiel zu bringen und damit Politikern zu signalisieren, dass sie mit Sanktionen an der Wahlurne rechnen müssen, wenn sie sich den Überzeugungen einer großen Zahl von Bürgern gegenüber taub stellen. Da religiöse Organisationen im Unterschied zu Wirtschaftsverbänden nicht über ein breites Repertoire materieller Anreize verfügen, müssen ihre Vertreter oft andere Mittel wählen, um Einfluss auszuüben. So spielen viele von ihnen gerne die Rolle des biblischen Propheten, der das politische System im Namen heiliger Werte wie Gerechtigkeit, Freiheit oder Anstand herausfordert (Hofrenning 1995). Während die Lobbyisten säkularer Verbände von vornherein einen Ansatz wählen, der auf Einflusszuwachs und graduelle Veränderungen zielt, setzen religiöse Lobbyisten weniger auf die Präsentation sachlicher Daten als auf eine normativ aufgeladene Rhetorik und zielen dabei auf eine grundlegende Reform in zahlreichen Politikfeldern.

Führen diese Mittel nun zum Erfolg? Sicher wird niemand behaupten wollen, dass religiöse Organisationen ähnlich einflussreich sind wie die bedeutendsten säkularen Interessengruppen, die förmlich Armeen von Lobbyisten beschäftigen und in allen Arenen des politischen Entscheidungsprozesses präsent sind. Da sie über keine vergleichbaren Ressourcen, insbesondere Geld – die „Muttermilch" der Politik –, verfügen, scheinen religiöse Lobbyisten oft beträchtlich im Nachteil zu sein, wenn es gilt, den Adressaten ihrer Beeinflussungsversuche Anreize zu setzen. Doch es gibt Hinweise darauf, dass religiöse Organisationen unter bestimmten Bedingungen durchaus mit ihren spezifischen Ressourcen – Informationen und Glaubwürdigkeit – etwas erreichen können. So gehörten die Bischöfe der Katholischen Kirche zu den wenigen mahnenden Stimmen, die sich gegen die Sanktionen vorsehende Wohlfahrtsreform der Clinton-Zeit erhoben. Und während der Präsidentschaft von Reagan und Bush waren wiederum sie es, die vor einer einseitig antikommunistisch ausgerichteten Mittelamerika-Politik warnten. In beiden Fällen erkannten Politiker, dass die Kirche dank ihrer karitativen Einrichtungen und ihres globalen Netzwerks aus Priestern, Nonnen und Missionaren über besondere Kenntnisse und Einblicke verfügte, die anderen Teilnehmern an der politischen Diskussion fehlten. Bedenkt man ferner die Wirkmächtigkeit des moralischen Impulses im amerikanischen Leben, vermögen ihre Forderungen und Ermahnungen leicht eine transzendente Bedeutung anzunehmen.

Aber religiöse Gruppen müssen nicht allein auf moralische Überzeugungsarbeit vertrauen. Einige von ihnen haben ein hohes Maß an Professionalität bei der Einflussnahme auf Politiker gezeigt. Protestantische Gruppen etwa, die sich 1964 für die Verabschiedung des *Civil Rights Act* einsetzten, gingen dabei strategisch besonders geschickt vor: Sie wählten eine kleine Gruppe von Abgeordneten des Repräsentantenhauses aus, deren Stimmen für die Verabschiedung des Gesetzes entscheidend sein würden, und zogen in deren Wahlkreisen wichtige Stammwählergruppen auf ihre Seite. Als die Abgeordneten erkannten, dass ihr Wahlkreis die Vorlage unterstützte, stimmten sie für deren Verabschiedung. Dieses kluge Vorgehen hätte jeder Interessengruppe zur Ehre gereicht (Findlay 1990). Auf der anderen Seite des politischen Spektrums haben Organisationen der Christlichen Rechten erfolgreich Beziehungen zu Mitgliedern der Regierung und der Bundesbürokratie aufgebaut, die ihnen die Mitsprache bei zahlreichen für sie wichtigen Fragen ermöglichen (Moen 1992).

Rechtliche Verfahren
Schon Tocqueville bemerkte Anfang des 19. Jahrhunderts feinsinnig, dass in den Vereinigten Staaten aus politischen Fragen früher oder später Rechtsfragen werden. Nicht selten werden die Gerichte bei der Klärung schwieriger moralischer Probleme angerufen. Wie schon erwähnt, beteiligen sich religiöse Organisationen an solchen Verfahren, indem sie Rechtsgutachten einreichen. Aber diese stellen nur eine, zudem eher passive Möglichkeit der Einflussnahme auf die Entwicklung der Rechtsordnung dar. Über Jahrzehnte hinweg haben linke religiöse Gemeinschaften den Rechtsweg mit direkteren Mitteln beschritten, um den sozialen Wandel voranzutreiben.

So gingen in den sechziger Jahren kleinere Religionsgemeinschaften gegen staatliche Gesetze vor, die die dominierenden religiösen Gruppen des Landes zu bevorzugen schienen. Sie wandten sich zum Beispiel gegen das an vielen Schulen vorgeschriebene Morgengebet, das meist protestantischen Glaubensüberzeugungen entsprach, gegen Beschränkungen ihrer Missionsarbeit auf öffentlichen Plätzen, gegen Gesetze, die auch Nicht-Christen zwangen, die Sonntagsruhe einzuhalten, gegen Verbote bestimmter unkonventioneller religiöser Rituale und Praktiken und anderes mehr. Aufgrund der streng gefassten Voraussetzungen für eine Klageerhebung in den Vereinigten Staaten können jedoch nur die konkret in ihren Rechten Betroffenen selbst vor die Gerichte ziehen. Über die für ein solches juristisches Vorgehen gegen ihre religiöse Diskriminierung nötigen Finanzmittel verfügten aber nur die wenigsten. In vielen Fällen wurden Betroffene daher von den juridischen Organisationen minoritärer Religionsgemeinschaften und ihrer Verbündeten angesprochen und zur Klage ermuntert, wobei sie anschließend die Kosten der Verfahren übernahmen (Sorauf 1976; Ivers 1995). Auf diese Weise versuchten die Organisationen, Gesetze und Verordnungen außer Kraft zu setzen, die religiöse Minderheiten behinderten oder diskriminierten.

Während die größeren religiösen Organisationen nur selten den Rechtsweg beschritten und sich hierbei meist auf das Einreichen von Rechtsgutachten beschränkten, hat sich die Situation in den letzten Jahren deutlich verändert. Durch die signifikante Verstärkung ihrer juridischen Aktivitäten gelang es rechten religiösen Organisationen, mit den schon lange auf diesem Feld tätigen linken Gruppierungen gleichzuziehen, sie teilweise sogar zu übertreffen (Brown 2002). Sie können dabei auf ein Netzwerk spezialisierter Organisationen und Kanzleien zurückgreifen, das Betroffene in Klageverfahren unterstützt. Einige dieser Organisationen – etwa das „American Center for Law and Justice“ – wurden explizit als Gegenstück zu liberalen Gruppierungen ins Leben gerufen. Viele der rechten Organisationen entstammen dem protestantischen Evangelikalismus. Sie betrachten sich als direkte Gegenspieler jüdischer und linksliberaler Organisationen wie der „American Civil Liberties Union" und wenden sich gegen deren Versuche, eine Interpretation des ersten Zusatzartikels der U.S.-Verfassung im Sinne einer *strikten* Trennung von Kirche und Staat durchzusetzen. Unter ihnen sind nicht wenige Organisationen, die ihre Einnahmen ausschließlich durch Klageverfahren zu Fragen der Religionsfreiheit und des Verhältnisses von Kirche und Staat erzielen.

Dabei kopieren sie das in der Vergangenheit so erfolgreiche Vorgehen von Bürgerrechtsorganisationen und jüdischen Verbänden: Sie suchen Betroffene, deren Fall geeignet erscheint, Gesetze oder Rechtspräzedenzien in Frage zu stellen. In deren Namen strengen sie Klageverfahren mit dem Ziel an, ihre spezifische Rechtsauffassung durchzusetzen. Zentrales Kampfgebiet ist das Verhältnis von Kirche und Staat. So waren die rechten Organisationen in einem Rechtsstreit aktiv, in dem es darum ging, ob an einer staatlichen Universität ein christliches (evangelikales) Studentenmagazin öffentliche Gelder erhalten durfte (auch wenn das Magazin offensichtlich Missionszwecken diente) oder dies der „Establishment Clause" der Verfassung widersprach. Sie trugen den Fall bis vor das Oberste Bundesgericht, das schließlich entschied, dass solche staatlichen Zuschüsse nicht das Gebot der Trennung von Kirche und Staat verletzten (*Rosenberger v. University of Virginia*, 1995). Damit öffnete das Gericht zugleich den Weg für weitere staatliche Zuwendungen an konservativ-christliche Einrichtungen.

Die juridischen Organisationen der Christlichen Rechten verdanken einige ihrer wichtigsten Erfolge vor Gericht einer innovativen Argumentationsstrategie (Brown 2002). Statt von Religion oder der Frage des Verhältnisses von Kirche und Staat zu sprechen, verwenden sie Begriffe, die dem vorherrschenden liberalen Rechtsdiskurs entstammen: Im Fall des evangelikalen Studentenmagazins etwa argumentierten ihre Anwälte, dass die Verweigerung von Zuschüssen, die alle anderen Studentenzeitschriften erhielten, einem Zensurversuch gleichkomme und die Redefreiheit der Studenten grob verletze. Auch in Fällen, in denen es um Gebete an staatlichen Schulen geht, wird immer häufiger argumentiert, dass Beschränkungen und Verbote die Redefreiheit der Schüler beeinträchtigten, ohne die Frage der unerlaubten staatlichen Förderung der Religion überhaupt noch zu erwähnen (mit dieser Begründung hatte das Oberste Bundesgericht 1963 das Schulgebet verboten). Die Strategie, liberale Normvorstellungen zu adaptieren und sich auf Freiheitsrechte und das Prinzip der Gleichheit zu berufen, war in zahlreichen Fällen erfolgreich; so wurden Beschränkungen hinsichtlich der Verwendung staatlicher Gelder zu religiösen Zwecken reduziert. Auf der anderen Seite zwingt dieses Vorgehen die Christliche Rechte dazu, solche Religionsgemeinschaften zu verteidigen, die sie im Grunde verabscheut. Denn mit der gleichen Logik können New-

Age-Religionen wie die Wiccans oder Gruppen, die die Christliche Rechte als Satanisten bezeichnen würde, gegen ihre Diskriminierung vorgehen und staatliche Unterstützung einfordern.

Die juridischen Organisationen der Christlichen Rechten beschränkten ihre Tätigkeit nicht auf Fälle, die die Religionsfreiheit und das Verhältnis von Kirche und Staat berührten, sondern wurden auch dort aktiv, wo es um soziomoralische Fragen ging. So waren ihre Anwälte in erstaunlich großem Maße an den Prozessen gegen Bill Clinton beteiligt. Das „Rutherford Institute" etwa, das auf Fragen der Religionsfreiheit spezialisiert ist, übernahm die Rechtsvertretung von Paula Jones, die vorgab, von Bill Clinton – damals Gouverneur von Arkansas – sexuell genötigt worden zu sein. Erst vor kurzem haben juridische Organisationen und Anwaltskanzleien der Christlichen Rechten eine Vielzahl von Klageverfahren finanziert, die die Stärkung der Rechte von Schwulen und Lesben – etwa durch Gewährung des Adoptionsrechts, des Besuchsrechts von Kindern, der Befugnis der Eheschließung etc. – verhindern sollten. Ihr Engagement begründeten sie dabei mit der „Verteidigung der christlichen Moral".

Wahlkampfaktivitäten

Säkulare Interessengruppen sind zu wichtigen Mitspielern in amerikanischen Wahlkämpfen avanciert, unter anderem deshalb, weil sie einen beträchtlichen Teil der Finanzmittel für die Kandidaten zur Verfügung stellen. Deren Abhängigkeit von privaten Geldgebern erklärt sich aus einer Reihe von Eigenheiten des amerikanischen politischen Systems wie den offenen Vorwahlen, durch die die Kandidaten für öffentliche Ämter und Mandate zuerst nominiert werden, die Schwäche der Parteien oder das Fehlen einer staatlichen Wahlkampfkostenerstattung. Zwar können aus Kirchennetzwerken hervorgehende soziale Bewegungen keine direkten Spenden an Kandidaten leisten, weil die Kirchen dadurch Gefahr laufen, ihre Steuerbefreiung zu verlieren. Doch es gibt für sie andere Möglichkeiten, in Wahlkämpfen aktiv zu werden. So dürfen Kirchen Politiker zu Gastvorträgen oder Predigten einladen, Wähler registrieren und so genannte „Wahlführer" („voter guides") verteilen. Auch wenn letztere überparteilich gestaltet sein müssen, geben sie meist aber recht deutlich zu erkennen, wen die Kirche zur Wahl empfiehlt. Kirchen besitzen einen relativ weiten Spielraum im Hinblick auf solche und andere Wahlkampfaktivitäten – vorausgesetzt, sie achten auf die notwendige Diskretion. Tatsächlich werden in den Vereinigten Staaten nur die gröbsten Verstöße gegen die einschlägigen rechtlichen Bestimmungen geahndet.

Die meisten ihrer Aktivitäten bleiben unbemerkt von den Medien. So ist es bei den größeren Glaubensgemeinschaften üblich, vor der Wahl Kandidaten nach ihren Positionen in bestimmten für sie wichtigen Themenfeldern zu befragen und die Antworten den Gemeindemitgliedern bekannt zu machen. Eine lange Tradition hat ferner die Praxis von Bewerbern, im Vorfeld von Wahlen Kirchen zu besuchen, obwohl dies wie das bewusste Umgehen steuerrechtlicher Vorschriften aussieht, weil hierdurch der Eindruck entstehen kann und soll, dass die Kirchen ihre Kandidatur unterstützen. Selbst das Verbot für Geistliche, Kandidaten direkt von der Kanzel aus zur Wahl zu empfehlen, kann durch rhetorische Tricks leicht umgangen werden, wie das Beispiel von Reverend James M. Hutchens der „Christ Church"-Kirche in Arlington, Virginia, zeigt. Er las seinen Kirchenbesuchern am Sonntag vor der Präsidentschaftswahl im Jahr 2000 eine Art Glaubensbekenntnis George W. Bushs vor und erklärte anschließend: „It's going to be pretty clear who I'm endorsing, but I won't say so."[1] Andere Geistliche nutzen öffentliche Versammlungen außerhalb ihrer Kirchen, um Kandidaten zu empfehlen.

Bewerber für öffentliche Ämter und Mandate bemühen sich in den Vereinigten Staaten intensiv um die Unterstützung von Religionsgemeinschaften. Demokratische Kandidaten betrachten traditionell jüdische Organisationen und die schwarzen Kirchen als enge Verbündete. Regelmäßig erscheinen sie auf deren Veranstaltungen und versuchen dabei, in den für sie wichtigen Fragen die „richtigen" Positionen zu beziehen. Republikaner wenden sich dagegen an die konservativen christlichen Religionsgemeinschaften, unterscheiden sich bei ihren diesbezüglichen Wahlkampfaktivitäten aber kaum von den Demokraten. Ein guter Teil der Republikanischen Wahlerfolge seit den sechziger Jahren wird auf die gelungene Rekrutierung vormals Demokratischer Wählergruppen zurückgeführt, insbesondere von Katholiken und weißen Evangelikalen (Leege u.a. 2002). Themen wie das Abtreibungsrecht und die Gleichberechtigung der Geschlechter beziehungsweise der Feminismus trugen vor allem dazu bei, diese Wählergruppen aus ihrer einst festen Anbindung an die Demokratische Partei zu lösen und in das Republikanische Lager zu führen.

Die verdeckte Unterstützung von Kandidaten ist jedoch nur eine Option für religiöse Organisationen, in Wahlkämpfen aktiv zu werden. Um zu verstehen, warum Kirchen so wertvolle Ressourcen für Bewerber darstellen, muss man sich vergegenwärtigen, dass sie die größten voluntaristischen („zivilgesellschaftlichen") Organisationen der USA sind. Zwischen den Mitgliedern von Kirchengemeinden bestehen meist enge soziale Bindungen. In den kirchlichen Einrichtungen verbringen sie einen großen Teil ihrer Freizeit und treffen dort ihre besten Freunde. Kirchen bilden daher nicht selten die heimliche organisatorische Infrastruktur für solche Bewerber, die durch Diskussionen in der Gemeinde erst zu ihrer Kandidatur angeregt wurden und nun andere Gemeindemitglieder in ihre Kampagne einbeziehen – sei es als Wahlkampfhelfer,

Fundraiser oder in anderer Form. Einige der amerikanischen Großkirchen („mega-churches") stehen in dem Ruf, die Chancen von Kandidaten signifikant erhöhen zu können, wenn es ihnen gelingt, sie den Gemeindemitgliedern als „einen der ihren" zu präsentieren.

Auch bei Volksbegehren und Volksentscheiden können Kirchen auf die Gestaltung der amerikanischen Politik Einfluss nehmen. Im föderalen System der USA besteht in vielen Kommunen und Einzelstaaten die Möglichkeit, durch Initiativen und Referenden politische Fragen zu entscheiden. Änderungen der Kommunal- und Einzelstaatsverfassungen müssen in der Regel sogar durch solche Verfahren von den Bürgern verabschiedet werden. Kirchen sind hier wichtige Akteure. Oft stehen sie selbst hinter solchen Initiativen oder stellen zumindest einen wichtigen Mobilisierungsraum für Wähler dar. Als zahlreiche Kommunen in den siebziger Jahren dazu übergingen, die Bestimmungen der Bürgerrechtsgesetze auf Schwule und Lesben auszudehnen, waren es meist Kirchen, die Volksbegehren gegen diese Praxis initiierten. Mochte auch der Anwendungsbereich ihrer Aktivitäten neu sein, das Vorgehen selbst war zuvor schon oft erprobt worden: So hatten konservative Kirchen immer wieder Volksbegehren und Volksentscheide unterstützt, die bestimmte Moralvorstellungen wie das Verbot des Alkoholkonsums (in der Öffentlichkeit) durchsetzen sollten. Linke Kirchen nutzten diese Instrumentarien ebenfalls für ihre Anliegen, wenngleich in der Regel mit geringerem Erfolg.

Infiltration

Ich verwende den Ausdruck „Infiltration" zur Bezeichnung von Versuchen religiös motivierter Organisationen, ihren Mitgliedern zu öffentlichen Ämtern und Mandaten zu verhelfen. Wie soeben dargestellt, gehört es zu den zentralen Strategien solcher Gruppierungen, ideologisch nahe stehende Kandidaten in Wahlkämpfen zu unterstützen. „Infiltration" meint ein direkteres und umfassenderes Engagement: Hier werden Angehörige der Gruppierung selbst dabei unterstützt, wichtige Positionen im Staat zu besetzen. Das in der Verfassung verankerte Verbot religiöser Bekenntnisakte als Qualifikation für öffentliche Ämter (Art. VI) ist keineswegs gleichbedeutend damit, dass Bewerber ihre Glaubensüberzeugungen nicht im Wahlkampf zur Sprache bringen oder Amtsinhaber Glaubensbrüder nicht bei der Rekrutierung geeigneten Personals bevorzugen dürften.

Ein eklatantes Beispiel für ein solches Vorgehen bot die Verfassungsreformkommission des Staates Florida 1997 (Wald/Corey 2002). Eine solche Kommission muss nach geltendem Landesrecht alle 15 Jahre zusammentreten, Vorschläge für eine Verfassungsrevision erarbeiten und diese den Bürgern zur Abstimmung vorlegen. Der Vorsitzende des Repräsentantenhauses von Florida, ein evangelikaler Christ mit engen Verbindungen zu religiös-politischen Gruppierungen der Christlichen Rechten, wählte die von ihm vorzuschlagenden Kommissionsmitglieder aus den Reihen eben dieser Organisationen aus. Sie bildeten in der Kommission später einen geschlossenen Block, der intensiv darum bemüht war, die eigenen streng konservativen Moralvorstellungen der Verfassung von Florida einzuschreiben und zugleich die Gerichte im Bundesstaat zu entmachten, die als Feinde ihrer Ambitionen und Wertvorstellungen angesehen wurden. Der – weitgehend unkooperative – christlich-rechte Block konnte sich gegenüber der Kommissionsmehrheit allerdings nicht durchsetzen und nahm am Ende kaum Einfluss auf die verfassungspolitische Entwicklung.

Dieselbe Klientel feierte unter der Präsidentschaft George W. Bushs erhebliche Erfolge. Bush, der selbst dem evangelikalen Protestantismus zuzurechnen ist und der Methodistischen Kirche angehört, betrachtet Evangelikale als seine enthusiastischsten und zuverlässigsten Wähler. Seine häufige Verwendung evangelikaler Rhetorik und die offensichtliche Beeinflussung seiner Politik durch evangelikale Werte etwa bei der Frage der staatlichen Förderung der Stammzellenforschung, der Abtreibung, der Finanzierung kirchlicher Wohlfahrtseinrichtungen und in der Außenpolitik haben manche Beobachter veranlasst, Bush als Paradebeispiel für eine gelungene „Infiltration" zu bezeichnen. Darüber lässt sich sicher streiten. Unstrittig aber ist, dass er bei der Auswahl seiner Regierungsmitglieder und bei der Besetzung anderer Ämter bewusst und konsequent Evangelikale berücksichtigt hat. So ist sein Justizminister John Ashcroft ein Laienprediger, der äußerst konservative Moralvorstellungen vertritt und auch in anderen innenpolitischen Fragen traditionalistische Standpunkte bezieht. Gemeinsam mit Ashcroft hat Bush eine große Zahl religiös-konservativer Richter für vakante Sitze an den Bundesgerichten nominiert und dabei solche Kandidaten ausgewählt, die gegen Abtreibung, Schwulen-Rechte und andere „rote Tücher" traditionalistischer Protestanten eintreten. Vom Umfang her ist der Versuch, die Religion zu einem Faktor bei der Besetzung wichtiger Richterstellen zu machen, durchaus neu, nicht jedoch das Vorgehen an sich: Vor dem Zweiten Weltkrieg war es üblich, bestimmte Stellen am Obersten Bundesgericht für religiöse Minderheiten zu reservieren. Diese Praxis der Präsidenten führte zu einem „jüdischen" und einem „katholischen" Sitz (Perry 1991). Diese Kandidaten wurden von der protestantischen Mehrheit des Kongresses häufig einer besonders strengen Überprüfung ihrer Tauglichkeit unterzogen. In der Gegenwart ist es weniger die formelle Zugehörigkeit zu einer bestimmten Glaubensrichtung als vielmehr die Einstellung der Kandidaten in soziomoralischen und religionspolitischen Fragen, die bei der Besetzung von Richterstellen eine Rolle spielt. Dabei verläuft die Konfliktlinie nicht mehr zwischen den Religionen, sondern zwischen ihren „traditionalistischen“ und „modernistischen“ Flügeln.

Religiös motivierte Wähler neigen zu der Überzeugung, dass ihre Agenda in der Regierung ein offeneres Ohr findet, wenn sie für einen der „ihren“ stimmen. Sicher ist das für die kleine und energische Gruppe der amerikanischen Juden zutreffend. Überall dort, wo sie einen signifikanten Wähleranteil stellen, unterstützen sie oft jüdische Kandidaten in der Hoffnung, dass sie ihre zentralen Ziele fördern. Es dürfte insofern kaum überraschen, dass jüdische Abgeordnete sich stark für die Belange Israels einsetzen (Oldmixon u.a. 2005). Bevor man darin jedoch etwas Unbotmäßiges sieht, sollte man sich vor Augen führen, dass solche Verbindungen auch bei anderen Gruppen bestehen. Schwarze etwa stimmen in den USA gerne für schwarze Kandidaten, vorausgesetzt, diese vertreten keine Positionen, die weit von denen der Wähler entfernt sind. Aber weder Juden noch Schwarze können im politischen System ihren Willen ohne die Unterstützung anderer Gruppen durchsetzen. Dafür ist ihre Zahl einfach zu gering.

Auf der großen politischen Bühne gilt die Vorstellung eher selten, dass Wähler bei Glaubensbrüdern eine besonders große politische Übereinstimmung finden. So waren sowohl Jimmy Carter als auch Bill Clinton aktive Mitglieder der „Southern Baptist Convention“ (SBC), der größten protestantischen Gemeinschaft der USA. Während sich die SBC in vergangenen Jahrzehnten politisch immer weiter nach rechts bewegt hatte, traf dies auf die Präsidenten der Demokratischen Partei nicht zu, weshalb die SBC insofern auch kaum politischen Einfluss auf sie ausüben konnte. Zwar waren Carter wie Clinton in Glaubensfragen durchaus Traditionalisten und vertraten zentrale baptistische Auffassungen etwa bezüglich der Bibelinterpretation, doch ließen es beide nicht zu, dass die Kirche ihre Politik bestimmte. Der gegenwärtige Präsident George W. Bush ist ein weiteres Beispiel: Er steht weit rechts von seiner Kirche, der „United Methodist Church“. Besonders sichtbar werden Differenzen zwischen Glaube und Amt stets bei katholischen Kandidaten, die für die Demokratische Partei in nationalen Wahlen antreten. Sie haben es mit einer Kirche zu tun, die darauf beharrt, sich in der Frage des Abtreibungsrechts ihrer ablehnenden Position zu unterwerfen, und einer Partei, die hier den genau entgegengesetzten Standpunkt vertritt (Byrnes/Segers 1992). Folgen sie der Partei, gehen sie das Risiko der Exkommunikation ein, folgen sie der Kirche, wäre dies gleichbedeutend mit ihrem politischen Selbstmord.

Religion als Partner der öffentlichen Hand

Häufig werden Kirchen in der Literatur als politische Outsider behandelt und lediglich als re-agierende Kritiker des Staates dargestellt. Zweifellos legt ihr Status als zivilgesellschaftlicher Akteur eine solche Charakterisierung nahe. Doch es gibt noch eine andere Dimension der Beziehung: Kirchen erhalten in nicht wenigen Fällen staatliche Zuschüsse, um öffentliche Leistungen zu erbringen (Cnaan 1999; Wineburg 2000).

Anders als in vielen anderen fortgeschrittenen Industriegesellschaften ist die Erbringung zahlreicher öffentlicher Leistungen in den Vereinigten Staaten bis heute in privater Hand. Obwohl der Staat auch in den USA monetäre und reale Transfers direkt an die Bürger leistet, werden viele Programme extern vergeben. In der Regel werden sie öffentlich ausgeschrieben, und die ausgewählten Einrichtungen erbringen die vereinbarten Leistungen dann in eigener Regie. Das gilt insbesondere für den Bereich der Sozialprogramme, wo etwa der soziale Wohnungsbau, die medizinische Versorgung, die Durchführung von Weiterbildungsmaßnahmen und Alphabetisierungskampagnen weitgehend in der Hand privater Einrichtungen liegen. Auch Kirchen können sich um die Beteiligung an solchen Programmen bewerben.

Die beiden größten religiösen Wohlfahrtsorganisationen in den Vereinigten Staaten unterhalten Katholiken und Lutheraner. Ebenso wie im Fall des „Jewish Board of Family and Children Services“ stammt der größte Teil ihrer üppigen Budgets aus Zuschüssen der öffentlichen Hand. Verletzt dies die Idee eines säkularen Staates? In der Vergangenheit wurde die Mittelvergabe stets mit der Auflage verbunden, bei der Durchführung von Sozialprogrammen nicht die Angehörigen der eigenen Religion – weder bei der Auswahl der Klienten noch bei der Rekrutierung des Personals – zu bevorzugen und auf jegliche Missionierung zu verzichten. Auf keinen Fall durften Mittel in die kirchliche Arbeit der beteiligten religiösen Institutionen fließen. Daher gingen die meisten Religionsgemeinschaften dazu über, eigene weitgehend unabhängige Organisationen für die Realisierung dieser staatlich bezuschussten Sozialprogramme zu gründen und deren Angestellte allein aufgrund ihrer besonderen Expertise für das jeweilige Fachgebiet auszuwählen.

In der zweiten Amtszeit Präsident Clintons verabschiedete der Kongress dann die so genannte „Charitable Choice“-Bestimmung, die die Partizipationsmöglichkeiten von religiösen Institutionen an bundesstaatlichen Programmen verbessern soll (Chaves 1999). Vor allem für kleinere Kirchen sollten die durch die Ausschreibungsmodalitäten errichteten Hürden beseitigt werden. Unter dem Titel „faith-based initiative“ versucht Präsident Bush derzeit, Kirchen noch stärker an staatlichen Wohlfahrtsprogrammen zu beteiligen, indem deren Ausmaß vergrößert und die Restriktionen für kirchliche Leistungserbringer reduziert werden.

In jüngster Zeit haben religiöse Institutionen Zugang zu zwei Aufgabenbereichen gewonnen, die ihnen bislang verschlossen blieben. Präsident Bush, ein Kritiker des öffentlichen Schulwesens, hat die Gebietskörperschaften ermuntert, Stipendien an Schüler zu vergeben, die private Konfessionsschulen besuchen. In einigen Städten und Bundesstaaten, deren Schulen als besonders schlecht gelten, wurden „Bildungsgutscheine" („vouchers") eingeführt, die an Privatschulen eingelöst werden können – was praktisch auf eine Subventionierung von Konfessionsschulen hinausläuft, die in den meisten Ballungszentren die größten Anbieter in diesem Bereich darstellen. In einem Fall hat das Oberste Bundesgericht inzwischen mit knapper Mehrheit solche Gutscheine als verfassungskonform bezeichnet. Weitere Klagen sind noch anhängig. Religiöse Institutionen sind zudem aufgefordert worden, sich um staatliche Zuschüsse zu bewerben, die für die Erhaltung von historischer Bausubstanz ausgeschrieben werden. Damit fördert die Regierung Organisationen, die sich für die Restaurierung architektonisch und kulturgeschichtlich wertvoller Gebäude einsetzen. Mit dem – in diesem Kontext einigermaßen ironisch klingenden – Hinweis auf die „Mauer der Trennung" zwischen Kirche und Staat waren kirchliche Einrichtungen hiervon bislang ausgenommen, weil ansonsten der Eindruck einer direkten staatlichen Förderung der religiösen Mission dieser Organisationen hätte entstehen können. Diese Beschränkung wurde inzwischen aufgehoben.

Aktuell versucht die Regierung Bush, private Anbieter noch stärker an der Erstellung sozialer Leistungen zu beteiligen und bestehende Restriktionen bei der Vergabe von staatlichen Geldern zurückzuschrauben. Ausgehend von der Annahme, dass religiöse Einrichtungen in diesem Bereich effektiver und effizienter operieren als säkulare oder staatliche Anbieter – eher ein geglaubter denn empirisch verifizierter Zusammenhang –, hat die Regierung angeregt, jetzt auch Kirchen direkt an der Durchführung von Sozialprogrammen zu beteiligen. Das hätte zur Folge, dass das Personal nunmehr allein aufgrund seiner Religionszugehörigkeit und nicht seiner Expertise ausgewählt, Kirchengebäude genutzt und religiöse Inhalte bei der Leistungserbringung zur Sprache gebracht werden dürften. Paradoxerweise gibt es hiergegen Vorbehalte von eben jener Seite, der man durch diese Regelung gerade entgegenzukommen gedachte: Viele Religionsgemeinschaften befürchten, dass bei einer zu engen Kooperation mit dem Staat ihre religiöse Mission leiden könnte. Mögen sie auch die etwas größere Flexibilität durchaus zu schätzen wissen, so besteht doch die Sorge, zum Handlanger des Staates zu werden. Auf nationaler Ebene hat der Kongress wiederholt entsprechende Versuche vereitelt, aber einige Bundesstaaten haben die Ideen der Bundesregierung aufgegriffen. Es ist abzusehen, dass die hierdurch aufgeworfenen Fragen nach dem genauen Verlauf der Grenze zwischen Kirche und Staat in einer rechtsstaatlichen Demokratie die Gerichte noch viele Jahre beschäftigen werden.

Schluss

Religiöse Organisationen haben in den Vereinigten Staaten viele Möglichkeiten, auf die Ausgestaltung der staatlichen Politik Einfluss zu nehmen. Obwohl es sich formal um einen säkularen Staat handelt, gibt es genügend Hinweise darauf, dass die Religion im politischen Prozess der USA eine wichtige Rolle spielt. Ob als Interessengruppe oder soziale Bewegung, religiös motivierten Akteuren steht eine Vielzahl von Instrumenten zur Verfügung, um die staatlichen Gewalten zu einer Berücksichtigung ihrer Anliegen zu bewegen. In dieser Hinsicht unterscheiden sie sich nicht von anderen, säkularen und gemeinnützigen zivilgesellschaftlichen Institutionen. Zudem können religiöse Einrichtungen direkt an staatlichen Programmen teilnehmen – als Leistungserbringer und als Leistungsempfänger.

Formulierungen wie die „Trennung von Kirche und Staat“ oder Charakterisierungen des amerikanischen Regierungssystems als „säkular“ vermitteln insofern ein irreführendes Bild von der Realität. Trotz der „Modernität“ der Vereinigten Staaten und ihrer klassisch-liberalen Verfassungsordnung ist die Religion nicht aus der Öffentlichkeit verschwunden. Mag bei der Analyse der amerikanischen Politik („public policy“) der religiöse Faktor auch oftmals übersehen oder klein geredet werden, seine Spur ist nicht zu übersehen – wenn man nur richtig hinschaut.

Anmerkungen

[1] Caryle Murphy, Many See Candidates Through the Lens of Religious Teaching. In: Washington Post, 6. November 2000, S. 1B.

Literatur

Almond, Gabriel Abraham/Powell Jr., G. Bingham: Comparative Politics. A Developmental Approach. Boston 1966.

Barkun, Michael: Religion and the Racist Right. Chapel Hill, N.C. 1994.

Blanchard, Dallas A./Prewitt, Terry J.: Religious Violence and Abortion. The Gideon Project. Gainesville, Fl. 1993.

Brown, Steven P.: Trumping Religion. The New Christian Right, the Free Speech Clause, and the Courts. Tuscaloosa, Ala. 2002.
Byrnes, Timothy/Segers, Mary C. (Hrsg.): The Catholic Church and the Politics of Abortion. Boulder, Colo. 1992.
Chaves, Mark: Secularization As Declining Religious Authority. In: Social Forces 72, 1994, S. 749–774.
–: Religious Congregations and Welfare Reform: Who Will Take Advantage of 'Charitable Choice'? In: American Sociological Review 64, 1999, S. 836–846.
Cnaan, Ram A. (mit Robert J. Wineburg und Stephanie C. Boddie): The Newer Deal: Social Work and Religion in Partnership. New York 1999.
Cunningham, Hilary: God and Caesar at the Rio Grande. Minneapolis 1995.
Findlay, James F.: Religion and Politics in the Sixties. The Churches and the Civil Rights Act of 1964. In: Journal of American History 77, 1990, S. 66–93.
Ginsburg, Fay: Contested Lives. The Abortion Debate in an American Community. Berkeley, Cal. 1989.
Hartz, Louis: The Liberal Tradition in America. An Interpretation of American Political Thought Since the Revolution. New York 1955.
Hertzke, Allen D.: Representing God in Washington. Knoxville, Tenn. 1988.
Hofrenning, Daniel: In Washington But Not Of It. The Prophetic Politics of Religious Lobbyists. Philadelphia 1995.
Ivers, Gregg: To Build a Wall. American Jews and the Separation of Church and State. Charlottesville, Va. 1995.
Leege, David C./Wald, Kenneth D./Krueger, Brian S./Mueller, Paul D.: Politics of Cultural Differences. Social Change and Voter Mobilization Strategies in the Post-New Deal Period. Princeton, N.J. 2002.
Marsh, Charles: God's Long Summer. Stories of Faith and Civil Rights. Princeton, N.J. 1997.
Meier, Kenneth J.: The Politics of Sin. Drugs, Alcohol, and Public Policy. Armonk, N.Y. 1994.
Moen, Matthew C.: The Transformation of the Christian Right. Tuscaloosa, Ala. 1992.
Monsma, Steve/Soper, Christopher: The Challenge of Pluralism. Church and State in Five Democracies. Lanham, Md. 1997.
Morone, James A.: Hellfire Nation. The Politics of Sin in American History. New Haven, Ct. 2003.
Morris, Aldon: Black Southern Student Sit-In Movement: An Analysis of Internal Organization. In: American Sociological Review 46, 1981, S. 744–767.
–: The Origins of the Civil Rights Movement. New York 1984.
Oldmixon, Elizabeth/Rosenson, Beth/Wald, Kenneth D.: Conflict Over Israel: The Role of Religion, Race, Party and Ideology in the U.S. House of Representatives, 1997–2002. In: Terrorism and Political Violence 2005 (i. E.).
Perry, Barbara: A 'Representative' Supreme Court? The Impact of Race, Religion, and Gender on Appointments. Westport, Ct. 1991.
Salisbury, Robert H.: American Politics. Religion and the Welfare State. In: Richard E. Tomasson (Hrsg.), Comparative Social Research. Greenwich, Ct. 1983, S. 55–65.

Sorauf, Frank J.: The Wall of Separation. The Constitutional Politics of Church and State. Princeton, N.J. 1976.

Wald, Kenneth D./Corey, Jeffrey C.: The Christian Right and Public Policy. Social Movement Elites As Institutional Activists. In: State Politics and Public Policy 2, 2002, S. 99–125.

Wald, Kenneth D.: Religion and Politics in the United States. Lanham, Md. [4]2003.

Weber, Paul J./Jones, W. Landis: U.S. Religious Interest Groups – Institutional Profiles. Westport, Ct. 1994.

Wineburg, Bob: A Limited Partnership. The Politics of Religion, Welfare, and Social Service. New York 2000.

Detlef Junker

Auf dem Weg zur imperialen Hypermacht? Die manichäische Falle ist besetzt. U.S.-Außenpolitik nach dem 11. September[1]

Um dem Geheimnis der Kraft und des Selbstbewusstseins des amerikanischen Volkes auf die Spur zu kommen, hatte ich mir an einem 4. Juli in der Hauptstadt Washington D.C. auf den Stufen des Kapitols einen Stehplatz gesichert. Ich wollte miterleben, wie einige Hunderttausend Amerikaner europäischer, afrikanischer, asiatischer und lateinamerikanischer Herkunft ihren nationalen Gedenktag feiern. Ich ließ mich beeindrucken von einer eigentümlichen Mischung aus Vaterlandsliebe, Hollywood, Coca-Cola und Popcorn; aus Lobpreis der großen Vergangenheit Amerikas und der hoffnungsfrohen Gewissheit, dass die einzig verbliebene Supermacht der Welt auch im nächsten Millennium eine besondere Mission zu erfüllen habe. Ich wollte erfahren, wie diese Hunderttausende, umgeben von patriotischen Denkmälern wie dem Washington Monument, dem Jefferson-, Lincoln- und Roosevelt-Memorial, in Liedern und Hymnen die amerikanische Dreieinigkeit von Gott, Vaterland und Freiheit besingen; wie diese Nation von Einwanderern, die alle irgendwann von irgendwoher in die Neue Welt emigriert waren, sich an solchen Festtagen immer aufs Neue konstituiert, indem sie ihrem Gründungsmythos vom „süßen Land der Freiheit" („sweet land of liberty") Dauer und Zukunft verleiht.

Das Verhältnis von Erinnerungskultur und nationaler Identität der USA zog mich nicht nur in Washington in seinen Bann. Es war neben der Natur das überragende Leitmotiv der Reisen, die meine Frau und ich durch die USA unternahmen: Von Washington und den Schlachtfeldern von Virginia bis zu den Black Hills, von Hawaii bis San Antonio, von New Orleans bis Key West, von Plymouth Rock bis Seattle. Im September 2000 besuchte ich mit einer Gruppe Heidelberger Studierender die historischen Stätten der Amerikanischen Revolution von Boston über Philadelphia und New York zu den geschichtsträchtigen Orten am Colonial Parkway, Williamsburg, Jamestown und Yorktown. Zu den besonderen Höhepunkten zählte ein Mittagessen im obersten Stock des World Trade Centers, dessen Zerstörung durch Terroristen am 11. September 2001 die Weltgeschichte veränderte. Anfang Oktober 2002 kehrte ich, ebenfalls mit Heidelberger Studierenden, von einer Exkursion in den amerikanischen Süden zurück, von einer 2300-Meilen-Reise, die uns unter anderem nach Atlanta, Nashville, Memphis, Vicksburg, Natchez, Jackson (Miss.), Montgomery (Al.), Savannah, Charleston, Columbia (South Carolina) und Athens führte.

Diese Konfrontation mit der amerikanischen Erinnerungskultur und Erinnerungspolitik („politics of memory") faszinierte und erschreckte die Studenten zugleich. Diese Kultur ist in überragendem Maße von einer patriotisch-heroischen Interpretation der eigenen Geschichte geprägt. Dieser Befund entspricht den Ergebnissen einer großangelegten, vergleichenden Studie zum Nationalstolz von 23 ausgewählten Nationen durch das „National Opinion Research Center" an der Universität von Chicago aus dem Jahre 1998. Grundlage dieser 1995 durchgeführten Untersuchung waren 28 000 Interviews. Das Ergebnis: Die Amerikaner sind, auch was ihren Nationalstolz angeht, die Nummer Eins in der Welt. Amerikaner sind stolzer auf ihr Land als irgendein anderes Volk.[2]

Trotz eingestandener Kritik an einzelnen Aspekten der eigenen Geschichte feiert die Mehrheit der Amerikaner mit robustem Selbstbewusstsein immer aufs Neue ihre große Vergangenheit als Ausdruck ihrer Auserwähltheit und Einzigartigkeit und als Auftrag an die Zukunft, die amerikanische Sendungsidee der Freiheit zu erfüllen. Die amerikanische Geschichte wird zugleich als Entfaltungsprozess der Freiheit begriffen und siegesamerikanisch angestrichen, um ein Wort Jacob Burckhardts über die siegesdeutsche Kultur nach der Gründung des Deutschen Reiches im Jahre 1871 abzuwandeln.

Die Debatte über Amerikas Auserwähltheit, seine besondere Mission der Freiheit, sein Verhältnis zu Gott, Vorsehung und Geschichte wird – in stets wechselnden politischen, sozialen und kulturellen Konstellationen – seit den ersten Siedlern geführt, also seit 400 Jahren. Der andauernde Diskurs, wie man heute sagen würde, über die besondere Mission der USA gehört selbst zum Kern der amerikanischen Identität. Deshalb hat man gesagt, wenn man lange genug an einem Amerikaner kratze, komme der Erlöser („redeemer") zum Vorschein.

Die patriotische Reaktion der Amerikaner auf den Terrorangriff vom 11. September, auch die damit einhergehenden Gefährdungen für die Innen- und Außenpolitik des Landes, sind daher nichts Außergewöhnliches. Denn in allen großen innen- und außenpolitischen Krisen und Kriegen seit dem Unabhängigkeitskrieg gegen England von 1776–1783 stieg das „patriotische Fieber" an, erhöhten sich der Konformitätsdruck, die Versuchung zur Hexenjagd und zur Gefährdung der bürgerlichen Grundfreiheiten. Dieses periodisch auftretende „patriotische Fieber" hat allerdings in der bisherigen Geschichte die amerikanische Demokratie nie ernsthaft gefährden können, es stieg gleichsam nie über 40 Grad Celsius – 104 Grad Fahrenheit – an. Denn langfristig hat sich bisher immer die andere, die liberale, die antistaatliche Tradition Amerikas durchgesetzt. Das war beispielsweise nach der Hexenjagd der „Patrioten“ gegen die englandfreundlichen „Loyalisten“ im Unabhängigkeitskrieg der Fall, oder nach der Hexenjagd und dem Kulturkampf gegen die Deutsch-Amerikaner im Ersten Weltkrieg, als Sauerkraut in „liberty cabbage“ und „Frankfurter“ in „Hot Dogs“ umbenannt wurden; auch nach der Hexenjagd gegen alles, was in der Zeit des Senators McCarthy Anfang der 50er Jahre des 20. Jahrhunderts für kommunistisch gehalten wurde. Es bleibt zu hoffen, dass nach dem Ende der gegenwärtigen patriotischen Hysterie Amerikas ältester Verbündeter, nämlich Frankreich, wieder in Ehren angenommen und „liberty fries“ wieder als „French fries“ verkauft werden dürfen.

Weil der amerikanische Patriotismus mit der zivilreligiösen Sendungsidee der Freiheit tief verbunden ist, ja daraus seine Kraft gewinnt, ist der Aufstieg der USA zur einzig verbliebenen Supermacht der Gegenwart untrennbar mit der Idee der amerikanischen Mission der Freiheit verbunden. Gewiss ist Präsident George W. Bush Teil einer neuen Erweckungsbewegung, die, besonders vom amerikanischen Süden ausgehend, nicht nur das Weiße Haus, sondern auch den Kongress erreicht hat. Mit seiner Sendungsidee der Freiheit, mit seinem tief sitzenden Manichäismus, der die Welt in Gut und Böse aufteilt, steht der gegenwärtige Präsident jedoch in einer amerikanischen Tradition, die bis in das 17. Jahrhundert zurückreicht.

Im Entschluss zum Krieg gegen den Irak, aus der Sicht der Regierung Bush eine Antwort der USA auf den 11. September, sind deshalb wie in einer Nussschale die beiden zentralen Merkmale amerikanischer Weltpolitik beschlossen: die Fähigkeit und der Wille, weltweit Macht und Einfluss auszuüben, und das Versprechen von Freiheit, „imperium et libertas“, „power and mission“. Das gemeinsame Element, das „tertium comparationis“, dieser beiden Elemente, ist ihre Globalität. Wie keine andere Nation der Menschheitsgeschichte verbinden die Amerikaner einen *weltweiten* Machtanspruch, die Fähigkeit zur globalen Machtprojektion, mit dem Anspruch eines auserwählten Volkes, die amerikanische Sendungsidee der Freiheit zu erfüllen. Es ist deshalb auch nicht verwunderlich, dass diese beiden Elemente der U.S.-Weltpolitik, der globale Machtanspruch und die globale Sendungsidee der Freiheit, im Zentrum der weltweiten Kritik an den USA stehen.

Diese Kritik wird noch dadurch verstärkt, dass Präsident Bush offensichtlich gewillt ist, den globalen Machtanspruch der USA mit einer neuen, im Vergleich zur bisherigen Außenpolitik des Landes revolutionären Methode durchzusetzen, nämlich notfalls allein, notfalls gegen das Völkerrecht und notfalls ohne Rücksicht auf internationale Organisationen, multilaterale Verfahren und alte Verbündete. Sollten Bush und die Falken unter seinen Beratern diese neue Strategie längerfristig durchhalten, würde aus der hegemonialen Supermacht des Kalten Krieges die imperiale Hypermacht des 21. Jahrhunderts werden, mit unabsehbaren Konsequenzen für die Welt im allgemeinen, Europa und Deutschland im besonderen.

Schon dem bedeutendsten Merkmal amerikanischer Innen- und Außenpolitik vom 17. bis zum 19. Jahrhundert, der Landnahme eines ganzen Kontinents, haben die Amerikaner einen religiösen und geschichtsphilosophischen Sinn gegeben und durch die Idee einer besonderen Sendung gerechtfertigt. „Der Weg nach Westen, das ständige Vorschieben der ‚frontier' waren daher vor allem prophetisch und nicht nur ökonomisch motiviert" (Kamphausen 1992, S. 265). Eine solche Deutung findet sich schon bei den Gründungsvätern wie Benjamin Franklin und den Präsidenten Thomas Jefferson, John Adams, James Madison, James Monroe und John Quincy Adams, die die zukünftige Landnahme des Kontinents als eine Aufgabe der Vorsehung geistig vorwegnahmen. Die Idee einer besonderen Sendung gehört seit der Gründung der Nation zum selbstverständlichen Bestandteil der politischen Kultur der USA.

Individuen und Nationen können die Idee der Gleichheit offensichtlich schwer ertragen, wenn sie eine eigene Identität gewinnen wollen. Sie versuchen, sich eine besondere Bedeutung zuzulegen, die sie vor anderen Individuen und Nationen auszeichnet – unter Berufung auf Vorstellungen von erhabener Allgemeinheit: Gott, die Geschichte, die Vorsehung, der Fortschritt, die Erlösung der Menschheit. Auch die Amerikaner verstehen sich, wie viele Völker vor und neben ihnen, als ein auserwähltes Volk. Die in erster Linie vom Geist der Aufklärung geprägten Gründungsväter der Union integrierten und verwandelten christlich-puritanische Sendungsvorstellungen der neuenglischen Siedler wie „das auserwählte Volk", „das Volk, das mit Gott einen besonderen Bund (‚covenant') geschlossen hat", die Vorstellung von Amerika als „Gottes neuem und letztem Israel" in die Idee einer weltlich-politischen Mission der USA. Denn die Unabhängigkeit des neuen Staates von England wurde von den Siedlern durch eine für die damalige Staatenwelt revolutionäre Theorie mit einem universalen Anspruch begründet, den die junge Republik stellvertretend für die Menschheit in die Tat umsetzte: durch den Anspruch aller Menschen und Völker auf Volkssouveränität, Grundrechte, Eigentum, rechtlich begrenzte und aufgeteilte Staatsgewalt und durch das „Streben nach Glück" („pursuit of happiness"). Seitdem prägen Herrschaft und das Versprechen der Freiheit, „imperium et libertas", das Janusgesicht der amerikanischen Außenpolitik.

Diese Verschmelzung von Christentum und Aufklärung, von Christentum und demokratischer Mission hat die besondere zivile Religion Amerikas hervorgebracht, eine unverwechselbare Mischung von christlichem Republikanismus und demokratischem Glauben: eine Nation mit der Seele einer Kirche. Die amerikanische Nation hat keine Ideologie, sie ist eine.

Diese Sendungsziele haben oszilliert, sich mit den jeweiligen Tendenzen des Zeitgeistes verbunden und sich wieder von ihnen gelöst. Sie haben sich gewandelt, von der puritanischen Sendung, die Reformation zu vollenden, bis zur Mission, der Welt Freiheit und Demokratie zu bringen. Sie haben geschwankt zwischen der passiven Idee, Amerika in ein neues Jerusalem zu verwandeln und durch das eigene Beispiel ein Leuchtturm für die Welt zu sein, und der aktiven Missionspflicht, zurückgebliebene, weniger demokratische, weniger zivilisierte Völker auf amerikanisches Niveau zu heben, eine neue Weltordnung zu schaffen, die Welt zu erlösen, das tausendjährige Reich (vor der Wiederkunft Christi) zu errichten.

Die potentiell von Beginn an universale Sendungsidee war zunächst auf den nordamerikanischen Kontinent, dann auf die gesamte westliche Hemisphäre begrenzt. Sie nahm in der tatsächlichen Außenpolitik erst im 20. Jahrhundert – parallel zum Aufstieg der USA zur Supermacht – eine globale Dimension an. Die Ideologie folgte den realen Verhältnissen, war aber zugleich Ursache und Triebfeder außenpolitischen Handelns.

Die Expansion über den Kontinent wurde als „manifest destiny“ gedeutet, als offenbare Bestimmung, als Naturgesetz, als heilsgeschichtlicher Auftrag, amerikanische Normen und Institutionen zu verbreiten. Besonders die territorialen Gewinne in den vierziger Jahren des 19. Jahrhunderts und die expansive Phase der U.S.-Außenpolitik im Zeitalter des Imperialismus wurden von dieser Ideologie des „manifest destiny“ begleitet. Sie erwies sich als „populärste Kurzformel für alle ideologischen Rechtfertigungen der kontinentalen Expansion“ (Spillmann 1984, S. 114). Jedes Sendungsbewusstsein braucht zu seiner Realisierung den Feind. Es braucht die konkrete Negation, das Antiprinzip, das Reich des Bösen, das notfalls im Krieg bekämpft werden muss, um Fortschritt zu ermöglichen und die Sendung zu erfüllen – zur höheren Ehre Gottes, des wahren Glaubens, der eigenen Nation, der klassenlosen Gesellschaft, der Rassenreinheit, des demokratischen Fortschritts. Der Feind kann der fremde Barbar, der Antichrist (oder der Christ), der Wilde, der Heide, der Kapitalist, der Kommunist, der Faschist oder der Jude sein. Auch die amerikanische Zivilreligion hat die notwendigen Feindbilder entwickelt, die eine Nation mit der Seele einer Kirche zum Überleben braucht. Nach dem Muster des spätantiken Religionsstifters Mani haben die Amerikaner besonders ihre Kriege als radikale Gegenüberstellung eines guten und eines bösen Weltprinzips gedeutet. Jeder Feind saß damit automatisch in der manichäischen Falle.

Der erste Feind in der Falle waren die Indianer, mit denen der Kampf um

Lebensraum am härtesten geführt wurde, besonders nach der größten Katastrophe Neuenglands in den Jahren 1675/1676. Damals brachten die Indianer unter ihrem Häuptling Metacon die neuenglischen Siedler an den Rand des Ruins in einem Kampf, der im Verhältnis zur Bevölkerungszahl der blutigste Krieg der amerikanischen Geschichte war. Seit dieser Zeit galten die Indianer als nicht zivilisierbare Wilde und Teufel, die Wildnis als Hölle. Die Indianer hatten das Recht verwirkt, sich der Eroberung des Westens und der USA entgegenzustellen, die im 19. Jahrhundert durch massiven Einsatz von Militär und Kapital vorangetrieben wurde. Das manichäische Muster der Ideologie und Mythologie der Indianerkriege hat bis zum Präsidenten Ronald Reagan außenpolitische Handlungsweisen der Amerikaner geprägt. Auch nach der Verweltlichung der U.S.-Sendungsidee wurde diese dualistische Weltinterpretation durchgehalten. Alle Feinde der USA gerieten in die manichäische Falle: nach den Indianern die Franzosen und die Engländer – im ersten politischen Bestseller der USA, in Thomas Paines „Common Sense", und in der von Thomas Jefferson verfassten Unabhängigkeitserklärung verkörperte der englische König George III. das böse Prinzip –, dann die Spanier und die Mexikaner, im 20. Jahrhundert vornehmlich die Deutschen, Japaner, Russen, Chinesen, Nordvietnamesen und Iraker.

Seit dem 11. September 2001 sitzen die Terroristen und fundamentalistischen Islamisten in dieser Falle. Der neue Feind schuf wieder Klarheit. Auf dem Kompass des amerikanischen Globalismus gab es einen neuen Nordpol. Die Unübersichtlichkeit der Weltlage und die damit teilweise verbundene Ratlosigkeit der U.S.-Weltpolitik in der Amtszeit von Präsident Clinton verflüchtigten sich. Die manichäische Falle des amerikanischen Sendungsbewusstseins ist wieder besetzt, eben durch den internationalen Terrorismus. Der amerikanische Globalismus ruht erneut auf der Trias von Furcht vor einem „Reich des Bösen", globalen Interessen und der Missionsidee der Freiheit.

Der tief sitzende Manichäismus von Präsident Bush, die Scheidung der Welt in Gut und Böse, ist keine aufgesetzte, öffentliche Geste, sondern gehört zum Kern seines politischen Weltbildes. Der Krieg sei, so Bush schon unmittelbar nach dem 11. September gegenüber seinen engsten Beratern, ein monumentaler Kampf zwischen Gut und Böse, ein Kreuzzug, der seine Präsidentschaft und sein Bild in der Geschichte bestimmen werde. Bushs Hauptredenschreiber Michael Gerson bezeugt, er habe den Präsidenten noch nie so voller Leidenschaft erlebt wie bei der Vorbereitung seiner Rede vom 20. September 2001, die er und seine Kollegen auf Anregung von Bush einige Mal umschreiben mussten und die Bush selbst Zeile für Zeile korrigierte. Mit Emphase erklärte Bush zwei Tage vor der Rede gegenüber Gerson: „Dies wird meine Präsidentschaft bestimmen." Nach der Rede, die von 80 Millionen der 281 Millionen

Amerikaner auf dem Bildschirm live verfolgt wurde, sagte Bush zu Gerson: „Ich habe mich noch nie in meinem Leben so mit mir im Reinen gefühlt." Bush hatte seine Mission gefunden: die Vernichtung des Bösen, wenn nötig in einem langen Krieg; die Gewährleistung der zukünftigen Sicherheit der USA durch präventive Einsätze, wenn nötig überall auf der Welt, und strengste Sicherheitsmaßnahmen im Lande selbst. Dieser Krieg kann lange dauern, wenn nötig, so lange wie der Zweite Weltkrieg oder der Kalte Weltkrieg. Für Bush darf sich der 11. September nicht wiederholen. Deshalb erklärte Bush am 20. September vor dem Kongress:

> „Dies ist nicht nur Amerikas Kampf. Was auf dem Spiel steht, ist nicht allein Amerikas Freiheit. Dies ist der Kampf der gesamten Welt. Dies ist der Kampf der Zivilisation, dies ist der Kampf aller, die an Fortschritt und Pluralismus, Toleranz und Freiheit glauben (...) Die zivilisierte Welt schart sich um Amerika. Sie weiß, dass ihre Städte, ihre Bürger die nächsten sein könnten, wenn dieser Terror ungestraft bleibt (...) Der Verlauf dieses Konfliktes ist noch ungewiss, aber sein Ausgang ist sicher. Freiheit und Angst, Gerechtigkeit und Grausamkeit befinden sich stets im Krieg, und wir wissen, dass Gott in ihrem Kampf kein neutraler Beobachter ist. Meine Mitbürger, wir werden der Gewalt mit geduldiger Gerechtigkeit begegnen – in dem sicheren Bewusstsein, dass unser Anliegen richtig ist, und im Vertrauen auf kommende Siege. In allem, was vor uns liegt, möge Gott uns Weisheit schenken; und möge ER über die Vereinigten Staaten von Amerika wachen."[3]

Jeder, der die Selbstzeugnisse der Ideologen der amerikanischen Weltvorherrschaft – der sogenannten „Neokonservativen" – und die offizielle Weltdeutung des Weißen Hauses vom September 2002 (s. u.) liest, entdeckt sofort, dass es ganz falsch wäre, nur die machtpolitischen Passagen über die neue amerikanische Unilateralität zu zitieren und die Zivilreligion der Freiheit lediglich als Rhetorik oder falsches Bewusstsein zu deuten, wie es im säkularisierten Europa und Deutschland zum guten Ton gehört. Die machtpolitische Realität USA wird auch von der Regierung Bush als Vision und Idee verstanden.

„Revolutionär" sind diese Konservativen in dem Sinne, dass sie nach dem Ende der bipolaren Welt des Kalten Krieges das Kernprinzip ihrer eigenen Verfassung, die Gewaltenteilung und Gewaltenverschränkung („checks and balances"), in der internationalen Politik aufheben und die USA als einzig verbliebene und konkurrenzlose Supermacht auf Dauer etablieren wollen. Das ist in der Tat eine revolutionäre Utopie, entworfen gegen alle Erfahrung und Wahrscheinlichkeit. Diese Utopie ist zugleich von tiefer Angst getrieben, von der Angst vor dem Chaos, der Unübersichtlichkeit und Pluralität der Welt, ja vor dem Teufel und den Kräften des Bösen. In den Tiefenschichten dieser scheinbar kalten Machtpolitiker lauert die Angst vor dem Ende des amerikanischen Traums. Und nicht von ungefähr gibt es Anzeichen dafür, dass auch innenpolitisch mit der schleichenden Erosion bürgerlicher Freiheiten das Prinzip der Gewaltenteilung aufgeweicht werden könnte.

Wer diese „konservativen Revolutionäre" verstehen will, muss sich nur die Mühe machen, gut hundert Seiten Text zu lesen, die öffentlich und über das Internet zugänglich sind: erstens ein zusammenfassendes Strategiepapier der Weltvorherrschaftsdenker, das im und für den Wahlkampf 2000 veröffentlicht wurde; ein Papier für eine zukünftige Pax Americana, das an – brutaler – Deutlichkeit und Klarheit nichts zu wünschen übrig lässt (Rebuilding America's Defenses 2000). Und zweitens das offizielle, vom Weißen Haus publizierte Memorandum zur nationalen Sicherheit vom 17. September 2002 (Nationale Sicherheitsstrategie 2002).

Der wahlkämpferische Ausgangspunkt der konservativen Strategen im Jahre 2000 war eine Kritik an der aus ihrer Sicht unzusammenhängenden und ratlosen Außenpolitik Clintons nach dem Ende des Kalten Krieges. Die Zeit des Experimentierens und des Herumtastens sei vorbei. Clinton habe keine Vision für die zukünftige Rolle Amerikas in der Welt gehabt. Die Tragödien des 20. Jahrhunderts hätten zur Genüge bewiesen, was geschähe, wenn die USA die Dinge treiben ließen und nicht die Führungsaufgabe in der Welt übernähmen – eine klare Anspielung auf die Politik der USA in der Zeit zwischen den beiden Weltkriegen. Die USA hätten eine vitale Rolle zu spielen, um den Frieden und die Sicherheit in Europa, Asien und im Mittleren Osten aufrechtzuerhalten.

Die politische Konsequenz dieser neuen Ortsbestimmung Amerikas war die Forderung nach einer gewaltigen Aufrüstung und Modernisierung der amerikanischen Streitkräfte, eine Reorganisation des Pentagons eingeschlossen. Diese Chance könne auch deshalb genutzt werden, weil es zum ersten Male seit vierzig Jahren einen laufenden Überschuss im Bundeshaushalt gäbe. Während Präsident Clinton angekündigt hatte, diesen Überschuss in der Zukunft für den Ausbau der sozialen Sicherungssysteme zu verwenden, sahen die neuen Strategen darin eine goldene Gelegenheit, um die Militärausgaben der Zukunft zu finanzieren.

Präsident Bush ist in seiner tatsächlichen Politik genau diesem Meisterplan gefolgt. Die öffentlichen Äußerungen von Verteidigungsminister Rumsfeld waren bis zum Schlamassel im Irak, soweit sie sich nicht auf aktuelle Lagen bezogen, Variationen auf diese Grundmelodie, oft Hymnen auf die neue Qualität und zukünftige globale Bedeutung der amerikanischen Streitkräfte. Die Blitzsiege gegen Afghanistan und den Irak waren aus der Sicht der konservativen Revolutionäre triumphale Bestätigungen der neuen Strategie.

Ein weiteres Leitmotiv der konservativen Revolutionäre war schon Anfang der neunziger Jahre eine scharfe Kritik an der Nahost-Politik Bushs des Älteren und Clintons. Sie hielten es für einen strategischen Fehler erster Ordnung, Saddam Hussein und sein Regime nicht gestürzt zu haben, als sich 1991 im ersten Golfkrieg die Chance dafür geboten hatte. Denn aus ihrer Sicht musste die gesamte Region von Grund auf neu gestaltet werden, wenn die USA ihre strategischen Interessen langfristig sichern wollten und der israelisch-palästinensische Konflikt nach über fünfzig Jahren erfolgloser Krisendiplomatie gelöst werden sollte.

Aufgrund dieser schon in den neunziger Jahren formulierten Strategie gibt es gute Gründe für die Vermutung, dass die offizielle Rechtfertigung des Angriffes gegen den Irak vor der UNO und der Welt, eine Bedrohung der USA durch Massenvernichtungswaffen, nur vorgeschoben war und der Angriff als Teil eines strategischen Gesamtplanes zur Neuordnung im Nahen Osten gedeutet werden muss. Die von den Geheimdiensten zusammengebastelte Bedrohungsanalyse hatte den gleichen Zweck wie Roosevelts Behauptungen im Jahre 1941, dass die Nationalsozialisten Lateinamerika unter ihre Kontrolle und letzten Endes die USA selbst angreifen wollten. Wieder einmal wurden die Gefahren für die Sicherheit der USA und der westlichen Hemisphäre übertrieben, um die amerikanische Bevölkerung in Angst und Schrecken zu versetzen.

Der mit dieser möglichen Täuschung und dem Bruch des Völkerrechts verbundene weltweite Ansehensverlust der USA trifft allerdings auf eine Regierung, die nicht nur die alleinige Macht hat zu handeln, sondern sich auch moralisch im Recht fühlt. Denn während in dem strategischen Grunddokument aus dem Jahre 2000 mehr von Macht als von Mission die Rede ist, eröffnet Präsident George W. Bush die nationale Sicherheitsstrategie vom 17. September 2002 mit einem Manifest der naturrechtlich begründeten, zivilreligiösen Mission der Freiheit, ein Motiv, das das ganze Dokument durchzieht:

„Die großen Auseinandersetzungen des 20. Jahrhunderts zwischen Freiheit und Totalitarismus endeten mit einem deutlichen Sieg für die freiheitlichen Kräfte und einem einzigen nachhaltigen Modell für nationalen Erfolg: Freiheit, Demokratie und freies Unternehmertum. Im 21. Jahrhundert werden nur diejenigen Nationen das Potenzial ihrer Bürger freisetzen und zukünftigen Wohlstand sichern können, die sich dem Schutz grundlegender Menschenrechte und der Gewährleistung politischer und wirtschaftlicher Freiheit verpflichtet haben. Menschen auf der ganzen Welt wollen das Recht der freien Rede, sie wollen ihre Regierung wählen können, ihre religiöse Überzeugung leben und ihren Kindern eine Schulbildung ermöglichen – seien es nun Jungen oder Mädchen –, Eigentum besitzen und die Früchte ihrer Arbeit genießen. Diese Werte der Freiheit sind für alle Menschen und in jeder Gesellschaft richtig und wahr, und die Pflicht, diese Werte gegen Feinde zu verteidigen, ist die gemeinsame Aufgabe aller freiheitsliebenden Menschen überall auf der Welt und zu allen Zeiten“ (Nationale Sicherheitsstrategie 2002, S. 113).

An anderen Stellen des Dokumentes heißt es: „Schließlich werden die Vereinigten Staaten die Gunst der Stunde nutzen, um die Vorzüge der Freiheit in der ganzen Welt zu verbreiten." „Freiheit ist eine nicht verhandelbare Forderung menschlicher Würde, das Geburtsrecht jedes Menschen in jeder Zivilisation." „Die Vereinigten Staaten müssen Freiheit und Gerechtigkeit verteidigen, denn diese Prinzipien sind für alle Menschen überall wahr und richtig" (ebd., S. 114ff.).

Bekanntlich ist die überwiegende Mehrheit der amerikanischen Versuche gescheitert, durch oder nach einer militärischen Intervention demokratische Regime zu gründen und langfristig zu festigen. Nach einer neuen Studie (Pei/Kasper 2003) sind von 16 Versuchen dieser Art im 20. Jahrhundert nur vier, nämlich in Westdeutschland und Japan, mit einigen Abstrichen in den Kleinstaaten Grenada und Panama, erfolgreich gewesen. Erfolgreich bedeutet, dass zehn Jahre nach Abzug der U.S.-Truppen noch immer eine Demokratie existierte. Auch aus dieser Perspektive gehört die Demokratisierung der alten Bundesrepublik zu den größten Erfolgsgeschichten der U.S.-Außenpolitik im 20. Jahrhundert. Es kommt nicht von ungefähr, dass Präsident Bush in der Vorgeschichte des Irakkrieges ständig den Vergleich mit Deutschland und Japan im Munde führte.

Dieser Vergleich wird sich mit an Sicherheit grenzender Wahrscheinlichkeit als falsch erweisen. Der Irak und vermutlich auch Afghanistan werden die lange Liste gescheiterter amerikanischer Versuche verlängern, Völkern und Staaten mit Gewalt die Freiheit zu bringen: Haiti, Kambodscha, Südvietnam, die Dominikanische Republik, Kuba, Nicaragua und Panama von 1903 bis 1936. Diese Einschätzung gilt unabhängig von der Frage, ob die USA die Autorität und die Kosten eines solchen Versuches der UNO überlassen oder im Alleingang „nation building" betreiben.

Das wird die USA aber nicht daran hindern, es immer wieder zu versuchen. Denn es gehört zum Wesen der weltlichen Utopie, dass sie, wie die Religion, ihren utopischen Überschuss, ihren Hoffnungskern, nicht durch die schlechte Wirklichkeit und leidige Tatsachen zerstören lässt. Das gilt auch für Amerikas zivilreligiöse Sendungsidee der Freiheit. Die Hoffnung auf eine bessere Zukunft, der Glaube an eine neue Chance, den Fortschritt und die Verbesserung des Menschengeschlechtes prägen dieses Sendungsbewusstsein. Auch Bush gehört zu den Generationen von Amerikanern, die die Geschichte des eigenen, auserwählten Volkes als eine Erfolgsgeschichte zu immer mehr Freiheit hin interpretieren. Im Sicherheitsmemorandum heißt es:

„Unsere eigene Geschichte ist die eines langen Kampfes, um unseren eigenen Idealen gerecht zu werden. Aber selbst in den schlimmsten Augenblicken waren die in der Unabhängigkeitserklärung festgeschriebenen Grundsätze unser Leitfaden. Im Ergebnis sind die Vereinigten Staaten nicht nur eine stärkere, sondern auch eine freiere und gerechtere Gesellschaft" (Nationale Sicherheitsstrategie 2002, S. 117).

Präsident Bush ist offensichtlich zutiefst davon überzeugt, dass es seine Mission sei, diese amerikanischen Werte zu universalisieren. In dem programmatischen Anspruch des Memorandums, die Zonen freier und marktwirtschaftlicher Staaten zu erweitern, gibt es eine große, gemeinsame Schnittmenge mit den Politiken seiner Vorgänger, von Woodrow Wilson bis Bill Clinton. Im Gegensatz zu seinem eher pragmatischen Vater, der große Probleme mit dem „Visions-Ding" hatte, vertraute Bush dem Journalisten Bob Woodward in einem Gespräch auf seiner Ranch in Texas an, sein größter Wunsch sei es, für den „Weltfrieden" zu kämpfen. Jeder Mensch habe die Fähigkeit, die Erde besser zu verlassen, als er sie vorgefunden habe (Woodward 2003, S. 374 ff.). Wie die Präsidenten Woodrow Wilson oder Franklin D. Roosevelt hätte er keine Mühe, ein berühmtes Wort Abraham Lincolns auf globale Maßstäbe zu übertragen: Die Welt könne nicht halb frei und halb versklavt sein. Auf die Diskrepanz zwischen Ideal und Wirklichkeit angesprochen könnte er, ähnlich wie Roosevelt 1943, seinen Kritikern, die die Ideale seiner „vier Freiheiten" und der Atlantikcharta für unsinnig, weil nicht realisierbar hielten, entgegnen: Wenn diese Leute vor 150 Jahren gelebt hätten, hätten sie die Unabhängigkeitserklärung verhöhnt, fast tausend Jahre zuvor hätten sie über die Magna Charta gelacht und mehrere tausend Jahre zuvor ihren Spott über Moses ausgegossen, als er mit den Zehn Geboten vom Berge kam (Junker 1989, S. 133 f.).

In der Tat hat George W. Bush seinen Gegnern ähnlich geantwortet:

„Heutzutage sind diese Ideale ein Rettungsanker für die einsamen Verteidiger der Freiheit. Wenn es zur Öffnung einer Gesellschaft kommt, können wir die Veränderungen unterstützen, so wie wir das zwischen 1989 und 1991 in Mittel- und Osteuropa oder im Jahr 2000 in Belgrad getan haben. Wenn wir erleben, wie demokratische Prozesse bei unseren Freunden in Taiwan oder in der Republik Korea Fuß fassen und wie gewählte Politiker die Generäle in Lateinamerika und Afrika ersetzen, dann sehen wir Beispiele dafür, wohin sich autoritäre Systeme entwickeln können, wenn Geschichte und Tradition eines Landes eine Verbindung mit den Grundsätzen eingehen, die uns so sehr am Herzen liegen" (Nationale Sicherheitsstrategie 2002, S. 117).

Es ist deshalb überaus bezeichnend, wie der Präsident Macht und Vision in der besseren Zukunft vereinen will. Das Ziel seiner Außenpolitik, so heißt es in dem Sicherheitsmemorandum mehrfach, sei „ein die Freiheit begünstigendes Kräftegleichgewicht". Es sei das Ziel dieser Strategie, die Welt nicht nur sicherer, sondern besser zu machen. Selbst der israelisch-palästinensische Konflikt könne nur auf der Grundlage der Freiheit gelöst werden: „Im Nahen Osten kann es für keine Seite Frieden geben, ohne dass auf beiden Seiten Freiheit herrscht" (ebd., S. 120).

Eingelagert in diese Vision von Freiheit ist der harte, machtpolitische Entwurf der U.S.-Weltvorherrschaft, die Zukunft eines Staates, der notfalls allein, ohne Rücksicht auf das Völkerrecht und „vorbeugend" („preemptive") handeln wird. „Die Vereinigten Staaten werden gegebenenfalls präemptiv handeln, um solche feindlichen Akte unserer Gegner zu vereiteln oder ihnen vorzubeugen" (ebd., S. 125).

Ihre Kraft gewinnt diese Sendungsidee der Freiheit allerdings erst dadurch, dass Bush nicht allein den innerweltlich begründeten Fortschritt zu immer mehr Freiheit vorantreiben will, sondern diesen Fortschritt auch im Namen Gottes verkündet. Erst diese Verbindung macht die Idee der Freiheit zu einer zivil*religiösen* Mission, macht Bush zu einem Freiheitskrieger im Namen Gottes oder Gotteskrieger im Namen der Freiheit. Er steht damit in der ältesten Tradition Amerikas.[4]

Es handelt sich keineswegs, wie der ehemalige deutsche Bundespräsident Johannes Rau vermutet, um ein „grandioses Missverständnis", wenn Präsident Bush von der göttlichen Mission Amerikas spricht, sondern um ein Kernelement amerikanischer Identität. Trotz der Trennung von Staat und Kirche sind die USA ein religiöses Land mit einer unendlichen Vielfalt von Kirchen und Gottesvorstellungen.

Je nach Perspektive kann man die zivilreligiöse Sendungsidee der Freiheit für eine besonders gelungene Verbindung von Christentum und Aufklärung halten, als stecken gebliebene Verweltlichung der USA bedauern oder, wie der Papst, zahllose Repräsentanten evangelischer Kirchen und Millionen von Christen in der Welt die göttliche Rechtfertigung amerikanischer Kriege als theologischen Skandal verurteilen; die Aufgabe des Historikers ist es nicht, zu richten, sondern zu beschreiben und zu erklären.

Seit Jahrhunderten sind besonders die europäischen Besucher der USA immer wieder verwundert und betroffen über die öffentliche Tugendreligion des Landes, über eine Mischung von gesundem Menschenverstand, protestantischer Theologie und christlichem Republikanismus. Am Anfang des 19. Jahrhunderts staunte zum Beispiel ein liberaler katholischer Edelmann aus Frankreich, Alexis de Tocqueville: „Der Protestantismus ist eine demokratische Lehre, die der Errichtung der gesellschaftlichen und politischen Gleichheit vorhergeht und sie erleichtert. Die Menschen haben gewissermaßen die Demokratie durch den Himmel geführt, bevor sie sie auf Erden errichteten" (Alexis de Tocqueville, zit. nach Kallscheuer 2003). Ein Jahrhundert später bezeichnete der englische Schriftsteller J. K. Chesterton Amerika als „Nation mit der Seele einer Kirche".

Präsident Bush der Jüngere unterscheidet sich von vielen seiner Vorgänger, auch von seinem Vater, nur in der Eindringlichkeit, mit der er den Namen

Gottes im Munde führt und zugleich für seine politischen Zwecke nutzt. Präsident George W. Bush hatte im Jahr 1986, im Alter von 40 Jahren, ein paulinisches Bekehrungserlebnis.[5] Seitdem studiert er im Freundeskreis die Bibel und wird nicht müde, öffentlich Zeugnis von seiner, durch die Erschütterung seiner Seele, erfahrenen Wiedergeburt zu geben. Diese befreite ihn vom Alkohol und rettete vermutlich seine Ehe. Seit dieser Wiedergeburt führt er ein gottgefälliges, diszipliniertes, gesundes und zielstrebiges Leben. Aus dem Sohn eines prominenten Vaters mit nur mäßigen Erfolgen in Studium und Beruf, der in Krisenzeiten immer auf die finanzielle Protektion der reichen Freunde seines einflussreichen Vaters vertrauen konnte, wurde ein erfolgreicher Gouverneur von Texas, der es schaffte, aus dieser Position heraus Präsident der Vereinigten Staaten und damit der mächtigste Mann der Welt zu werden. Bush scheint diesen Erfolg durchaus mit seiner Wiedergeburt in Verbindung zu bringen.

Vermutlich hat Präsident Bush am und durch den 11. September eine zweite, politische Wiedergeburt erlebte. Der durch Wahlschlamperei und Wahlmanipulationen halblegitim ins Amt gekommene Bush, dessen Präsidentschaft vor dem 11. September ohne beeindruckende Konturen blieb, unter abnehmender Zustimmung und – durch einen Überläufer – unter dem Verlust der Republikanischen Mehrheit im Senat litt, hat im Kampf gegen den Terrorismus seine neue weltgeschichtliche Mission der Freiheit im Namen Gottes gefunden.

Seine Wiedergeburt erwies sich auch innenpolitisch als außerordentlich opportun. Sie gab ihm Zugang zu der christlichen Rechten und zu der evangelikalen Erweckungsbewegung, die, vom Süden der USA ausgehend, in den letzten 30 Jahren zu einer politischen Macht geworden sind, die immer mehr Schlüsselpositionen in Washington besetzen. Man kann diese Erweckungsbewegung als die vierte ihrer Art in der Geschichte der Kolonien und der USA ansehen. „Erwachen und Umkehr“ blieben dabei nie auf den privaten Bereich beschränkt, sondern beeinflussten jedes Mal das amerikanische Gemeinwesen und erzeugten eine spirituell geprägte Öffentlichkeit. Die erste Erweckungsbewegung im 18. Jahrhundert gehörte zu den Voraussetzungen der Amerikanischen Revolution, die zweite Erweckungsbewegung zu Beginn des 19. Jahrhunderts speiste die allgemeine Demokratisierung der USA und die Energien der Abolitionisten, einer weitgehend christlich geprägten Freiheitsbewegung gegen die Sklaverei. Die dritte Bewegung verkündete ein „soziales Evangelium“, das sich besonders im sozialpolitischen Programm des New Deal unter Präsident Franklin D. Roosevelt in den 30er Jahren des 20. Jahrhunderts niederschlug.

Was das Ergebnis dieser vierten Erweckungsbewegung sein wird, ist noch schwer abzusehen. Fest steht nur, dass Präsident Bush bald nach seiner Wiedergeburt entdeckte, wie nützlich diese auch politisch für die Konsolidierung und Verbreiterung seiner Machtbasis und der Republikaner zunächst in Texas, dann in den USA war. Auch in diesem Sinne verkörpert Bush die Symbiose von Macht und Mission. Seine Reden sind gespickt mit Bibelzitaten, im Weißen Haus und im Kabinett wird viel gebetet. Er unterstützt politische Forderungen glaubensgestützter („faith-based") Organisationen, zum Beispiel nach finanzieller Hilfe für konfessionelle Schulen. Eine solche Politik ist angesichts der Trennung von Staat und Kirche politisch und verfassungsrechtlich außerordentlich umstritten.

Der Methodist George W. Bush scheint allerdings nicht zu den Millionen von Amerikanern zu gehören, die angesichts des 11. September 2001 wieder einmal in der Naherwartung des Weltuntergangs leben und jedermann zur Umkehr auffordern, bevor es zu spät ist. Er hat sich auch nicht in die Diskussion zwischen den „Vor-Millennariern" und den „Nach-Millennariern" eingeschaltet, die sich heftig darüber streiten, ob das Tausendjährige Reich vor oder nach der Wiederkunft Christi errichtet werde. Allerdings entfachte er 1993 einen kleinen Sturm der Entrüstung, als er einem – jüdischen – Reporter erklärte, nur diejenigen kämen in den Himmel, die an Jesus glaubten.

Für die Welt außerhalb der USA ist von Bedeutung, dass George W. Bush Kraft, Entschlossenheit und ein gewisses Maß an Schicksalsergebenheit aus seinem Glauben gewinnt. Er meint, was er sagt, wenn er am 28. Januar 2003 in seinem Bericht über die Lage der Nation (und der Welt) verkündet: „Die Freiheit, die wir so hochschätzen, ist nicht das Geschenk Amerikas an die Welt, sondern das Geschenk Gottes an die Menschheit."[6] Präsident Bush, weder ein Theologe noch ein Intellektueller, weder besonders gebildet noch in freier Rede der amerikanischen Sprache besonders mächtig, ist in seinem Land ein populärer Präsident. Er ist bei der Mehrheit der Amerikaner nicht nur deshalb beliebt, weil er handelt, Führungsstärke zeigt und mit Hilfe der Medienberater und Massenmedien seine Präsidentschaft perfekt inszeniert, sondern auch, weil er die Dreieinigkeit Amerikas glaubhaft repräsentiert: Gott, Vaterland und Freiheit. Wie lange diese Unterstützung des amerikanischen Präsidenten durch das amerikanische Volk andauern und ob es ihm tatsächlich gelingen wird, eine amerikanische Weltvorherrschaft auf längere Zeit zu befestigen, kann niemand voraussagen. Denn Prognosen über die Zukunft könnte es nur geben, wenn es keine Zukunft mehr gäbe …

Anmerkungen

1 Gekürzter und aktualisierter Auszug aus: Detlef Junker, Power and Mission: Was Amerika antreibt. Freiburg i. Br. 2003. Mit freundlicher Genehmigung des Herder-Verlags.

[2] Vgl.: http://www-news.uchicago.edu/releases/98/980630.patriotism.shtml.

[3] Die deutsche Übersetzung nach: Frankfurter Allgemeine Zeitung, 22. 9. 2001, Nr. 221, S. 8.

[4] Vgl. Aus der uferlosen Literatur zu diesem Thema besonders: Noll 2002, Stephanson 1995 und Adas 2001. Für weitere Literatur vgl. Krakau 2001.

[5] Eine gute, zusammenfassende Reportage zu diesem Problem ist die Titelgeschichte von: „Newsweek" vom 10. März 2003: „Bush & God. How Faith Changed His Life and Shapes His Agenda", S. 14–21.

[6] The President's State of the Union Adress vom 28. 1. 2003 (http://www.whitehouse.gov/news/releases/2003/20030128–19.html).

Literatur

Adas, Michael: From Settler Colony to Global Hegemon: Interpreting the Exceptionalist Narrative of the American Experience into World History. In: American Historical Review 106/5, 2001, S. 1692–1720.

Ambrosius, Lloyd E.: Wilsonianism. Woodrow Wilson and His Legacy in American Foreign Relations. New York D.C. 2002.

Daalder, Ivo H./Lindsay, James M.: America Unbound. The Bush Revolution in Foreign Policy. Washington 2003.

Dallek, Robert: The American Style of Foreign Policy. Cultural Politics and Foreign Affairs. New York 1983.

Halper, Stefan/Clarke, Jonathan: America Alone. The Neo-Conservatives and the Global Order. New York 2004.

Hunt, Michael H.: Ideology and U.S. Foreign Policy. New Haven 1987.

Hutcheson, Richard G. Jr.: God in the White House. How Religion Has Changed the Modern Presidency. New York/London 1988.

Hutchinson, William R.: Errand to the World. American Protestant Thought and Foreign Missions. Chicago 1987.

Junker, Detlef: Franklin D. Roosevelt. Macht und Mission: Präsident in Krisenzeiten. Göttingen [2]1989.

Kallscheuer, Otto: Erwachen. Ein nötiger Blick auf die amerikanische Zivilreligion. In: Neue Zürcher Zeitung, 12. April 2003.

Kamphausen, Georg: Ideengeschichtliche Ursprünge und Einflüsse. In: Willi Paul Adams et al. (Hrsg.), Länderbericht USA. 2 Bde. Bonn [2]1992, Bd. 1, S. 259–280.

Krakau, Knud: Exzeptionalismus – Verantwortung – Auftrag. Atlantische Wurzeln und politische Grenzen der demokratischen Mission Amerikas. In: Alois Mosser (Hrsg.), „Gottes auserwählte Völker". Erwählungsvorstellungen und kollektive Selbstfindung in der Geschichte. Frankfurt a. M. 2001, S. 89–116.

McDougall, Walter A.: Promised Land, Crusader State. The American Encounter with the World since 1776. Boston 1997.

Mead, Walter Russell/Leone, Richard C.: Special Providence. American Foreign Policy and How It Changed the World. New York 2001.

Nationale Sicherheitsstrategie der USA vom 17. September 2002. In: Internationale Politik 12, 2002, S. 113–138 (gekürzte deutsche Fassung des amerikanischen Textes: The National Security Strategy of the United States of America, September 2002, the White House, Washington D.C.; www.whitehouse.gov/news/releases/2002/10/200211001–6.html).
Noll, Mark A.: America's God. From Jonathan Edwards to Abraham Lincoln. Oxford 2002.
Pei, Minxin/Kasper, Sara: Lessons from the Past. The American Record on Nation Building. Carnegie Endowment for International Peace, Policy Brief, 24. Mai 2003.
Pierard, Richard V./Linder, Robert D. (Hrsg.): Civil Religion and the Presidency. Grand Rapids, Mich. 1988.
Rebuilding America's Defenses. Strategy, Forces and Resources For a New Century. A Report of The Project for the New American Century, September 2000, 76 Seiten (http://www.newamericancentury.org/RebuildingAmericasDefenses.pdf.).
Smith, Tony: America's Mission. The United States and the Worldwide Struggle for Democracy in the Twentieth Century. Princeton, N.J. 1994.
Spillmann, Kurt L.: Amerikas Ideologie des Friedens. Ursprünge, Formwandlungen und geschichtliche Auswirkungen des amerikanischen Glaubens an den Mythos von einer friedlichen Weltordnung. Bern 1984.
Stephanson, Anders: Manifest Destiny. American Expansionism and the Empire of Right. New York 1995.
Tuveson, Ernest Lee: Redeemer Nation. The Idea of America's Millennial Role. Chicago 1968.
Woodward, Bob: Bush at War. Amerika im Krieg. Stuttgart/München 2003.

Die Autoren

MANFRED BERG, geb. 1959, Studium der Geschichte und Politikwissenschaft an der Universität Heidelberg, 1988 Promotion im Fach Neuere Geschichte, 1998 Habilitation an der FU Berlin. 1989–1992 wissenschaftlicher Mitarbeiter am John F. Kennedy-Institut der FU Berlin, 1992–1997 wissenschaftlicher Mitarbeiter am Deutschen Historischen Institut in Washington. Seit 1998 Privatdozent an der FU Berlin und seit 2003 Leiter des Zentrums für USA-Studien an der Stiftung Leucorea der Universität Halle-Wittenberg. Forschungsschwerpunkte liegen in der Politik- und Verfassungsgeschichte der USA.

Veröffentlichungen u.a.: The Ticket to Freedom. Die NAACP und das Wahlrecht der Afro-Amerikaner. Frankfurt a.M. 2000 (engl. Gainesville, Fl. 2005); Two Cultures of Rights. The Quest for Inclusion and Participation in Modern America and Germany (Hrsg. zus. mit Martin H. Geyer), New York 2002; Deutschland und die USA in der internationalen Geschichte des 20. Jahrhunderts (Hrsg. zus. mit Philipp Gassert), Stuttgart 2004.

MANFRED BROCKER, geb. 1959, Studium der Politikwissenschaft, Volkswirtschaftslehre und Philosophie an den Universitäten Aachen, Oxford und Köln. 1990 Promotion in Philosophie, 1993 Promotion in Politischer Wissenschaft. 2002 Habilitation an der Universität zu Köln. 1994–2002 Wissenschaftlicher Assistent an der Universität zu Köln, 1997–1998 Visiting Fellow an der Yale University. 2003–2004 Lehrstuhlvertretungen in Mannheim und München. 2004/05 Otto von Freising-Gastprofessur an der KU Eichstätt. Forschungsschwerpunkte: Politische Theorie und Philosophie, Politik und Religion, das politische System der USA.

Veröffentlichungen u.a.: Kants Besitzlehre. Würzburg 1987; Arbeit und Eigentum. Der Paradigmenwechsel in der neuzeitlichen Eigentumstheorie. Darmstadt 1992; Ethnozentrismus (Hrsg. zus. mit Heino Nau), Darmstadt 1997; Protest – Anpassung – Etablierung. Die Christliche Rechte im Politischen System der USA. Frankfurt a.M. 2004.

JENS BORCHERT, geb. 1961, Studium der Politikwissenschaft, Journalistik und Amerikanistik an der Universität Hamburg. Postgraduiertenstudium an der New School for Social Research in New York, Promotion an der Universität

Göttingen, Habilitation an der Universität der Bundeswehr Hamburg. Zur Zeit Lehrstuhlvertreter an der Universität Potsdam. Forschungsschwerpunkte: vergleichende Demokratieforschung, vergleichende Wohlfahrtsstaatsforschung.

Veröffentlichungen u.a.: Die konservative Transformation des Wohlfahrtsstaates. Frankfurt a.M. 1995; Die Professionalisierung der Politik. Zur Notwendigkeit eines Ärgernisses. Frankfurt a.M. 2003; The Political Class in Advanced Democracies (Hrsg. zus. mit Jürgen Zeiss), Oxford 2003; Die Bekämpfung der Unsicherheit: Politikerkarrieren und Karrierepolitik in der Bundesrepublik Deutschland, in: Politische Vierteljahresschrift 44, 2003, S.148–173 (zus. mit Klaus Stolz).

Detlef Junker, geb. 1939, Studium der Geschichte, Politikwissenschaft, Philosophie und Germanistik an den Universitäten Kiel und Innsbruck. 1967 Promotion in Kiel, 1974 Habilitation in Stuttgart. 1975–1994 Professor für Neuere Geschichte, 1999–2004 Curt-Engelhorn-Stiftungsprofessor für Amerikanische Geschichte am Historischen Seminar der Universität Heidelberg; 1994–1999 Direktor des Deutschen Historischen Instituts in Washington D.C.; 2003 Gründungsdirektor des interdisziplinären Heidelberger Centrums für Amerikastudien (HCA). Regelmäßige Lehr- und Forschungsaufenthalte in den USA. Forschungsschwerpunkte: Amerikanische Geschichte des 20. Jahrhunderts, Internationale Beziehungen des 20. Jahrhunderts, Geschichte der deutsch-amerikanischen Beziehungen.

Veröffentlichungen u.a.: Von der Weltmacht zur Supermacht. Amerikanische Außenpolitik im 20. Jahrhundert. Mannheim 1995; Die USA und Deutschland im Zeitalter des Kalten Krieges, 1945–1990. 2 Bde. (Hrsg.), Stuttgart/München 2001; Power and Mission. Was Amerika antreibt. Freiburg ^{2}2003.

Carin Leigh Larson, geb. 1978, Studium der Politik- und Kommunikationswissenschaften am Bethel College und der Georgetown University in Washington D.C.; z.Zt. Wissenschaftliche Mitarbeiterin und Doktorandin am dortigen Seminar für Politikwissenschaft. Dissertation zum Thema: „Politik, Religion und Medien“. Praktika u.a. bei der Heritage Foundation und verschiedenen Zeitungen.

Vorträge u.a.: The Face of Reality: Minorities in Network News (zus. mit Kim Gross), auf der Jahrestagung der „Midwest Political Science Association“, Chicago 2002.

Veröffentlichungen u.a.: Beyond Belief: Political Mobilization of Religion and Religious Mobilization into Politics (zus. mit Clyde Wilcox), in: J. Matthew Wilson (Hrsg.), Faith and Politics in the American Religious Mosaic: Trends and Prospects for a New Millennium (i. E.).

Berndt Ostendorf, geb. 1940, Studium der Geschichte, Philosophischen Anthropologie und Anglistik an den Universitäten Freiburg, Glasgow und Philadelphia. Seit 1981 Professor für Nordamerikanische Kulturgeschichte und Direktor des Amerika-Instituts an der Universität München. Gastprofessuren an der University of Massachusetts, Harvard University, University of New Orleans und der Venice International University.

Veröffentlichungen u. a.: Multikulturelle Gesellschaft – Modell Amerika? (Hrsg.), Paderborn 1994; Transnational America: The Facing of Borders in the Western Hemisphere (Hrsg.), Heidelberg 2002; Aufsätze zu folgenden Themen: From Liberating Modernism to Subversive Reeducation? The Impact of Jazz on European Culture; Americanization and Anti-Americanism in the Age of Globalization; Gibt es eine (echte) Krise des amerikanischen Liberalismus? Der Versuch einer Anamnese; Why is American popular culture so popular? A view from Europe; Die Rolle der Religion in der amerikanischen Gesellschaft.

Ferdinand Oertel, geb. 1927, Studium der Anglistik, Amerikanistik, Germanistik und Journalistik an den Universitäten Köln und St. Louis (1948–1954). 1952 Stipendiat des „Salzburg-Seminars" der Harvard University. 1955 Promotion in Köln. 1956–1992 Journalist, seit 1980 mit dem Schwerpunkt Kirche, Politik und Medien in den USA. Seit 1990 Redakteur von „Communicatio Socialis – Internationale Zeitschrift für Kommunikation in Religion, Kirche und Gesellschaft". 1995 „Editor in Residence" am Department for Journalism der Marquette University, Minneapolis.

Veröffentlichungen u. a.: „Public Broadcasting" in den USA im Wandel, in: Communicatio Socialis, 3/1998; Die „Electronic Church" in den USA, in: Wort + Antwort, 2/1999; Medien und Moral in den USA, in: Die Politische Meinung, 1/2000; Ringen um Reformen, in: Herder Korrespondenz 57, 2003, S. 510–514; Ein „American Way of Catholicism"?, in: Werner Kremp (Hrsg.), Katholizismus im atlantischen Raum, Trier 2004, S. 143–156.

Rainer Prätorius, geb. 1952, Studium der Politik- und Verwaltungswissenschaft. Professor für Verwaltungswissenschaft an der Universität der Bundeswehr, Hamburg, und Gastprofessor am Department of Political Science der University of Minnesota. Forschungsschwerpunkte: Theoretische Grundlagen der Policy-Analyse, das Verwaltungsermessen im Vergleich konstitutioneller Systeme, Politik und Religion in den USA.

Veröffentlichungen u.a.: Die USA. Politischer Prozess und soziale Probleme. Opladen 1997; Modernisierung des Staates (Hrsg. zus. mit Edgar Grande), Baden-Baden 1997; „In God We Trust“. Religion und Politik in den USA. München 2003; Eine judeo-christliche Wagenburg? Zur gegenwärtigen Situation der Muslime in den USA. In: Michael von Hauff/Ute Vogt (Hrsg.), Islamische und westliche Welt. Marburg/Lahn 2004; U.S.-amerikanische Prägungen der Policy-Forschung. In: Everhard Holtmann (Hrsg.), Staatsentwicklung und Policyforschung. Wiesbaden 2004, S. 75–86.

SÖHNKE SCHREYER, geb. 1961, Studium der Politikwissenschaft, Geschichte und Volkswirtschaftslehre in Freiburg und Frankfurt a.M. Promotion 1995. 1990–2000 wissenschaftlicher Mitarbeiter am Zentrum für Nordamerikaforschung (ZENAF) der Johann Wolfgang Goethe-Universität in Frankfurt; zur Zeit Forschungsprojekt zur Sozial- und Gesundheitspolitik der USA. Forschungsschwerpunkte: Sozial- und Gesundheitspolitik, moderner Interventionsstaat, politische Ideologien, Parteien und Wahlen.

Veröffentlichungen u.a.: Neue Politiker und Parteiströmungen im US-Kongress. Zum Wandel der Struktur politischer Entscheidungsprozesse, 1959–1994. Frankfurt a.M. 1997; Staat, Nation, Demokratie. Traditionen und Perspektiven moderner Gesellschaften (Hrsg. zus. mit Christian Lammert und Marcus Gräser), Göttingen 2001; Supermacht im Wandel. Die USA von Clinton zu Bush (Hrsg. zus. mit Hans-Jürgen Puhle und Jürgen Wilzewski), Frankfurt a.M. 2004.

KENNETH D. WALD, geb. 1949, Studium der Politikwissenschaft an der University of Nebraska und der Washington University, St. Louis. Seit 1983 Professor für Politikwissenschaft an der University of Florida, wo er von 1989–1994 das Seminar für Politische Wissenschaft und von 1999–2004 das Center for Jewish Studies leitete. Gastprofessuren an der Hebräischen Universität Jerusalem, der University of Strathyclyde in Glasgow, der Universität von Haifa sowie Gastvorlesungen und -seminare in der Volksrepublik China und in Deutschland. Forschungsschwerpunkt: das Verhältnis von Politik und Religion in den Vereinigten Staaten, Großbritannien und Israel.

Veröffentlichungen u.a.: The Politics of Cultural Differences: Social Change and Voter Mobilization Strategies in the Post New Deal Period (zus. mit David C. Leege und Brian S. Krueger), Princeton 2002; Religion and Politics in the United States. Lanham, Md. [4]2003.

BRITTA WALDSCHMIDT-NELSON, geb. 1965, Studium der Germanistik, Anglistik, europäischen und amerikanischen Geschichte an der Westfälischen Wilhelms-Universität Münster, an der University of California, Davis, und an der Ludwig-Maximilians-Universität München. 1993 und 1994 Gastwissenschaftlerin am Joint Center for Political and Economic Studies in Washington D.C.; 1997 Promotion in Amerikanischer Kulturgeschichte. Seither wissenschaftliche Assistentin am Amerika-Institut der Universität München.

Veröffentlichungen u. a.: From Protest to Politics: Schwarze Frauen in der Bürgerrechtsbewegung und im Kongreß der Vereinigten Staaten. Frankfurt a. M. 1998; Gegenspieler: Martin Luther King und Malcolm X. Frankfurt a. M. [4]2004; Aufsätze zu folgenden Themen: Sklaverei und Abolitionistenbewegung, Schwarzer Nationalismus, politische Repräsentation von Afroamerikanern, Revolutionszeit, Frauenrechte.

Clyde Wilcox, geb. 1953, Studium der Politikwissenschaft an den Universitäten von West Virginia und Ohio; Promotion 1984. Von 1984–1986 Statistiker für die Federal Election Commission. Seit 1987 Professor an der Georgetown University in Washington D.C. 2000 Ehrendoktorwürde des Kalamazoo College.

Veröffentlichungen u. a.: God's Warriors: The Christian Right in Twentieth-Century America. Baltimore 1992; Between Two Absolutes: Public Opinion and the Politics of Abortion (zus. mit Elizabeth A. Cook und Ted G. Jelen), Boulder 1992; Public Attitudes on Church and State (zus. mit Ted G. Jelen), New York 1995; Second Coming: The New Christian Right in Virginia Politics (zus. mit Mark Rozell), Baltimore 1996; Interest Groups in American Campaigns: The New Face of Electioneering (zus. mit M. Rozell), Washington D.C. 1998; The Financiers of Congressional Elections: Investors, Ideologues, and Intimates (zus. mit Robert Biersack, John Green, Paul Herrnson und Lynda Powell), New York 2003.